COMPTE RENDU

DE LA

SESSION DE 1924

—

TOME II

BIBLIOTHÈQUE COLONIALE INTERNATIONALE
Institut colonial international. — Bruxelles

Compte Rendu

DE LA

Session tenue à Rome

les 22, 23 et 24 avril 1924

TOME II

INSTITUT COLONIAL INTERNATIONAL
36, RUE VEYDT, BRUXELLES

BRUXELLES	LONDRES
Etablissements Généraux d'Imprimerie, successeurs de Ad. Mertens, 14, rue d'Or, 14.	LUZAC & C° Great Russel street, 46, W. C.
PARIS Augustin CHALLAMEL rue Jacob, 17.	LA HAYE Librairie Nationale et Étrangère, successeur de Belinfante Frères Kneuterdijk, 3.

1924

Compte Rendu

DE LA

Session tenue à Rome

les 22, 23 et 24 avril 1924

TOME II

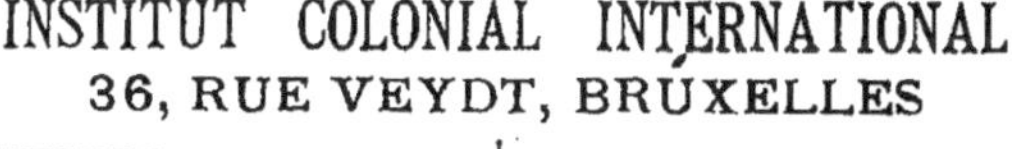

INSTITUT COLONIAL INTERNATIONAL

36, RUE VEYDT, BRUXELLES

BRUXELLES	LONDRES
Établissements Généraux d'Imprimerie,	LUZAC & Co
successeurs de Ad. Mertens,	Great Russel street, 46, W. C.
14, rue d'Or, 14.	
PARIS	LA HAYE
Augustin CHALLAMEL	Librairie Nationale et Étrangère,
rue Jacob, 17.	successeur de Belinfante Frères
	Kneuterdijk, 3.

1924

RAPPORTS

SUR LA CLIMATOLOGIE INTER-TROPICALE

ET LES

CLIMATS DES COLONIES PORTUGAISES

par M. Dr Silva TELLES,

Professeur à l'Université de Lisbonne et à l'École de
Médecine Tropicale.

INTRODUCTION.

Le mouvement colonial contemporain a donné une
impulsion considérable aux études de climatologie et
contribué à leur orientation scientifique qui devient
chaque jour plus dominante La reconnaissance géographique des terres intertropicales et la détermination
de leurs caractères phytologiques dans leurs rapports
avec le milieu physique sont venues accentuer encore
cette orientation, en révélant que les climats sont des
expressions géographiques, fonction de nombreuses
variables, et non pas, exclusivement, des résultats du
facteur latitude.

Plus l'effort des puissances coloniales en ce qui concerne l'exploitation et le développement de leurs domaines
sera énergique, plus l'émigration qui converge vers les
colonies deviendra importante, plus s'imposera aussi
la nécessité de procéder à des investigations sur la variété des tableaux climatiques régionaux et locaux qui
s'observent dans la zone intertropicale. Les problèmes
agricoles, démographiques et sanitaires ne pourront être
tout à fait résolus sans que soit établie une enquête exacte
concernant les caractères des climats. La colonisation
ethnique exige une connaissance parfaite des aptitudes
que l'habitat offre à la fixation des types européens.

. Des idées anciennes parvenues jusqu'à notre époque
nous portaient à croire que l'Afrique entière nous était
absolument hostile. On confondait l'influence nuisible

des parasites morbigènes, toujours évitables grâce à l'intelligence humaine, avec celle de l'état moyen de l'atmosphère traduit en température et humidité relative. Actuellement, avec une vision plus large et mieux documentée, nous commençons à reconnaître qu'en dedans du tableau général où s'opère la division des climats, il existe des facies climatiques intertropicaux fort différents.

Dans ce travail que je remets à l'Institut Colonial International, je fais, sur cette question, des assertions qui ne cadrent pas avec la climatologie classique; cependant, je suis certain qu'elles seront confirmées au fur et à mesure que le réseau météorologique des colonies deviendra plus complet et que nous aurons acquis une notion parfaite de leurs aspects géographiques.

Sur la climatologie intertropicale et les climats des Colonies Portugaises.

CHAPITRE I.

Les climats intertropicaux, leur classification et les caractères qui les distinguent. Considérations générales.

Après les remarquables travaux de Hann, Woeikof, Supan et Köppen, la climatologie a pris, scientifiquement, une orientation très différente. Elle est, à l'heure actuelle, comme le dit Courcy Ward, une météorologie géographique. Les climats ne sont pas, conformément à la conception directement transmise par la science grecque, des conséquences provenant de la différence de la grandeur angulaire des rayons solaires tombant sur la surface terrestre, mais des expressions géographiques concrètes. Comme fonction de nombreuses variables, ils résultent d'énergies astronomiques, géoplanétologiques, atmosphériques, hydrosphériques et lithosphériques; c'est donc dire que leurs éléments fondamentaux, *température* et *humidité relative*, s'associent de modes très divers, donnant lieu à de nombreux facies climatiques.

En plus de l'excentricité de l'orbite terrestre, qui provoque une radiation inégale dans le périhélie et dans l'aphélie, et de l'obliquité de l'écliptique, donnant lieu à des différences thermiques qui constituent le cycle saisonnier, interviennent les conditions proprement géographiques, desquelles dérivent, la latitude étant la même, des tableaux climatiques qui ne se ressemblent point et possèdent un revêtement végétal hétérogène. Les vents dominants, les caractères statiques et dynamiques de la masse océanique, le degré de continentalité, les aspects altimétriques et orographiques et les conditions topographiques, voilà les facteurs principaux. Au même parallèle, un éloignement plus ou moins grand de la mer signifie une variation correspondante de l'amplitude thermique annuelle, une maxima thermique absolue plus élevée, un écart annuel de l'humidité relative plus ou moins sensible, un degré hygrométrique plus bas et des différences considérables dans le régime pluvial, dans le degré néphique et dans le rythme saisonnier. De la même façon, le coefficient aérothermique, différent suivant la valeur altimétrique des lieux, n'est pas égal, la latitude étant la même, dans les montagnes littorales, sub-continentales et continentales.

Les climats sont par conséquent, en raison de l'asymétrie et complexité des facteurs géographiques, d'une diversité extrême, quelle que soit la zone terrestre que l'on envisage. Dans la zone intertropicale, ainsi que dans la zone intermédiaire, la différentiation climatique est la résultante de l'action plus intense d'un facteur déterminé sur les autres : tantôt c'est une énergie atmosphérique qui prévaut, tantôt une énergie océanique, ou bien d'autres fois encore une énergie continentale. La localisation géographique à au-vent ou sous-le-vent des alizés ou contre-alizés, ou le fait que ces vents soufflent sur une surface continentale ou océanique suffit, en général, à altérer profondément la constitution climatique d'une région donnée dans ses éléments *température* et *humidité relative*. Si l'on compare la baisse thermique en altitude et en latitude, on constate que la première est 800 fois plus rapide que la seconde, susceptible de différences très accentuées suivant que la région est continentale ou voisine de la mer. Ce fait indique que les grandeurs altimétriques représentent une valeur maxima lorsqu'il s'agit de caractériser un milieu physique, et leur importance dans les latitudes intertropicales est évidente. A égalité de latitude, les courants marins par exemple, chauds ou froids, produisent des climats uniformes ou provoquent des tableaux climatiques de nature entièrement continentale. Dans les côtes S.E. et S.O. de l'Afrique Méridionale les fleuves océaniques associés à des vents déterminés donnent origine à des aspects phyto-géographiques fort différents qui révèlent des climats spéciaux. Dans la bande géographique des calmes de l'équateur, suivant que l'on considère la bande littorale, jusqu'où se fait sentir l'influence de la mer, ou le centre des continents, où cette influence est vaincue par la continentalité, les aspects climatiques se différencient de telle façon, que le rebord marginal des continents est couvert d'une couche végétale des climats humides et chauds et que loin de la mer on trouve un revêtement xèrophyle caractéristique d'un degré hygrométrique considérablement bas.

L'ancienne conception géo-planétologique, admise encore couramment dans la science, divise la surface du globe en zones circumpolaires, tempérées et une zone intei-tropicale, les premières situées entre le pôle et les cercles polaires, les secondes entre ceux-ci et les tropiques et la dernière de 23º,5 de latitude N. à 23º,5 de latitude S. Cette conception mathématique ne correspond pas à trois catégories de climats, froids, tempérés et chauds. Il existe, certes, une hyperthermie plus ou moins constante dans les régions polaires de même que l'on rencontre une hyperthermie analogue dans les régions inter-tropicales, et dans les régions intermédiaires, où le rythme des quatre saisons s'oppose au rythme des deux saisons des terres polaires et équatoriales, le cycle thermique est plus complexe du mois plus chaud vers le mois plus froid. A l'extrême polaire dominent les températures basses; à l'extrême équatorial les températures élevées, et dans la bande intermédiaire, en raison de plusieurs facteurs, parmi lesquels il faut souligner l'obliquité de l'écliptique, l'uniformité climatique polaire et équatoriale contraste notablement avec toutes les formes de transition entre les types extrêmes.

Une reconnaissance scientifique plus documentée des régions intertropicales, spécialement de leurs caractères géographiques, permet à l'heure actuelle une conception climatique très diverses de celle qui, tacitement, il n'y a pas encore longtemps, était acceptée par tout le monde. Les aspects morpho-altimétriques de ces terres sont tellement divers, les conditions climatiques qui influent sur elles sont si nombreuses et puissantes, que la notion de *climat équatorial* et de *climat tropical* commence à être envisagée sous une nouvelle orientation. On peut affirmer, sans crainte de contestation, que, malgré que l'on admette des zones géographiques marquées par la géo-planétologie, chaque région du globe possède une physionomie climatique propre, qui peut être distincte d'une région voisine. En comparant, par exemple, dans les latitudes intermédiaires, la bande scandinave tournée vers la Baltique avec la bande norvégienne en face de la Mer du Nord et le littoral de la terre extrême du Labrador, gelé presque toujours, avec les rivages du Canal de la Manche, qui ne gèlent jamais, et dans les latitudes tropicales la côte aride et déserte de la Damaralandie avec la côte humide et boisée du S. E. de la colonie du Cap et du Mozambique, nous remarquons que le contraste est flagrant. Le morcellement climatique s'observe aussi bien dans les latitudes intermédiaires que dans les latitudes intertropicales, ce qui, ainsi que nous l'avons déjà dit, est la résultante de l'interférence simultanée de nombreux facteurs géographiques.

Limites de la zone climatique inter-tropicale. — On a envisagé ces limites de trois manières : la première, la plus ancienne et la plus simple, fixe les tropiques comme frontières polaires, leur base étant par conséquent géo-planétologique; la seconde admet comme inter-tropicale toute la surface du globe jusqu'où arrivent dans leurs migrations, dans les hémisphères nord et sud, les vents généraux de N.E.-S.O. et S.E.-N.O.; la troisième enfin, ayant comme fondement un fait phyto-géographique, savoir la distribution des palmiers arrivant jusqu'à l'iso-thermie de 20° : c'est la ligne de Griesebach.

Toutes ces manières de délimiter la zone climatique inter-tropicale a le défaut de fixer presque mathématiquement, par parallèles géographiques, ce qui en raison de conditions de plusieurs ordres est essentiellement asymétrique et irrégulier. Les facies climatiques tropicaux peuvent être observés, même dans les zones intermédiaires, d'un mode insuliforme. Leurs limites sont sinueuses et, parfois, il est impossible de les déterminer exactement. Toutefois, en conséquence d'une vieille tradition et aussi parce que la zone de l'influence des brises n'est pas toujours la même, car elle varie d une année à l'autre, en plus ou en moins, la base astronomique ou géo-planétologique est généralement acceptée, bien que les inconvénients ne soient point méconnus. Envisagée de cette façon, la zone inter-tropicale occupe le tiers de la superficie terrestre continentale, c'est-à-dire, environ 50,000,000 kilomètres carrés. De cette très vaste aire, on peut utiliser approximativement 25 à 40 millions de kilomètres carrés et la superficie qui reste appartient aux grands déserts et savanes où il n'y a pas d'habitations humaines fixes.

On suppute, à peu près, la population de la zone inter-tropicale à 600 millions d'habitants, répartis de façon très inégale, tantôt en grandes masses compactes, comme en Chine, en l'Inde Gangétique et à Java, tantôt en noyaux à faible densité, ou bien alors, en nombreux points, d'une manière clairsemée, comme on observe fréquemment en Afrique et en Australie. En comparant la superficie inter-tropicale des divers continents, on note des différences fort importantes. Presque 75 p. c. de l'Amérique du Sud appartiennent à cette zone; l'Afrique a 75 p. c.; l'Asie 20 p. c.; l'Australie, 50 p. c. et l'Amérique du Nord 14 p. c. Seule l'Europe n'y est pas comprise. En ce qui concerne la population, on suppose que 50 p. c. de celle qui appartient à l'Asie habite les climats inter-tropicaux ; 63 p. c. l'Afrique; 25 p. c. l'Australie; 75 p. c. l'Amérique du Sud et 15 p. c. l'Amérique du Nord. Ces chiffres révèlent l'importance de l'examen climatique des régions inter-tropicales. On sait que dans celles-ci surgirent des civilisations remarquables et que nombre de leurs groupements ethniques ont montré de grandes aptitudes. C'est le cas de l'Arabie, de l'Inde, de la Chine méridionale, des Philippines, de la Malaisie, de l'Amérique Centrale, de l'Abyssinie et de Madagascar. C'est également ment vers ces contrées que converge toute l'attention des peuples colonisateurs. En Afrique comme aux Indes, en Australie comme en Amérique il existe en potentiel une quantité incalculable de réserves de minerais et de végétaux, réserve qui pousse à une émigration lente de capitaux et d'hommes. De ces circonstances résulte la nécessité de fixer un certain nombre d'idées définitives sur leurs aptitudes forestières, agricoles et animales et notamment de reconnaître précisément dans quelles régions il est possible de faire l'adaptation des Européens et où ceux-ci, en conséquence de l'hostilité du milieu physique, ne peuvent avoir la prétention de créer souche ni de se fixer ethniquement.

La connaissance de la documentation climatique sur les pays tropicaux prend une ampleur de plus en plus grande, de façon qu'il est déjà possible et même nécessaire de procéder à une révision à ce sujet, des assertions considérées comme classiques jusqu'à présent. La climatologie moderne les a ébranlées sensiblement en analysant d'un mode plus parfait et plus positif les facteurs géographiques qui influent dans la constitution des climats. Il est indispensable que ces facteurs soient classifiés, ne nous limitant point à considérer comme base unique, ainsi que l'exigeait la science ancienne, la différence en latitude et par conséquent une différence correspondante de la radiation solaire.

Classification des climats inter-tropicaux. — Afin de procéder à la classification des climats tropicaux, il convient de ne pas oublier que ces climats ne se trouvent pas mathématiquement limités par des parallèles déterminés. Au contraire, la ligne de passage vers les climats intermédiaires est très sinueuse et la transition vers celle-ci s'opère par nuances insensibles. De plus, en pleine bande intermédiaire ou tempérée les énergies géographiques s'associent de telle façon que nous y trouvons fréquemment des facies climatiques analogues à ceux de certaines contrées entre la latitude de 23° ½ N. et la latitude de 23° ½ S.

La superficie océanique appartenant à la zone inter-tropicale est supérieure à celle qui se développe entre les fragments de la zone géographique intermédiaire. Ne tenant pas compte de l'aire des régions tempérées de l'hémisphère sud, qui, relativement, est insignifiante, si on la compare avec celle des mêmes régions de l'hémisphère nord, et considérant que la superficie continentale tropicale de l'hémisphère méridional est très supérieure à la superficie continentale intermédiaire du même hémisphère, on reconnaît :

1º Que la continentalité des contrées tempérées s'étend beaucoup plus dans le sens des parallèles et celle des pays tropicaux dans le sens des méridiens; 2º que la masse océanique tropicale, d'à peu près 100,000,000 kilomètres carrés, est plus vaste que la masse océanique qui sépare

l'Europe de l'Amérique du Nord et celle-ci de l'Asie;
3º que sur la zone centrale située entre les tropiques
souffle une bande de calmes de 12º L.N. à 5º L.S. qui
se déplace rythmiquement, tantôt vers le nord, tantôt
vers le sud, suivant que le soleil dans son mouvement
apparent s'achemine vers le tropique du Cancer ou vers
celui du Capricorne, donne lieu à deux équateurs thermiques, tous deux dans l'hémisphère nord, l'un à 20º,
lorsque le soleil se dirige dans le sens du pôle arctique,
l'autre à 10º, lorsqu'il se déplace dans le sens du pôle
antarctique; 4º que dans l'un et l'autre hémisphère, tout
de suite après la bande des calmes, on rencontre, au nord,
une zone d'alizés du N. E. vers le S. O., et au sud,
une autre du S. E. vers le N. O., la première, en longueur
de méridien, de 18º de latitude et la seconde de 25º;
5º que, en conséquence des flexions des brises générales
provenant des déterminées conditions topographiques et
orographiques des continents voisins, la dynamique
atmosphérique en plusieurs parties de la zone inter-
tropicale est caractérisée par une périodicité notable, sous
la forme de vents réguliers que l'on nomme *moussons*.

Mettant de côté, pour le moment, toute espèce de
considérations sur le facteur altimétrique et si nous nous
limitons à l'appréciation des facteurs restants, nous
arrivons à la conclusion que les différences climatiques
qui s'observent dans la zone tropicale, à latitude égale,
sont des résultats géographiques. Les aspects morpho-
altimétriques et topographiques, en rapport avec les
vents dominants et avec la dynamique océanique, provoquent des caractères thermiques et hygrométriques
spéciaux, et de là l'apparition de tableaux climatiques
divers, présentant des aptitudes phyto-géographiques
qui ne se ressemblent point.

L'étendue de la masse océanique, qui entoure la
contrée tropicale d'une évaporation maxima en conséquence d'une radiation solaire intense et constante, donne
lieu dans la bande à pression basse des calmes à une
condensation graduelle de la vapeur d'eau formée. Cette
vapeur d'eau, comprimée entre les deux zones de brises,
qui sont des vents rasants, l'une au nord et l'autre au
sud, s'élève verticalement et se précipite sous la forme
de pluie vespérale. Cette constance de la pluviosité, avec

son type spécial de convexion, est une particularité de la zone des calmes équatoriaux dans sa section maritime, variable cependant, en plus ou en moins, suivant que le local ou la région se trouve au centre ou au bord des calmes et par conséquent en rapport avec les époques des culminances ou positions zénithales du soleil. Intensité de l'irradiation, forte évaporation constante, précipitation sous la forme de grandes averses, température élevée et presque invariable durant l'année et un degré hygrométrique très élevé, telles sont les principales particularités de la bande maritime des calmes équatoriaux.

Les conditions ne sont point identiques dans la partie continentale. L'évaporation est incomparablement plus petite, la quantité de vapeur d'eau condensée donne à l'humidité relative une amplitude annuelle très sensible. La masse continentale, à petite chaleur spécifique, s'oppose à la masse océanique, dont la chaleur spécifique est plus élevée. La migration des calmes présente une amplitude de 8 à 15 degrés, tandis que dans le secteur maritime elle ne va pas au delà de 2 à 10 degrés. La saison pluvieuse est plus sèche et la température maxima est plus haute quand dans la saison le soleil est vertical. L'oscillation annuelle thermique plus encore que l'oscillation quotidienne accuse une variation importante dans la grandeur thermique radiante et irradiante. La zone des calmes est la même; cependant la masse océanique et la masse continentale déterminent des aspects climatiques inégaux : dans le littoral un climat chaud et uniforme et un degré hygrométrique constant et élevé, et à l'intérieur du continent un climat chaud et oscillant, à écarts annuels semblables d'humidité relative.

Les brises générales exercent une influence prédominante sur les climats tropicaux. C'est à elles que l'on doit les facies climatiques plus caractéristiques de la zone. Suivant qu'elles soufflent sur les continents ou sur les mers ou qu'elles se déplacent de la surface continentale vers la surface océanique ou de celle-ci vers celle-là, leurs effets varient d'une manière remarquable. Elles produisent des climats extrêmes ou uniformes, très secs ou très humides. Tout cela dépend de l'étendue continentale, de son accidentation orographique et de ses conditions topographiques. Si, dans leur marche rasante et rapide les brises battent les surfaces planes des continents, l'évaporation et la sécheresse auxquelles elles donnent origine atteignent le minimum et alors, dans ce cas, des conséquences importantes apparaissent, savoir les larges amplititudes de la température et de l'humidité. De plus, la nébulosité est au maximum; la pluviosité est épisodique; la radiation solaire est au maximum et présente un *coefficient* de *suspension* solaire minimum. Si dans leur parcours continental elles se heurtent contre des montagnes à grande envergure où le sol s'élève et accuse des valeurs altimétriques fort importantes il se produit la condensation de la vapeur d'eau transportée, et la précipitation consécutive plus ou moins abondante mais variable en quantité, suivant que les conditions climatiques diffèrent.

Lorsque les brises générales soufflent sur l'Océan, ce que l'on observe à Ste-Hélène et en plusieurs îles du Pacifique, les conséquences ne sont plus les mêmes. Les climats sont alors vraiment tempérés, à moyenne thermique non élevée et à faibles oscillations sans humidité relative ni pluviosité très abondante. Dans leur course de la terre vers la mer et par conséquent dans le littoral sous le vent les deux éléments climatiques, qui sont dus aux brises générales, semblent se dissocier. Le vent sec continental est tempéré par la mer avoisinante; la végétation est xérophyle, mais non excessive comme celle du climat de brises de l'intérieur des continents.

On observe des phénomènes fort différents lorsque, après une longue course sur les océans, les alizés se heurtent contre des montagnes ou contre une haute terre. Dans ces climats de au vent le degré hygrométrique est plus fort, la pluviosité atteint un niveau considérable et la température est la même que celle des climats tropicaux proprement dits.

Parmi les climats tropicaux la périodicité des moussons crée un type qui ne se confond point, ni avec les climats des brises ni avec d'autres climats, quels qu'ils soient, appartenant aux latitudes inférieures. À la mer des Indes, par exemple, où la flexion de l'alizé de S.E. vers le S.O., qui est la véritable et unique mousson, provoque un régime spécial, une lutte s'établit entre l'alizé du N.E. et la mousson de S.O. Toute la couronne de la masse continentale à grandes altitudes qui entoure l'Océan Indien et notamment les colossales formations orographiques des Himalayas et du Pamir, se transforme en été, en un centre à basse pression et provoque un appel du S.O.; pendant l'hiver la même couronne constitue un centre à haute pression et ce qui domine complètement c'est le N.E., vent qui souffle de la terre vers la mer. La mousson du S.O. coïncide, par conséquent, avec l'époque pluvieuse et l'alizé du N.E. avec l'époque sèche. Les caractères climatiques se présentent avec une simplicité et une symétrie maxima. Le cycle saisonnier, saison pluvieuse et saison sèche dérivent de la marche du soleil; l'une et l'autre des saisons commencent, presque à jours certains et invariablement de la même façon, un mois de calme et de chaleur suffocante précédant les pluies abondantes de juin et juillet. Le climat des moussons de l'Inde diverge des climats tropicaux du littoral, ou tropicaux proprement dits en ce qu'il présente une saison sèche bien définie, bien que ses moyennes thermiques se distinguent, car elles sont plus hautes.

Il ressort de tout cela que les facteurs qui contribuent à ce que la zone inter-tropicale n'ait pas une physionomie climatique uniforme, que l'on pourrait supposer dérivée de la latitude, sont nombreux. Calmes océaniques et continentaux, différences de la chaleur spécifique de la masse maritime et du bloc continental, brises continentales, maritimes, de sous le vent et de au vent, migrations tant de la zone des calmes équatoriaux que celle des alizés, flexion de ceux-ci provoquant la périodicité des moussons, degré plus ou moins élevé de la continentalité et exposition aux vents dominants, tout cela forme un ensemble d'énergies qui morcellent ou divisent en régions les climats des tropiques, en tableaux qui diffèrent plus ou moins.

Nous avons dit que le passage des climats intertropicaux aux climats intermédiaires ou tempérés s'effectue d'un mode graduel et presque insensiblement. On donne à cette catégorie de climats la désignation de *sub-tropical* et *sub-tempéré*. Il nous semble que l'un ou l'autre de ces qualificatifs a le défaut d'exprimer une idée erronée. De même qu'il n'y a pas *un* climat tropical, il n'y a pas également *un* climat sub-tropical. On peut se permettre une pareille critique en ce qui concerne la désignation de sub-tempéré, car on ne connaît point *un* seul climat tempéré. En conséquence, nous préférons les désigner sous le nom de *climats de transition mésothermiques*.

Dans les tableaux climatiques de cette catégorie la température, l'humidité relative et le type pluviométrique se combinent ou s'associent de manières diverses. Parfois la température descend jusqu'à un extrême de 5º et s'élève à l'extrême opposé jusqu'à 30º. En d'autres cas l'amplitude des variations est plus large et la moyenne thermique oscille un peu au-dessous ou au-dessus de 20º avec un type de pluviosité spécial et un écart d'une humidité relative sensible. La pluviosité se subordonne, en général, au type tropical ou au type irrégulier des zones des brises continentales ou de sous le vent, mais, en règle, le facies climatique provient de l'interférence conjointe de plusieurs facteurs. Au S.O. de l'Afrique, par exemple, en pleine zone tropicale, l'alizé de S.E. balaye tout le littoral, qui subit également l'influence du courant froid de Benguela, branche du courant antarctique. Toute la zone marginale de la Damaralandie jusqu'à la Baie des Tigres en Angola est déboisée et présente des températures mésothermiques et une faible pluviosité. L'alizé souffle sur le courant marin; ses effets se font sentir sur le régime pluvial et la température, mais la mer influe sur l'humidité relative, qui oscille présentant le cycle saisonnier à type tropical et n'accuse point une sécheresse atmosphérique intense, ainsi qu'il arrive dans les régions de l'intérieur de la même Damaralandie.

Une autre variété de sub-type de transition dérive de la migration de la zone des brises, spécialement dans l'hémisphère Nord. La limite moyenne de cette migration n'est pas éloignée du parallèle de 35 degrés, où l'obliquité maxima des rayons solaires est d'environ 58,5 degrés. La bande continentale envahie par les brises en une partie de l'année est dominée, quand les brises rétrogradent, par la zone des calmes extra-tropicaux.

Elle demeure donc soumise à deux régimes différents. C'est ce que l'on observe dans le littoral sud de la Méditerranée et alors un facteur continental intervient. Au sud de la bande littorale méditerranée s'étend le désert du Sahara centre continental perturbateur et dont l'influence se fait sentir jusque dans la Péninsule Ibérique et le littoral nord de la Méditerranée.

Il est impossible de signaler toutes les variétés des *climats mésothermiques de transition*. Leurs caractéristiques sont dues principalement aux conditions régionales associées soit à des facteurs terrestres, soit à des facteurs maritimes ou de dynamique atmosphérique. Dans tous ces climats, tels que celui de l'Égypte celui du Cap, celui du Sud de la Californie et celui d'une partie de la bande orientale de l'Australie, on observe toujours une flore mixte, dépourvue d'un type de végéta'ion parfaitement défini.

D'autres catégories de climats de transition ou marginaux dérivent de la migration de la zone des calmes vers l'intérieur de celle des brises et de l'association du type tropical des moussons soit avec le tropical proprement dit, soit modifié par les brises. Ces sub-types climatiques se distinguent par un caractère commun : celui de leur moyenne thermique élevée. Nous leur donnons, en conséquence, une désignation générale de *climats hyperthermiques* de *transition*.

Dans les climats tropicaux, plus encore que dans ceux des régions tempérées, l'altitude est l'un des plus importants facteurs climatiques. Tandis que dans les altitudes intermédiaires les agglomérations urbaines au-dessus de 1,500 mètres sont rares, dans les tropiques cette altitude correspond précisément à la transition entre les climats mésothermiques, où la fixation ethnique des Européens commence à être possible, et ceux des altitudes dont les facies climatiques ressemblent à ceux du littoral. La ligne de neige permanente s'élève dans les tropiques à environ 5,000 mètres et le coefficient aérothermique est en moyenne de 1 degré pour 300 mètres. En supposant que la température moyenne annuelle près de la mer soit de 25º, à 1,500 mètres elle sera de 20º, à peu près, ce qui correspond justement à la valeur thermique des climats marginaux ou de transition. Il est certain que ces chiffres varient suivant que les altitudes sont périphériques ou intérieurs, de sous-le-vent ou de au-vent, mais nous pouvons les accepter comme les plus probables.

Le pourcentage de la superficie tropicale des altitudes de 1,500 à 2,500 mètres n'est pas encore bien déterminé. Toutefois, si nous considérons les formations des Andes et les hautes terres du « horst » brésilien, les plateaux de l'Afrique Méridionale et les zones montagneuses de l'Asie Méridionale et de l'Australie orientale, nous ne nous éloignerons pas trop de la vérité en l'évaluant à 5,000,000 kilomètres carrés, ce qui représente 1/10me de toute la zone intertropicale. Sans doute, une reconnaissance géographique plus rigoureuse nous permettra un jour de fixer l'aire certaine, en chaque continent, des altitudes de 1,500 à 2,500 mètres.

Il n'existe pas, ainsi que nous l'avons déjà dit, une équivalence exacte entre l'abaissement thermique en latitude et en altitude. Les masses montagneuses et les grands plateaux possèdent, en règle, la fonction de troubler la dynamique atmosphérique. Le régime pluviométrique dans ces altitudes est fréquemment irrégulier. On constate toujours une opposition entre la température au soleil et la température à l'ombre. L'amplitude des variations annuelles ne se montre point avec un caractère de symétrie, fréquent dans les contrées continentales. L'humidité relative n'est pas toujours fonction exactement de l'altitude, car il est fréquent d'observer, d'un mode flagrant, des phénomènes paradoxaux, comme par exemple un degré hygrométrique inférieur à 50 dans une bande orographique intermédiaire à deux, l'une plus haute et l'autre plus basse, toutes les deux très humides et à forêts très riches. On peut affirmer que les climats à altitudes dans leurs nombreuses variations sont notamment conséquences des conditions morphologiques et topographiques.

Les climats des altitudes tropicales supérieures à 3,500 mètres, en tenant compte, toutefois, de certaines exceptions explicables en raison de conditions locales, sont en règle irréguliers et ne se prêtent point à la formation de grandes agglomérations urbaines, soit des peuples autochtones, soit des immigrants d'origine européenne. Que les affirmations de Paul Bert et de Jourdanet concernant l'affaiblissement qui résulte de la diminution de la pression atmosphérique sur la structure générale de l'homme puisse faire ou non l'objet d'une discussion, ce qui est incontestable c'est que ces altitudes ne manifestent point une forte action attractive. Au point de vue anthropo-géographique cette action est tout à fait opposée. Il est certain qu'il existe, particulièrement en Amérique du Sud, des villes à altitudes très élevées, telles que Bogota à 2,660 mètres et Quito à 2,910 mètres; cependant, il y a en d'autres au-dessus de 3,500 mètres, telles que la ville de Paz à 3,720 mètres et peu d'autres centres encore d'importance secondaire, comme Micuipanpa à 3,620 mètres, Puno à 3,920 mètres et Potosi à 4,165 mètres. Dans ces localités la densité est excessivement faible et la population est clairsemée. Il n'est pas douteux qu'il y a des mineurs qui travaillent à une altitude d'environ 5,000 mètres et des voies ferrées qui se déroulent à des altitudes de 4,500 à 5,000 mètres, mais les agglomérations humaines importantes, tant d'origine européenne qu'indigène se rencontrent notamment entre 3,500 mètres et 1,500 mètres. C'est ce que l'on observe non seulement en Amérique, mais encore en d'autres continents.

Les climats des altitudes tropicales peuvent se diviser en trois groupes : le 1º des altitudes extrêmes, depuis la ligne de neige permanente, jusqu'à 3,500 mètres; le 2º de cette limite jusqu'à 1,500 mètres; le 3º de cette altitude jusqu'à 800 mètres. C'est dans les régions comprises dans le deuxième et le troisième groupe que la colonisation européenne est possible, appartenant, néanmoins, au deuxième groupe les conditions les plus favorables au développement de la race blanche.

C'est dans ces altitudes que l'on reconnaît les climats mésothermiques analogues à ceux des latitudes moyennes et qui sont ceux qui offrent les meilleures conditions à la fixation ethnique des Européens.

Voici dans le tableau qui suit les subdivisions climatiques de la zone inter-tropicale :

Climats inter-tropicaux.

C. — Équatoriaux :
  a) littoraux;
  b) continentaux.

C. — Tropicaux :
  a) littoraux;
  b) continentaux;
  c) Brises générales :
      a) continentales;
      b) maritimes;
      c) de sous-le-vent;
      d) de au-vent.
  d) moussons.

C. — Tropicaux de transition ou **marginaux** :
  a) mésothermiques;
  b) hyperthermiques.

Climats à altitudes :
  a) altitudes extrêmes;
  b) altitudes moyennes;
  c) altitudes inférieures.

Caractères généraux des climats inter-tropicaux. — Tous les points du globe compris entre les tropiques ont durant l'année deux fois le soleil au zénith. Cependant, les époques des culminances varïent suivant la latitude du local considéré. A l'équateur celles-ci se réalisent aux équinoxes et par conséquent tous les six mois. Entre l'équateur et les tropiques la première culminance est d'autant plus proche de la seconde que celle-ci est éloignée de celle-là. En chaque point des tropiques le soleil ne se montre au zénith qu'une seule fois et les culminances sont éloignées d'un an, l'une de l'autre; au solstice de juin, dans le tropique Nord et au solstice de décembre dans le tropique Sud. Quand le soleil se trouve à l'un des tropiques l'inclinaison des rayons solaires sur l'autre tropique est de 47°, qui est l'inclinaison ou la grandeur angulaire maxima. A l'équateur la grandeur maxima est de 23 degrés et demi. Dans tous les autres parallèles l'angle formé est variable suivant la latitude. Le jour maximum dans la zone inter-tropicale est d'environ 13 heures et demie et le jour minimum de 10 heures et demie à peu près. Ces chiffres indiquent que le rayonnement solaire durant l'année est presque inaltérable. Le temps pendant lequel la région inter-tropicale subit les rayons solaires est égal au temps durant lequel la terre irradie la chaleur reçue. De ces circonstances résulte un certain degré d'uniformité thermique qui est cependant modifié par l'intervention d'autres facteurs climatiques, tels que la continentalité, la masse océanique, l'altitude, les vents dominants et les conditions topographiques, et ce sont ces facteurs qui contribuent, ainsi que nous le verrons, à l'intérieur de la zone, à créer des types climatiques différents. Les crépuscules, aussi bien ceux du matin que ceux du soir, n'ont qu'une petite durée et oscillent entre 20 et 30 minutes. Plus nous nous rapprochons du pôle et nous nous éloignons de l'équateur, plus les crépuscules s'accroissent en durée.

Comme dans l'hémisphère Nord la continentalité est beaucoup plus grande que celle de l'hémisphère Sud, où prédomine l'action régulatrice thermique du bloc continental, de même que la chaleur spécifique de la masse continentale est moins élevée que celle de la masse maritime, l'équateur thermique se déplace suivant la saison; durant l'été de l'hémisphère Nord, cet équateur coïncide à peu près avec le 20° L.N.; pendant l'été de l'hémisphère Sud, avec le 10° L.S. En aucune saison l'équateur thermique ne correspond à l'équateur géographique. Il y a, par conséquent, deux équateurs thermiques, l'un quand le soleil avance vers le tropique du Nord, l'autre lorsqu'il se dirige vers le tropique du Sud. En dépit de ces différences de la radiation solaire et de l'intervention d'autres agents climatiques, on peut dire que la nuit est l'hiver dans la zone inter-tropicale, spécialement dans la bande équatoriale où les variations quotidiennes accusent une amplitude plus grande que les variations annuelles, bien que les unes et les autres soient relativement insignifiantes.

Une particularité de la zone inter-tropicale, c'est son clair lever du soleil et son clair coucher. Le commencement et la fin du jour divergent considérablement des phénomènes que l'on observe dans la zone intermédiaire ou tempérée. Toutefois, on doit ajouter que pendant le jour le bleu du ciel ne présente pas cette clarté que l'on constate fréquemment sous des latitudes plus élevées. La luminosité dans les tropiques est inférieure à celle des latitudes moyennes des climats tempérés chauds. Les saisons ne se différencient point par leurs caractères thermiques. Même dans les régions où, en raison de conditions géographiques spéciales, le climat ne présente pas le caractère de symétrie et de régularité des saisons de l équateur, ce n'est point la température haute ou basse qui indique la saison, mais la pluviosité. *L'hiver* est la saison des pluies et *l été* est la saison au cours de laquelle il ne pleut pas, l'humidité relative étant, en règle, plus grande en la première de ces deux saisons. Il existe, en réalité, deux saisons, quoique les deux éléments climatiques, la température de l'air et l'humidité relative ne se présentent pas avec la même régularité comme c'est le cas des bandes littorales, qui se distinguent parce que leur degré hygrométrique se maintient très haut durant toute l'année. En certains points c'est justement pendant l'été que l'humidité relative est plus élevée. On observe, par exemple, ce phénomène à la côte occidentale de l'Afrique Portugaise (Loanda) au moment des « cacimbas », au cours desquelles le ciel est couleur de plomb et l'humidité est maxima. A l'intérieur, ainsi que nous aurons l'occasion de le reconnaître, c'est le contraire que l'on constate : la saison sèche est également celle où il ne pleut pas.

A l'exclusion des exceptions que nous signalerons plus loin, dans la zone tropicale les expressions *climat* et *temps* sont presque synonymes. L'uniformité de chaque saison et la régularité du cycle saisonnier sont si remarquables, qu'il est exceptionnel d'observer une perturbation atmosphérique quelconque. Le peu de tempêtes et les « tornados » qui font leur apparition d'une manière rare et épisodique à l'approche de la saison pluvieuse ne provoquent ni une altération de la pression, ni des modifications thermiques.

Il résulte de ces circonstances que l'on peut déterminer les facies climatiques inter-tropicaux par les observations prises en l'espace d'une dizaine d'années. Il est absolument exceptionnel que les conditions atmosphériques de n'importe quel mois du cycle saisonnier soient diverses de celles du même mois des années qui suivent.

La régularité de l'époque pluviale est caractéristique dans les pays inter-tropicaux. Il n'existe également aucune différence entre précipitation et pluviosité : ce sont deux termes synonymes, mais le type pluviométrique n'est pas égal en toute la zone. A l'équateur les pluies sont causées par le mouvement ascensionnel de l'air dû au rayonnement solaire intense. La vapeur entraînée se condense dans les couches élevées de l'atmosphère et sa précipitation est principalement vespérale. C'est le type pluvieux de *convexion*. La migration des calmes équatoriaux qui accompagne le soleil dans son mouvement apparent influe spécialement sur les bandes marginales et les forces à *deux régimes distincts, celui des calmes et celui des brises générales*. Dans la zone équatoriale il y a deux saisons de pluies et deux saisons improprement appelées sèches. Dans l'hémisphère Nord l'ordre de succession est le suivant : grande saison de pluies, petite saison sèche, petite saison de pluies, grande saison sèche; dans l'hémisphère Sud, grande saison de pluies, grande saison sèche, petite saison de pluies, petite saison sèche. Toutefois, il est fréquent de constater aux bords de la bande équatoriale, que la saison pluvieuse dure plus longtemps, de façon que le passage du *type équatorial* vers le *type tropical* se réalise d'un mode graduel, ce qui se manifeste par deux saisons bien définies, l'une pluvieuse de durée variable, suivant de nombreuses conditions, et l'autre où il n'y a pas de pluies. Aux tropiques, même à l'intérieur des continents, où la pluviosité diminue considérablement, en beaucoup de régions ce rythme saisonnier ne manque que très exceptionnellement. Dans la zone des alizés, où la précipitation est diverse et possède le caractère orographique, notamment remarquable dans le climat de au-vent, les saisons n'échappent pas au rythme indiqué, quoique le pourcentage de la précipitation soit au cours de certaines années très faible.

La tension électrique est notable pendant l'époque des pluies. Les orages se succèdent avec une grande intensité et, en règle, le soir. La zone équatoriale est fort différente des autres zones de la même région, en ce

qui concerne le degré de la tension électrique. Dans les
climats tropicaux cette tension ne se manifeste qu'au
cours de la saison pluvieuse; cependant au début de la
saison elle est plus intense. La nébulosité est très variable : grande dans la bande équatoriale, saisonnière
dans la tropicale et minima dans celle des brises générales. C'est un phénomène qui dépend beaucoup des conditions géographiques régionales. En général, dans les
contrées inter-tropicales, après que les pluies ont cessé,
le ciel devient clair et bleu. Chaque averse est précédée
d'un fort degré néphique. Au cours de la saison sèche
on note comme phénomène le plus fréquent une nébulosité minima. Toutefois, il n'existe pas de rapport absolu entre l'époque de la pluviosité et celle de la plus
haute nébulosité, où ce qu'on appelle la saison sèche
est caractérisée par une forte « cacimba », ou ciel couvert,
les brouillards sont, parfois, fort épais et la nébulosité
très compacte.

La moyenne thermique est, en général, très élevée
dans la zone inter-tropicale. Les températures infé
rieures à zéro ne sont connues que dans les altitudes
extrêmes. La radiation solaire, la différence en quantité,
étant constante, se manifeste dans le cycle thermique
quotidien ou dans le cycle thermique annuel suivant
qu'il s'agit de la bande équatoriale, tropicale proprement
dite ou de celle des brises. A l'équateur l'amplitude
diurne de la variation thermique est plus forte que l'amplitude annuelle; dans les bandes tropicales la seconde
est plus forte que la première et ce caractère s'accentue
selon le degré de continentalité. Dans les zones des brises
générales l'amplitude quotidienne peut atteindre un
extrême que l'on n'enregistre que très rarement dans
les autres régions du globe. Dans ces zones la radiation
solaire très intense au cours de la journée et une irradiation terrestre également très forte pendant la nuit
donnent lieu à un régime thermique de telle façon violent que l'existence devient presque impossible, là où
on ne trouve de petites particularités géographiques et
géologiques, comme dans les oasis qui alimentent la
région au moyen de cours d'eau plus ou moins abondants.

Un autre caractère thermique des climats intertropicaux les sépare en des catégories différentes : c'est celui des maxima absolus. Dans la bande équatoriale, les ca⁺égories extrêmes supérieures à 32º sont absolument exceptionnelles; dans les tropiques et au bord de la mer elles atteignent fréquemment 36º; aux tropiques et à l'intérieur elles montent très souvent au-dessus de 40º, et dans la zone des alizés continentaux le maximum absolu est voisin de 50º et dépasse cette limite très fréquemment. Si nous englobons tous les climats intertropicaux dans un seul tableau, nous remarquons que ce qui les rapproche notamment c'est leur haute moyenne thermique et ce qui les sépare c'est l'amplitude des variations quotidiennes et annuelles et les maxima et minima extrêmes.

L'évaporation est toujours très grande. La zone des calmes se différencie par la quantité de vapeur d'eau qu'elle produit. L'intensité est plus petite dans la partie continentale; cependant, là où l'on rencontre des réseaux de cours d'eau abondants et des agglomérations urbaines, ainsi que l'on en observe au centre du Continent africain, l'évaporation est également fort notable. En règle, il existe une certaine opposition entre l'humidité absolue et l'humidité relative; la première est fonction de la radiation solaire et la seconde dépend notamment de la baisse thermique. La vapeur d'eau atteint d'autant plus rapidement l'état de saturation que la diminution de la chaleur spécifique est plus accentuée. Dans les régions torrides du désert du Sahara l'humidité absolue atteint même le maximum tandis que l'humidité relative se rapproche du minimum. En Angleterre, par exemple, on constate le contraire. Des observations faites à Oxford montrent qu'à côté d'une faible humidité absolue un chiffre très élevé d'humidité relative peut être atteint. A l'équateur, et seulement dans la bande des calmes, cette opposition n'existe point : l'une et l'autre humidité sont également très fortes. Ce phénomène est dû à la formation constante de la vapeur d'eau, à l'élévation de la colonne atmosphérique comprise entre deux zones de brises générales à marche rasante qui compriment la colonne d'air toujours ascendante de la bande équatoriale à pression basse. Cependant, on n'observe pas le même phénomène ni à l'inté-

rieur du continent dans la partie proprement tropicale,
ni dans les régions fouettées par la violence des alizés.

Les climats sont plus ou moins chauds ou froids
et plus ou moins humides ou secs. C'est donc dire que
tous les facies climatiques se manifestent par la prédominance d'un caractère thermique et d'un degré, haut
ou bas, d'humidité relative. Cependant, il n'y a pas une
absolue connexion entre ces deux éléments. Leur association peut présenter toutes les nuances possibles.
Lorsqu'une haute température constante accompagne
toujours un fort degré hygrométrique, ainsi qu'il arrive
dans la bande équatoriale littorale, le milieu physique
devient extrêmement hostile aux Européens. Au fur
et à mesure que les deux éléments se dissocient (c'est-
à-dire, une moyenne thermique constante n'entraîne
qu'une humidité relative avec écart annuel très sensible),
l'époque pendant laquelle son degré est minimum,
même si la chaleur est intense, représente une phase
de repos relatif pour notre organisme. Ceci signifie que
l'humidité relative rend excessif un climat : s'il est chaud,
plus la chaleur que l'on éprouve est grande; s'il
est froid, plus la sensation de froid est intense.

L'humidité relative est fort variable dans la zone
inter-tropicale. Depuis la saturation, fréquente dans la
bande des calmes équatoriaux, jusqu'à la sécheresse
maximum que l'on note dans les zones continentales
parcourues par les brises générales, provoquant une
déshydratation violente, on peut enregistrer tous les
degrés de transition. Toutefois, il est avéré que dans le
littoral et en général dans les climats maritimes l'humidité relative est toujours très élevée et le coefficient
de variation annuelle insignifiant.

Climats équatoriaux littoraux. — Il est impossible
de déterminer avec une rigoureuse précision les bornes
du climat équatorial littoral. Entre celui-ci et le climat
tropical littoral le passage s'effectue d'un mode très
graduel, de façon que les zones marginales présentent
un certain nombre de caractères qui appartiennent
au climat équatorial et d'autres qui sont propres au climat tropical. Ces faits résultent de l'étendue de la migration de la zone des calmes et de l'influence que les vents
alizés peuvent exercer sur ses mouvements annuels.

3.

Comme le rayonnement solaire est presque invariable et l'évaporation très intense, le climat tropical se différencie par un certain nombre d'aspects que nous allons indiquer.

La température est élevée au cours de toute l'année. La moyenne maximum oscille autour de 28°; le maximum absolu ne monte pas au delà de 32°. L'amplitude quotidienne peut atteindre 6 degrés; l'amplitude annuelle ne dépasse point 5 degrés. La tension de la vapeur d'eau est toujours élevée. D'ordinaire, l'humidité relative est au-dessus de 80; la saturation est fréquente; l'évaporation est intense. Le régime pluvial appartient au type de convexion et est supérieur, en règle, à 1,500^{mm}. Les pluies sont vespérales et tombent sous la forme de fortes averses, suivies d'éclairs. La nébulosité est fréquemment de 6 et même plus. Bien que l'on note une grande saison et une autre petite saison de pluies, en certaines années les deux époques de pluviosité se rejoignent de façon que la période pluvieuse atteint environ une dizaine de mois. La transition de l'une à l'autre saison ne se traduit point par des différences thermiques, mais par la précipitation. La tension électrique est grande, spécialement au début de la saison pluvieuse. Les « tornados », petits cyclones locaux, sont épisodiques. Il n'y a aucune saison sèche. Le climat se différencie, par conséquent, par l'uniformité qu'il présente. Aucune différence entre le *temps* et le *climat*. Les changements atmosphériques sont absolument exceptionnels. La colonne barométrique ne varie presque jamais; toujours autour de 750^{mm}.

Les plantes sont hygrophiles. On n'observe pas un rythme végétatif quelconque. Grand nombre de forêts. Climat hostile aux Européens. Le caractère équatorial s'atténue là où les brises se rapprochent. Des caractères énoncés il ressort que le climat équatorial littoral se distingue notamment par une température haute et constante, ne présentant pas d'amplitude importante de variation annuelle et quotidienne à grande humidité absolue et relative à une pluviosité abondante.

Climats équatoriaux continentaux. — De même qu'il n'est pas aisé de fixer les bornes où se touchent les climats littoraux équatoriaux et tropicaux, nous trouvons les mêmes difficultés lorsqu'il s'agit de procéder à la démarcation exacte du climat équatorial continental. Plus nous nous éloignons de la mer, plus son influence diminue graduellement et par contre l'action de la masse continentale devient plus forte. L'échauffement de la surface continentale est beaucoup plus rapide; le degré thermique pendant l'heure qui suit la radiation la plus intense est très élevé. Au cours de la nuit, l'irradiation est aussi considérable que l'échauffement diurne. La mer considérée comme un régulateur thermique est vaincue par la terre. L'évaporation est moins intense. Dans ces conditions les caractères climatiques doivent constituer un tableau non identique à celui du climat littoral.

La température moyenne annuelle est toujours supérieure à 25° et voisine de 28°. Le maximum extrême monte au delà de 36. L'amplitude moyenne annuelle est à peu près de 10 degrés. L'écart quotidien est plus grand que celui du climat littoral et plus accentué au cours de la saison sèche. L'humidité relative est élevée, mais présente des oscillations saisonnières sensibles. On remarque, en effet, une saison humide ou pluvieuse et une autre saison sèche. Seules les régions équatoriales où l'eau est abondante, comme dans les forêts vierges de l'Amazonie et du bassin intérieur du Congo, présentent un cycle de variations avec une humidité relative moins sensible. Le nombre de saisons n'accuse pas le rythme exact de celles qui sont caractéristiques du climat littoral : il y a plus d'irrégularité. Les pluies sont moins abondantes et réparties d'une façon plus inégale. Le régime des vents est moins régulier. La nébulosité est diminuée. Tant au Nord que dans le Sud, la zone des calmes se déplace plus dans la partie continentale que dans la région maritime. Le type de végétation, à l'exclusion des parties continentales où l'eau est plus abondante ne présente point un aspect hydrophyle aussi puissant que celui du littoral. Il existe des fragments continentaux où l'on rencontre un revêtement végétal qui révèle un degré notable de sécheresse atmosphérique. La tension électrique se fait sentir uniquement au cours de la saison pluvieuse.

Les différences entre le climat équatorial continental et le climat littoral se réduisent à la forme suivant laquelle se manifestent les *éléments climatiques* fondamentaux. La température montre une amplitude de variation plus grande et un maximum absolu plus élevé. L'humidité n'est pas très grande d'une manière permanente; au cours de la saison où il ne pleut pas, il se présente une brise sensible. Il existe par conséquent une saison sèche. Ces phénomènes se manifestent plus sensiblement dans l'hémisphère Nord parce que sa masse continentale est plus vaste que celle de l'hémisphère Sud.

Caractères des climats tropicaux littoraux. — Au Nord et au Sud de la zone des calmes s'étend en chaque hémisphère une zone de brises, plus large au Sud qu'au Nord. La bande des calmes demeure comprimée entre les vents rasants et parfois violents qui y soufflent pendant toute l'année. En conséquence, à première vue, le fait que l'on puisse accepter comme climat tropical un autre que celui des brises, peut paraître étrange. Cependant, certaines parties de la zone tropicale ne sont point battues par les brises. Celles-ci passent parfois au large. En d'autres cas plusieurs conditions topographiques et altimétriques peuvent aider son écart ou flexion. Dans l'hémisphère Sud les brises générales soufflent du S.E. vers le N.O. Le contour de l'Afrique du Sud, par exemple, explique pourquoi en certains points l'influence des brises est peu sensible. Le climat tropical littoral ou climat tropical proprement dit est par conséquent une réalité. Ses caractères divergent de ceux de l'équatorial littoral, quoique la transition entre eux soit presque insensible.

La température moyenne est aux environs de 25°. Le maximum thermique atteint 36°. L'amplitude moyenne des variations annuelles oscille entre 7 et 20°. L'écart quotidien est moins élevé que celui de l'année. L'humidité relative est grande pendant toute l'année. La saturation n'est pas rare. Il existe deux saisons, l'une pluvieuse et l'autre sans pluies, mais aucune n'est sèche. En certains points, on constate que c'est précisément à la saison pendant laquelle il ne pleut pas que l'humidité relative est caractérisée par un degré plus élevé. Le nombre des mois de pluie est variable, de trois à cinq, mais il est d'autant plus haut que la latitude est inférieure et que nous nous trouvons plus près de l'équateur. La quantité de pluies n'est pas toujours la même, mais l'époque vers laquelle elles font leur apparition arrive annuellement sans variations importantes. Au cours de certaines années la pluviosité est excessive; en d'autres, au contraire, elle ne l'est point. La couche d'eau pluviale est de 1,000^{mm}. à peu près. On note des endroïts voisins ou annuellement la quantité d'eau tombée est très différente. Le rythme saisonnier est caractéristique. La tension électrique est élevée au début seulement de la saison pluvieuse. Le baromètre présente des oscillations qui peuvent atteindre 20^{mm}., mais, en règle, il est aux environs de 760^{mm}. La nébulosité est inférieure à celle de l'équateur. Au cours de la saison sèche le ciel est bleu; pendant l'hiver celui-ci offre des changements : tantôt il est nuageux, tantôt il est clair. On observe des orages avant et après la saison hivernale. Les saisons se différencient par leur pluviosité. A l'époque des pluies la puissance végétale est plus intense. Il y a un rythme végétatif; la pluviosité contrôle les phénomènes de la vie.

Climats tropicaux continentaux. — Plus fortement que dans la bande équatoriale, la continentalité exerce son influence tant sur les caractères thermiques du climat que sur ceux de l'humidité relative et de la pluviosité. La moyenne thermique se maintient haut, mais la température maximum extrême atteint 40°. Le même phénomène s'observe avec le minimum extrême qui atteint 10 et 12°, de façon que l'écart moyen annuel est à peu près de 20°. L'écart quotidien est très inférieur à celui de l'année; cependant, il s'accentue davantage au cours de la saison sèche. L'humidité relative est moins forte que celle du littoral, atteignant en certaines régions une diminution du degré hygrométrique correspondant à celui des climats semi-arides. Les saisons sont par conséquent caractérisées par une température moyenne et une humidité relative moins élevées durant la saison non pluvieuse. A l'époque des pluies la température monte plus haut et l'humidité relative est beaucoup plus forte. Le rythme saisonnier est en général égal à celui du littoral; cependant, la pluviosité est moins abondante; la luminosité est plus intense; la nébulosité est semblable à celle du climat équatorial continental. La végétation présente un caractère de tropophylisme et de xérophylisme, suivant que la sécheresse atmosphérique est plus ou moins grande. Par rapport au climat tropical, les différences que l'on observe existent dans la température, humidité relative et quantité de pluviosité. Le type de celle-ci est analogue à celui du littoral.

Climats des brises de sous-le-vent. — La division des climats des brises en quatre catégories se base non seulement sur la manière dont les alizés influent par leur permanence, vitesse et hauteur, mais encore sur le rôle que jouent tant la masse continentale que la masse océanique. C'est le cas du littoral occidental du Sahara. L'alizé souffle du N.E. vers le S.O.; il s'échauffe considérablement au contact du sol dénudé et désagrégé par la radiation solaire intense; à mesure qu'il se rapproche de la mer l'action de celle-ci commence à se manifester, jusqu'au moment où, dans le littoral, une lutte entre les deux facteurs s'établit : d'une part la brise générale réchauffée par un long parcours continental et d'autre part la mer réglant les phénomènes thermiques. Les éléments climatiques, température et humidité relative, révèlent une intervention conjuguée des deux énergies qui s'opposent. Le climat des brises de sous le vent présente tous les avantages d'une oscillation thermique annuelle très sensible et aucun des inconvénients qui résultent d'une sécheresse extrême ou d'un degré hygrométrique très fort. Ces principaux caractères montrent la formation d'un tableau climatique divers de ceux des autres catégories des climats des brises générales.

La moyenne thermique est relativement basse, aux environs de 21°. L'amplitude des variations annuelles n'est pas grande, ce qui est dû à l'influence de la mer qui cède de la chaleur pendant l'hiver et en reçoit durant l'été. L'été est chaud; l'énergie océanique est alors vaincue par l'alizé, mais l'hiver est tiède. Le maximum thermique est parfois élevé, spécialement quand l'alizé tourne du N.E.-S.O. vers l'E.N.E.-S.S.E. ou même le S.O. Les vents continentaux chauds et secs agissent sur l'humidité relative, la rendant plus basse, mais la mer tend, grâce à son évaporation, à élever le degré hygrométrique de façon que l'atmosphère est en général beaucoup moins

transparente et l'humidité n'est point moins sensible. Le
rythme annuel de l'humidité relative est très accentué.

On remarque dans les climats des brises de sous le
vent une grande simplicité climatique. Les altérations
épisodiques sont dues à l'intervention troublante de
l'alizé lorsqu'il parcourt la bande continentale. La pluviosité est faible, ce qui contribue également à la diminution de l'humidité. Dans la majeure partie de l'année
le ciel est bleu. La végétation est pauvre, présentant le
caractère fortement xéropihle Le rythme des variations
de la température et de l'humidité relative et une
moyenne thermique non élevée rendent ce climat bien
appréciable. La lumière est très vive. Il n'y a que deux
saisons; celle de l'été a une durée de neuf mois et demi.

Climats des brises d'au-vent. — Lorsque les alizés,
après un long parcours sur la surface océanique se heurtent aux terres hautes continentales, ainsi qu'il advient
au Brésil, le régime de la pluviosité prend le caractère
orographique et les pluies tombent en abondance. La
vapeur d'eau, en grande quantité, en conséquence
d'une évaporation très intense caractéristique des zones
des brises, est poussée par celles-ci et, rencontrant la
résistance continentale, s'élève formant de grands
flocons qui se condensent peu à peu jusqu'à ce que la
précipitation se produise. L'air atmosphérique le long
de son parcours sur la mer, perd la sécheresse caractéristique des brises sur le continent; il devient moins
chaud et plus humide. Ce double phénomène est plus
intense au Pacifique que dans l'Atlantique. De ces circonstances résultent des conséquences importantes. Aux
rivages des continents, grâce à la présence de l'Océan,
les températures n'accusent point un écart fort grand
et l'humidité relative est toujours considérable. Le climat des brises de au-vent ressemble au climat tropical
littoral; il s'en différencie du fait qu'il appartient à une
latitude un peu plus haute.

La température moyenne est supérieure à 21º. L'écart
annuel des variations est plus petit que dans le climat
de sous-le-vent. Le maximum est également plus bas.
Les différences saisonnières ne révèlent pas une amplitude trés forte. L'humidité relative est grande durant
toute l'année. La pluviosité est plus abondante que dans

le climat de sous-le-vent et l'époque des pluies est plus longue. La nébulosité est plus grande. Le rythme saisonnier se compose de deux saisons. La végétation est riche et hygrophile.

Climats de brises maritimes. — C'est le climat de nombreuses îles du Pacifique occidental et de l'île de Ste-Hélène, dans l'Atlantique du Sud. Les brises et la masse océanique donnent lieu à un facies climatique spécial. C'est un véritable climat tempéré du type maritime, ni chaud ni froid, où il ne gèle point et où l'on ne constate pas les épisodes de sécheresse extrême observés dans les climats de brises de sous-le-vent. La constance des alizés provoque un beau temps permanent. Les éclairs sont exceptionnels. La tension électrique est épisodique. C'est un climat presque mésothermique, ayant une moyenne qui oscille autour de 20° à peu près, suivant la latitude. Les variations annuelles sont en règle insignifiantes, ainsi que les variations quotidiennes. L'humidité n'est pas excessive parce que l'alizé, en raison de sa grande violence, pousse en avant la vapeur d'eau. La pluviosité est saisonnière. C'est un climat maritime à faibles variations.

Climats de brises continentales. — Ce climat diffère tellement des autres variétés qu'il constitue presque un type spécial. Comme les continents de l'hémisphère Nord s'étendent davantage dans le sens des parallèles, l'aire des zones terrestres battue par les vents est très vaste; en outre, les brises se déplacent atteignant le parallèle 35°. Leur passage sur les continents provoque une déshydratation intense. L'évaporation est au maximum. La vapeur qui s'élève ne se condense qu'exceptionnellement en les conditions saisonnières déterminées et lorsque les masses orographiques lui barrent le chemin. On observe alors des orages diluviens terribles; il se produit des cours d'eau d'une puissance extrême de brève durée, desquels résultent de larges sillons profonds appelés des « uadis » qui ouvrent les routes utilisées par les caravanes. La partie continentale battue par les alizés est entièrement déserte. Il n'y a que sur l'un ou l'autre point de cette partie où réapparaît un mince cours d'eau souterrain que se forme une oasis. Ce caractère de sécheresse extrême s'observe

dans l'hémisphère Nord en toute la région septentrionale de l'Afrique, à l'exclusion de la bande de l'Atlas
et du bas Nil, en une grande partie de l'Arizona et du
Texas en Amérique du Nord, dans le Sud de l'Asie englobant des contrées de l'Arabie et de l'Iranie et dans
l'hémisphère du Sud environ les deux tiers de l'Australie et la zone inerte du Kalahari. La violence des brises
brûle et désagrège rapidement le sol; il se produit des
collines de dunes continentales mobiles et la dénudation
des montagnes leur donne un aspect en forme de ruines.
L'échauffement diurne, qui dépasse 50°, et la correspondante irradiation nocturne provoquent des contrastes
fort remarquables. La journée est chaude; le vent est
d'un violence extrême et l'atmosphère grise est pleine
de poussière; les nuits sont calmes à ciel clair. L'échauffement durant la journée provoque la dilatation des substances minérales qui entrent dans la composition des
roches; le refroidissement nocturne donne lieu à une
fragmentation de ces mêmes substances très souvent
accompagnée d'épouvantables fracas. Les modifications
fréquentes de l'air atmosphérique, dues à un rayonnement solaire très intense, donnent lieu à des tourbillons
qui produisent la grande sécheresse de l'air et rendent
l'existence absolument impossible dans ces régions.

La température se distingue complètement des autres
variétés des climats des brises. La température moyenne
est élevée, atteignant au cours de l'été 32°; le maximum
extrême dépasse 50° et la moyenne à midi est de 42°;
le minimum extrême oscille entre 0 et 5 degrés; l'écart
des variations diurnes est par conséquent de 40 à 50° et
fréquemment même davantage. En toutes saisons
l'humidité relative est réduite au minimum. La pluviosité est très irrégulière et épisodique, comme en Afrique
et en Arabie par exemple, où il ne pleut pas durant
des années successives, Comme conséquence, la nébulosité est également au minimum et le rayonnement
solaire présente un coefficient moyen de 80°. Le temps
varie très fréquemment.

Etant donnés ces caractères climatiques, la vie végétale n'existe point. Seulement en de petits ravins par
où coulent des eaux épisodiques et dans l'une ou l'autre
partie rentrante ou anfractuosité plus abritée on trouve

des plantes complètement xérophiles. Les animaux des déserts, affamés, sont forcés à se réfugier dans les zones marginales. Il n'y a pas d'agglomérations urbaines. Les déserts, qui sont l'œuvre des brises, constituent alors des bandes inertes, servant uniquement en raison de leur situation géographique comme routes de transit, mettant en communication les régions du globe recouvertes de végétation et habitées par l'homme d'une manière plus ou moins dense.

Climats de moussons. — On connaît en plusieurs régions du globe les phénomènes de dynamique atmosphérique qui sont désignés sous le nom de *moussons*. Ainsi que nous l'avons dit, il n'y a qu'une seule mousson ; l'autre est l'alizé qui lui est opposé. On les observe dans le golfe de Guinée, au Nord de l'Australie, dans les mers périphériques de l'Extrême-Orient, dans la mer du Vénézuela et notamment dans la mer des Indes, où sa superficie est considérable. La périodicité des deux vents contraires contribue à leur donner un facies climatique plus caractéristique. Dans la Mer des Indes les phénomènes se succèdent de la manière suivante : d'octobre à février le soleil se trouve au Sud de l'Équateur ; au Nord de celui-ci souffle l'alizé du N.E. et au Sud l'alizé du S.E. Lorsque au mois d'avril le soleil s'avance vers le tropique du Nord, toute la masse colossale des hautes terres constituée par les Himalayas, le Tibet, les Suleimans et les montagnes de l'Iranie, s'échauffent fortement, se transformant par conséquent en une vaste zone à pression basse. La température continentale est alors plus élevée que celle de la mer en raison de la différence de la chaleur spécifique. Dans ces conditions la marche de l'alizé du N.E. se modifie. Il s'établit de la mer vers la terre un courant violent en sens contraire, qui s'oppose à la course du vent du N.E. L'alizé du S.E. tourne vers le S.O. et constitue alors le véritable vent de la mousson. Celle-ci parcourt avec une très grande rapidité la surface maritime, provoquant une évaporation fort intense. La vapeur d'eau est entraînée par la mousson et est arrêtée par les masses orographiques, où elle se condense donnant lieu à une précipitation abondante. Durant l'hiver du Nord, lorsque le soleil se dirige vers le Sud, les hautes terres de l'Asie méri-

dionale se transforment par refroidissement en une zone
à pression haute. L'alizé du N.E. est alors dominant
et celui de S.O. ne se fait point sentir. Il y a par conséquent un rythme parfait en ce qui concerne la prédominance tantôt d'un vent, tantôt de l'autre. Ou l'alizé
du N.E. est vaincu par la mousson du S.O., ou bien
alors celle-ci, reculant, permet que l'alizé s'avance
vers le Sud. En toutes régions de moussons c'est toujours
le mouvement apparent du soleil, tantôt vers l'un des
tropiques, tantôt vers l'autre, la cause véritable, associée
aux conditions topographiques et altimétriques des terres
qui entourent la mer, qui donne lieu à ce phénomène
du déplacement de l'un des alizés. La mousson peut atteindre les tropiques, cela dépendant de l'intensité
des variations barométriques. Le degré de flexion de
l'alizé du S.E. donnant la mousson du S.O. dans la Mer
des Indes, peut être plus ou moins grand. On suppose que
ce phénomène est en rapport avec les taches solaires.
Une flexion se déplaçant davantage vers le Nord détermine aux Indes des chutes de pluie formidables. Il n'y a
pas encore très longtemps que les famines étaient la conséquence immédiate de la diminution de la quantité
d'eau tombée. C'est la mousson du S.O. qui enrichit
et rend prospère l'Inde, tandis que l'Arabie qui se trouve
en face, battue d'une manière permanente par l'alizé
du N.E., ne reçoit pas l'influence bienfaisante de l'alizé
contraire. A l'Est de la mer des Indes on distingue
une région à forte végétation; à l'Ouest on trouve un
désert rocheux.

Le double régime des vents et les conditions dans lesquelles ceux-ci se manifestent donnent au climat des
moussons un certain nombre de particularités qui les
différencient des climats tropicaux littoraux. La moyenne
thermique est plus élevée; elle dépasse 25° et se rapproche
de 27°; l'amplitude des variations annuelles est faible.
La température est par conséquent plus haute que celle
du climat tropical littoral. Le mois le plus chaud est celui
qui précède l'époque des grandes pluies. Dans la Mer des
Indes c'est le mois de mai. On dirait qu'il se produit
une suspension dans la dynamique atmosphérique,
une phase de calme suffocant suivie immédiatement
après d'une période de grande tension électrique et de

l'apparition de l'alizé du S.O. C'est alors que surviennent les pluies abondantes qui ont une durée de deux mois et demi à peu près. Dans la zone des moussons de l'Océan Indien, au mois d'août, les pluies deviennent plus rares. En certaines années, la pluviosité réapparait en octobre, toutefois en quantité peu considérable.

C'est notamment l'humidité relative qui différencie le climat de la mousson du climat tropical littoral. Dans celui-ci l'humidité est constante et ne subit point un écart annuel sensible. Par contre, dans le climat de la mousson, lorsque le vent continental, ou « *terral* », souffle, il existe en effet une saison sèche. On peut dire que le rythme saisonnier se compose d'une saison humide ou pluvieuse et d'une saison sèche.

Un autre caractère qui distingue ces deux climats, est celui du nombre des saisons. Aux Indes, après l'époque prédominante de l'alizé du N.E. et avant la saison des pluies, on observe une phase de température élevée dépourvue de pluviosité, en avril et en mai. Lorsque les pluies commencent à tomber et la tension électrique n'est plus déjà très intense, les conditions thermiques s'améliorent, de façon que l'on peut dire que le climat des moussons se différencie 1°) par une saison sèche où domine le vent du N.E. ; 2°) par une saison de température haute sans pluies où l'on observe un certain calme atmosphérique ; 3°) par une saison pluvieuse et moins chaude.

La nébulosité est, en général, insignifiante ou quasi nulle au cours de la saison sèche ; d'ordinaire le ciel est plombé durant la phase qui précède l'hiver, et quand la précipitation se trouve dans son intensité la plus élevée, le ciel est variable, tantôt clair, tantôt nuageux.

La mousson s'établit avec une précision plus ou moins mathématique, précédée en règle de tempêtes violentes. Elle est toujours plus sensible dans le littoral, bien que ses effets se propagent à l'intérieur des continents. Par contre le vent de la terre est moins fort qu'au bord de la mer, spécialement lorsque, comme dans le littoral occidental de l'Inde, une grande barrière montagneuse arrête sa marche.

Les climats tropicaux de moussons sont caractérisés par leur régularité. Ce sont ceux que l'on rencontre fréquemment sur les côtes occidentales des continents et des grandes péninsules tropicales. Cependant, à l'Extrême-Orient on trouve des exceptions à cette règle.

Les brises générales, les moussons et la bande des calmes équatoriaux constituent des phénomènes susceptibles d'altérations annuelles, desquelles résultent des formes de transition climatique. L'intrusion d'un courant marin froid peut modifier également le facies climatique des terres tropicales.

Climats à altitudes dans la zone inter-tropicale. — Contrairement à ce que l'on observe pour les climats qui ont été décrits, les climats à altitudes ne manifestent point une régularité qui permette, en chacune de leurs trois catégories, de classifier leurs diverses variétés. Les montagnes sont considérées comme des centres perturbateurs de la ventilation; leur régime pluvieux ne se subordonne pas toujours à la latitude; les brises et les calmes n'influent point également comme dans les zones à plaines; les conditions topographiques d'une part et le plus ou moins grand éloignement de la mer d'autre part provoquent des aspects climatiques régionaux et locaux. A égalité de latitude, les climats peuvent être divers. Tant dans les terres inter-tropicales que dans les régions tempérées on note des contrastes altimétriques sur les deux versants opposés du même système de montagnes. C'est justement dans la climatologie des terres hautes que l'aspect régional ou local des climats se révèle le mieux. Il n'existe pas dans ce chapitre de la classification des climats des règles bien définies, de sorte qu'il n'est pas aisé de déterminer, avec précision, quels sont les caractères que possède l'un ou l'autre climat à altitudes. Lorsque dans un avenir plus ou moins rapproché on aura mieux connu au point de vue scientifique les colonies, on pourra alors juger avec plus de sûreté les caractères climatiques de ce qu'on appelle les zones de colonisation.

Importance de la différentiation des climats inter-tropicaux. — Tous les climats inter-tropicaux ne sont point également hostiles aux Européens. La science réussit à éloigner ou à détruire les agents pathogènes. La lutte au Panama, œuvre accomplie par Gorgas, a fait disparaître le paludisme; on n'observe à présent que rarement la fièvre jaune à Cuba et à Rio de Janeiro. On pourrait mentionner d'autres exemples d'affections qui peu à peu perdent leur ancienne puissance et fréquence. On parvient à améliorer considérablement le milieu tropical, en luttant contre les parasites, en drainant la terre. On doit de véritables triomphes à l'hygiëne individuelle et sociale et ces assertions sont incontestables; mais dans la zone inter-tropicale le milieu physique ne peut être altéré par l'effort humain; il est aujourd'hui ce qu'il a été aux époques les plus reculées. Il est probable que des variations extrêmement lentes des climats se soient produites, mais la lenteur de ces transformations est telle, que nous pouvons considérer comme fixes les tableaux climatiques de toutes les régions du globe. La climatologie, comme météorologie géographique, tout en reconnaissant le rôle joué par l'intervention des nombreux facteurs qui donnent origine aux climats, est à même, aujourd'hui, de différencier, au-dedans de chaque groupe climatique, toutes leurs variétés. La notion des climats tropicaux et équatoriaux diffère au fur et à mesure que nous connaissons mieux les degrés d'association de leurs éléments constituants. Ce qui provoque la déchéance physique plus ou moins rapide des Européens dans la zone inter-tropicale c'est l'association constante de la température haute ne présentant pas un écart de variations sensibles et de l'humidité également considérable sans oscillation saisonnière. Dans les terres intermédiaires ou tempérées les températures maxima extrêmes sont, durant l'été, supérieures à celles des contrées inter-tropicales. Mais on peut observer des écarts plus ou moins grands suivant que les climats sont continentaux ou littoraux et ces variations représentent des avantages en ce qui concerne la production de la chaleur animale et la conservation des résistances organiques. Dans la bande équatoriale, où la température haute et une forte humidité possèdent un caractère de permanence, le milieu physique est une serre qui affaiblit l'organisme.

Cependant, dans les bandes tropicales proprement dites, comprises entre le bord marginal de la zone des calmes et l'extrême des migrations des brises, l'inter-

vention des facteurs géographiques, tels que la masse
océanique, la masse continentale, les brises générales et
enfin les conditions topographiques et de situation
des terres en rapport avec les vents dominants, diminue
et modifie considérablement l'influence de la latitude,
laquelle est d'une très haute importance dans la bande
équatoriale. Les caractères thermiques dans leurs rapports avec les caractères hygrométriques révèlent plusieurs types d'association et par conséquent des facies
climatiques divers, les uns que nous supportons sans chute
organique, et d'autres auxquels nous nous adaptons
sans difficultés. Les climats des brises maritimes et de
sous le vent peuvent être considérés, en réalité, comme
des climats tempérés. Même dans le climat des brises
continentales, où celles-ci ne sont point excessives et
ne se trouvent pas loin de la mer, les conditions climatiques ne sont point défavorables pour nous, spécialement si les conditions altimétriques atténuent leur haut
degré de sécheresse provoquant une pluviosité dépourvue
de facies épisodique.

De la comparaison de certains aspects des climats
tropicaux littoraux et des climats des moussons, il ressort ce fait : c'est que dans ces derniers, une saison
en réalité sèche atténue l'influence affaiblissante exercée
sur l'organisme par l'humidité relative très élevée liée
à une température haute constante durant la saison
pluvieuse. Cette chute hygrométrique au cours de la
phase où la mousson du S.O. est dominée par l'alizé
du N.E. explique pourquoi le climat de la côte occidentale de l'Inde a été toujours préférée à celui du littoral
du Mozambique. Si l'on compare, par exemple, le tableau
climatique de l'occident de l'Afrique septentrionale
battu par l'alizé du N.E. avec le littoral brésilien qui subit
l'influence de l'alizé du S.E., on aperçoit alors les raisons
de leurs différences. Le premier est un climat de sous
le vent, plus sec; le second est un climat de au vent,
plus humide.

Le rythme de la variation de l'humidité relative est
de la plus haute importance; le climat est alors plus salubre. Nous supportons mieux une température élevée
associée à un bas degré hygrométrique qu'une température modérée, entre 20 et 25 degrés, ayant une humidité

relative de 70 à 90 ou se rapprochant fréquemment de la saturation.

Les conditions topographiques contribuent à altérer puissamment l'action d'autres facteurs, ce qui explique certains aspects climatiques locaux. Dans les continents, ayant des altitudes de 800 à 1,000 mètres, où l'on ne constate pas les climats à altitudes proprement dits, on remarque en Afrique (à Lunda par exemple) des qualités du milieu physique dont bénéficient les Européens et qui dérivent des cycles des variations de l'humidité relative et de la manière dont celle-ci s'associe aux variations correspondantes de la température.

Pour qu'une œuvre coloniale soit profitable, il est indispensable que les caractères climatiques de toutes les régions conquises soient connus d'un mode exact. Nous vivons encore sous le domaine d'idées anciennes et dans notre politique administrative nous faisons appel à des affirmations scientifiques que peu à peu nous abandonnons. La climatologie moderne nous enseigne que la surface inter-tropicale, considérée au point de vue climatique et morpho-altimétrique, offre des aptitudes les plus variables. On y trouve de larges bandes absolument hostiles où la fixation européenne devient impossible, si parfaite que soit la lutte contre les agents organiques. Dans ces contrées l'action subjugante du climat ne peut être altérée par la puissance créatrice de l'homme à l'aide des moyens dont il dispose à l'heure actuelle. Il n'en est plus de même, cependant, dans les contrées tropicales où l'on trouve des types climatiques, depuis le tropical littoral ou tropical proprement dit, présentant d'une part une petite variation thermique et, d'autre part, une constance de haute humidité relative, jusqu'au climat continental de brises, où l'on rencontre un fort écart thermique tant annuel que quotidien et un degré de sécheresse extrême. Parmi ces types fondamentaux de variations minima et maxima des deux principaux éléments climatiques, il existe toutes formes de transition, qui sont le produit de l'intervention des facteurs suivants : continentalité, masse océanique, caractères altimétriques, exposition aux vents dominants de la terre et de la mer et conditions topographiques.

On comprend dès lors l'extrême importance de la documentation scientifique que la climatologie recueille peu à peu sur la diversité des climats inter-tropicaux. Le Continent africain, vers où se dirigent les plus agissantes activités de l'Europe, est hostile ou hospitalier à la fixation européenne selon la région que les immigrants veulent coloniser. Le problème de la colonisation exige, au préalable, une connaissance des climats locaux ou régionaux. Les principes de la climatologie moderne nous montrent la ligne de conduite à suivre en ce qui concerne l'orientation de nos études. Nous devons mettre de côté les idées anciennes qui faisaient de l'Afrique tropicale un brasier. On a beaucoup travaillé en toutes les colonies, mais il est absolument indispensable de resserrer davantage le réseau météorologique. Dans ces contrées ce sont les exigences agricoles et démographiques qui orientent les travaux climatiques. En Europe, nous n'avons pas à nous préoccuper de la question de notre adaptation au milieu. Elle est déjà faite; mais dans les pays tropicaux le principal but à viser est celui qui touche l'examen des conditions d'existence qui entourent les Européens qui vers eux se dirigent. Ce que nous avons dit sur les variétés climatiques inter-tropicales, où dans quelques-unes la vie est possible sans déchéance organique et en d'autres où la fixation ethnique ne peut être réalisée si grand que soit le résultat de la lutte engagée contre les parasites, nous indique la marche à suivre. Voilà, nous le croyons, la question dominante en sciences scoloniales.

CHAPITRE II.

Climats des colonies portugaises.

ÎLES DU CAP-VERT.

Situées entre 17º,13' et 14º,47' de L.N. et entre 22º,45' et 26º,22' à l'ouest du méridien de Greenwich, elles ont une superficie de 3,928 kilom. carrés. La plus septentrionale est à 2,550 kilomètres de Lisbonne. La plus orientale est séparée du continent africain par un canal

de 830 kilomètres. Au point de vue administratif ces îles sont divisées en deux groupes : celui de *sous le vent* et celui de *au vent*. Ces désignations sont en rapport avec la direction des alizés soufflant du N.E. vers le S.O. Au premier groupe appartiennent les îles de S. Antão, S. Vicente, S. Luzia, S. Nicolau, Sal, Bôa Vista et les îlots Branco et Raso; au deuxième groupe, les îles de Brava, Fogo, S. Thiago, Maio et les îlots Rombo Grande et Rombo de Cima qui se trouvent au Nord de l'île Brava.

La division administrative ne correspond pas à la division géographique que nous allons indiquer. Nous croyons préférable de les diviser en trois groupes : 1º celui du N,. constitué par les îles de S. Antão, S. Vicente, S. Luzia et S. Nicolau; 2º) celui de l'E., îles de Sal, Bôa Vista et Maio; 3º) celui du S., îles Brava, Fogo et S. Thiago. Cette division se justifie. Les îles du Nord sont plus fortement battues par l'alizé du N.E., ce qui influe puissamment sur leurs caractères climatiques; celles de l'Est sont plus proches de l'Afrique et subissent l'influence des vents chauds du continent, ce qui explique leur manque d'arborisation et l'évaporation intense qui y crée leurs salines naturelles; enfin celles du Sud sont plus sujettes aux conséquences de la migration de la bande des calmes.

La base sous-marine sur laquelle se dressent ces îles révèle également une formation architectonique au Nord, une autre orientale et la troisième méridionale. Tout l'archipel, dont la distance maximum inter-insulaire ne dépasse point 250 kilomètres, constitue une couronne volcanique, où l'on a découvert de nombreux vestiges géologiques qui révèlent une ancienne liaison avec le continent voisin.

Leur constitution est volcanique sur un fondement géologique très ancien et fait partie de la crête centrale de l'Atlantique « Dolphin-Challenger », ligne sinueuse qui partant de l'Islande, par les Açôres et les Canaries, aboutit à l'île océanique de Tristão da Cunha, dans l'Atlantique du sud. Leur volcanisme a été actif, notamment dans l'île de Fogo où l'on remarque encore des restes de l'éruption qui a ravagé une partie de l'île au cours de la seconde moitié du XIXme siècle. Leur constitution minéralogique de roches volcaniques influe sur leur cir-

culation profonde et notamment sur son architecture.
Le sol est, en effet, rapidement désagrégé et raviné.
L'île de Fogo est un véritable cône volcanique qui s'élève
sur des fonds de milliers de mètres.

Les îles du groupe Nord sont orientées vers le O.N.O.-
E.S.E.; celles de l'Est, vers le N.S. et celles du Sud,
vers le E.N.E.-O.S.O. Ces orientations ont comme conséquence qu'elles reçoivent alors perpendiculairement
les vents dominants de N.E., L. et S. Les îles de l'Est,
où l'action érosive des agents éoliques est beaucoup
plus intense, ont une altitude insignifiante. Celles de
S. Antão, Fogo et S. Thiago sont les plus hautes. Leur
périphérie est constituée par des falaises abruptes. Les
pentes N. dans les îles septentrionales sont plus accentuées
que celles du Sud; ces pentes dans les îles de l'Est
et du Sud sont irrégulières. Le drainage est par conséquent torrentiel. Il n'y a pas de formations lacustres.

Un bras divergeant du courant des Canaries se bi-
furque, au nord de l'Archipel, en deux branches; l'une
orientale à eau plus chaude, qui coule entre les îles de
l'Est et le Continent africain; l'autre, occidentale et
qui paraît influencer sur les îles plus occidentales. Les
îles se trouvent dans la zone des brises du N.E., vent
constant pendant toute l'année, cependant plus fort
aux mois de novembre à juillet. Ces brises battent plus
fortement le groupe septentrional. Les conditions qui
modifient en Afrique septentrionale, au Sahara, l'air
atmosphérique provoquent fréquemment une flexion
de l'alizé du N.E., le forçant à se diriger vers le S.O.
C'est ce vent que les Portugais nomment « lestada »,
et qui produit, ainsi que nous l'avons déjà dit, des effets
climatiques fort importants dans les îles de Sal, Boa
Vista et Maio.

Au cours des mois où l'alizé du N.E. est plus violent
la nébulosité est au minimum, le ciel est transparent
et bleu et le coefficient de transmission du rayonnement
solaire est très élevé. Pendant trois mois (d'août à octobre), ce qui revient à dire durant la saison pluvieuse,
suivant l'heure à laquelle on se trouve, le ciel est plus
ou moins nuageux. L'alizé du N. E. est alors moins
fort; cependant son degré d'intensité n'est pas pareil
dans les groupes Nord et Sud. Dans ce dernier groupe,

plus exposé aux vents du Sud, qui sont ceux qui entraînent les pluies, l'alizé n'influe que peu sur leur versant méridional. Il y a deux saisons bien définies, l'une sèche, de novembre à juillet, à brise forte et à ciel clair, et l'autre d'août à octobre, plus ou moins pluvieuse et à ciel brumeux. La pluviosité n'est pas parfaitement cyclique et régulière. Les îles sont situées aux proximités de zones différentes de pluviosité; au N.O. la précipitation est fréquente au cours de presque toute l'année; à l'Est les pluies sont très irrégulières; au S. et S.O. il n'y a qu'une seule époque pluvieuse. La plus ou moins grande quantité de pluie et sa régularité ou irrégularité dépendent d'une part de l'extension de la migration des brises et des calmes et, d'autre part, de l'influenc prédominante ou non du vent de l'Est. Si le N.E. est violent, la pluviosité diminue considérablement; si le S.O. avance beaucoup vers le Nord, les pluies sont plus abondantes. A l'époque des pluies la zone des calmes se déplace vers le Nord. C'est le régime dominant des vents qui rend la pluviosité régulière ou irrégulière, abondante ou rare. De ces circonstances résultent des années d'abondance et des années de famine. La terre est pauvre; la circulation profonde ne possède point la quantité d'eau nécessaire; les pentes tombent très à pic, de façon que l'agriculture ne peut utiliser que les vallées les plus ravineuses et les plateaux pas très élevés.

La tension électrique se réduit seulement à la saison pluvieuse. La pression atmosphérique oscille, en moyenne de 766 à 755^{mm}. Au mois de janvier l'archipel demeure entre l'isothermique de 28°, passant au Nord, et celle de 25° qui passe au Sud; durant la saison chaude c'est l'isothermique de 25° qui se déplace vers le Nord, et au Sud celle de 28° qui se rapproche du groupe insulaire méridional.

Si l'on compare les moyennes de la ville de Mindelo, dans l'île de S. Vicente, groupe septentrional, avec celles de la ville de Praia, dans l'île de S. Thiago, groupe méridional, on reconnaît que la violence de l'alizé du N. E. influe sur les différences thermiques des deux lieux. Le maximum de la moyenne est à Praia de 26°,7 et à Mindelo, de 25°,4; le minimum de la moyenne, respectivement de 22°,1 et 20°,4 et la moyenne annuelle

de 24,4 et 23º,5. Dans la ville de Praia la température
maximum absolue, en règle en juin, est de 38º,8; le
minimum absolu, en mars, de 18º,6. L'écart extrême
de la variation anuelle est par conséquent de 12º,2.
Dans la ville de Mindelo, située plus au Nord, le maximum absolu est de 30º,2, le minimum absolu de 17º,0
et l'amplitude annuelle extrême, de 13º,2. L'écart moyen
dans la première ville est de 4º,6 environ; dans la deuxième, de 5º.

A Praia, plus exposée aux vents des quadrants du
Sud, l'humidité relative est de 65,5 et à Mindelo, de 63,4.
La nébolosité est également plus considérable dans l'île
de S. Thiago que dans celle de S. Vicente. Dans la première de ces îles, en décembre, le maximum correspond
à 5,8; le minimum, en mars, à 1,5, et la moyenne à 3,9.
A S. Vicente le maximum est de 3,3; le minimum de
0,8 et la moyenne de 2,6.

On peut considérer le climat des îles du Cap-Vert
comme un climat de brises maritimes. La petite distance
qui les sépare du continent africain, en particulier le
groupe oriental, provoque des aspects locaux, que l'on
reconnaît lorsqu'on compare les îles qui se trouvent
plus éloignées de l'Afrique avec celles qui reçoivent
l'influence perturbatrice du Sahara. Comme climat maritime, l'écart moyen des variations thermiques est relativement petit. L'alizé du N.E. agit en diminuant considérablement sa pluviosité et la rendant irrégulière. De plus,
c'est à lui que l'on doit le fait climatiquement important
d'une humidité relative non élevée. Cette circonstance contribue au plus haut degré à faire bénéficier l'archipel.
Le ciel faiblement nuageux, même à l'époque des pluies,
constitue un autre facteur qui rend son climat distinct
du climat littoral des bandes continentales qui ne sont
point battues par les brises générales.

Nous ne possédons pas, en ce qui concerne les autres
îles, une documentation météorologique très sûre.
Les éléments qui nous permettraient l'appréciation de
leurs climats ne sont pas quantitativement suffisants,
ce qui fait que nous ne pouvons point juger, en tous
leurs détails, les caractères qui les rapprochent ou les
éloignent. Cependant, d'après plusieurs rapports de certains médecins et des observations prises par eux,

bien que pas poursuivies en grandes séries, on reconnaît qu'il existe des différences remarquables parmi celles qui se trouvent dans le groupe oriental et celles qui sont situées plus au large vers l'occident.

L'île Brava par exemple, la plus petite de toutes et la plus au large du continent africain, est considérée parmi toutes comme la plus salubre; en effet c'est la plus abritée. Les habitants de l'archipel la considèrent comme leur sanatorium. Dans cette île la fixation ethnique a été possible; les Portugais y ont créé souche; les conditions de l'habitat physique ont permis aux colons de s'y fixer aisément. Il y pleut plus abondamment; l'humidité est plus élevée et le ciel plus brumeux. Son altitude maximum est de 920m.; sa principale localité est bâtie à une hauteur de 450m. Ce ne sont donc pas les conditions altimétriques qui contribuent à créer son facies climatique. En dépit de sa constitution volcanique récente elle est riche en eau potable; sa circulation souterraine paraît être plus près de la surface. Les effets de la flexion de l'alizé du N.E., lorsqu'il souffle de l'Est vers l'Ouest, ne s'y font pas ressentir. Il se produit dans cette île le phénomène, en apparence paradoxal, d'être plus sujette aux brouillards que l'île de Fogo, parmi toutes celles à altitude plus élevée et qui est située à une petite distance de la première.

L'île de S. Antão est la plus occidentale de ce groupe septentrional; c'est l'île des plus grandes altitudes, et dans le groupe auquel elle appartient, elle est climatiquement analogue à l'île Brava. C'est également dans cette île que la fixation européenne a été aussi aisée. Son altitude maximum est de 1950 m.; le versant Nord tombe très à pic, se présentant sous la forme de falaises abruptes et inabordables. Ses plateaux sont situés à environ 1,500 m. L'eau s'y trouve également en abondance; c'est elle qui alimente en grande partie le port de Mindelo, dans l'île de S. Vicente située en face. De même que l'île Brava, elle possède de nombreuses sources minéro-médicinales. Sa constitution volcanique décèle une antiquité plus grande quant à la formation volcanique; elle est moins pluvieuse que l'île Brava, du fait d'être battue violemment par l'alizé du N.E.

L'île de S. Vicente, où se trouve la ville de Mindelo,

se distingue par son aspect érosé. Son port principal présente la configuration d'une baie d'origine volcanique. Comme les autres îles, sa constitution est ignée. L'eau n'y abonde point. Fouettée par les brises générales, sa pluviosité est faible, le ciel est fréquemment bleu, de façon que sa végétation est rare. Toutefois la douceur de son climat la rend salubre. Malgré qu'elle soit fort montagneuse, mais avec des altitudes qui n'atteignent pas 1,000 m., la condensation de la vapeur d'eau est très faible. Ses montagnes sont dénudées, contrastant en cela avec ce qui s'observe sur les plateaux de S. Antâo et principalement ceux de l'île Brava.

Les îles de S. Nicolau et de S. Luzia sont géographiquement et climatiquement analogues à l'île de S. Vicente. Celles du groupe occidental (Sal, Boa Vista et Maio) sont moins peuplées, quasi complètement dénudées, de pluviosité rare et irrégulière. Dans la majeure partie de l'année le ciel s'y montre clair, le rayonnement solaire est si intense et l'évaporation est tellement forte que dans les petites parties creuses du littoral, ainsi qu'on l'observe dans l'île de Sal, des salines naturelles se produisent. Ce sont également les vents de l'Est qui contribuent à leur donner un aspect général ruiniforme. Leur population est inférieure à celle des autres îles.

Des îles du groupe méridional, celle de *S. Thiago*, sur laquelle est bâtie la ville de Praia, capitale de l'Archipel, offre des aspects géographiques intéressants qui mériteraient une description minutieuse. C'est la plus étendue, deux tiers de sa superficie appartenant à un ancien volcan. C'est une énorme masse basaltique dont l'altitude maximum atteint 1450 m. Profondément ravinée, la plus grande partie de son littoral se dresse verticalement. La végétation est limitée aux vallées. Elle possède de nombreuses sources. Sa pluviosité est plus abondante que celle du groupe Nord. Comme le rayonnement solaire est intense, l'évaporation est également forte, de façon que l'été y est presque permanent. C'est elle, parmi toutes les îles ,qui est la plus exposée aux vents du Sud et à l'influence de la migration de la bande des calmes équatoriaux qui, à l'époque des pluies, s'avance dans la direction de l'Archipel.

L'île de Fogo, qui est à l'Ouest de celle de S. Thiago,

est un colossal cône volcanique. Son activité volcanique n'est pas encore éteinte. On n'a pas fait, jusqu'à l'heure actuelle, une étude minutieuse de ses aptitudes géologiques. Il est probable que l'irradiation thermique de sa masse en ignition exerce de l'influence sur son faible pouvoir condensateur. C'est une masse qui surmonte un plateau sous-marin d'une grande profondeur et qui, il y a environ 50 ans, a montré des signes d'activité intérieure. Ce fait révèle que son énergie thermique doit se conserver presque intacte à une petite profondeur. Sa forme conique, ainsi que son altitude qui atteint 1,650 m., la rendent un centre perturbateur de la dynamique atmosphérique. L'alizé du N.E. glisse sur ses flancs. Sa température intérieure, associée aux conditions déjà énoncées, bien que l'évaporation sur la mer soit considérable, ne permet point que la vapeur d'eau se condense en grande quantité. Ainsi que nous l'avons dit, l'île située plus à l'Ouest a une envergure beaucoup plus petite; l'île Brava est beaucoup plus sujette aux brouillards; sa pluviosité est plus abondante.

Il y a par conséquent des différences locales, plus accentuées dans les îles orientales qui résultent de l'action de plusieurs facteurs, à savoir, d'une part l'intensité des brises du N.E., dont les effets sont plus accentués dans le groupe septentrional, et d'autre part la masse océanique provoquant des conséquences hygrométriques plus fortes dans l'île Brava. Cette diversité locale donne lieu à des aptitudes non identiques en ce qui concerne la fixation des immigrants européens.

Cependant, si l'on envisage l'archipel dans son ensemble, en tenant compte de sa latitude tropicale nous constatons que son climat diverge en plusieurs caractères des autres climats intertropicaux des colonies portugaises. S'il était situé à une plus grande distance du Continent africain, ses conditions climatiques seraient moins sujettes à la masse continentale de l'Afrique et par conséquent il existerait une plus grande uniformité parmi les diverses îles qui le constituent.

GUINÉE.

Elle s'étend entre 11º-12º40' de lat. N. et 12º-14º30' de long. Occ., dans la partie la plus occidentale de l'Afrique septentrionale. Sa superficie est de 36125 kilomètres carrés, y compris l'archipel proche de Bijagós. La longueur de sa périphérie externe est de 240 kilomètres. Comme la côte est fort découpée, le contour interne est beaucoup plus long. Elles se divise en deux parties à superficie inégale, l'une continentale, plus vaste, composée de terrains anciens, l'autre insulaire et péninsulaire à terres d'alluvion. Sa constitution géo-morphologique influe puissamment sur son climat. C'est une terre à plaines, pas trop accidentée. Seul au S.E. et au S. de Buba on rencontre une zone à collines, prolongement du territoire français voisin, mais dont les altitudes ne dépassent pas 235 m. La partie continentale, où le sol est plus résistant, est sillonnée de nombreux cours d'eau navigables. La partie périphérique, à terrains friables et où l'eau abonde, est très marécageuse. Les pluies et les fleuves de grande puissance provoquent à la partie périphérique une composition hydrographique semblable à un grand delta. Les fleuves sont autonomes dans la bande continentale, mais les sédiments qu'ils entrainent et se déposent dans la bande terminale au contact de la mer rendent le terrain variable. On note des formations insulaires et péninsulaires mobiles. On constate fréquemment l'apparition de canaux interfluviaux de même que leur obstruction. Le sol est, en conséquence, aisément désagrégeable.

Les cours d'eau sont abondants. A forte puissance et coulant dans les plaines, ils sont navigables jusqu'à un point assez éloigné de la côte et communiquent entre eux à proximité de leur partie terminale en divaguant souvent dans leur parcours. Durant la saison hivernale les crues sont fréquentes. Les estuaires où ils se terminent sont à fonds friables et peu permanents. Ces caractères géographiques, associés encore à une faible altitude, font que le territoire de la Guinée, soumis d'une part à l'invasion de la bande des calmes équatoriaux et, d'autre part, exposé aux vents chauds continentaux, possède un climat complètement différent de celui des îles du Cap-Vert.

Tout le littoral se trouve soumis au courant équatorial. L'évaporation y est trés intense. La radiation solaire est toujours forte, notamment lorsque le soleil se dirige vers le tropique du Nord. La Guinée se trouve dans une zone à basse pression, en conséquence de la grande proximité des calmes équatoriaux. De novembre à avril et coincidant avec la saison non pluvieuse, les vents prédominants sont ceux de N.E.-N.N.E. et E.N.E. ; de décembre à mars souffle un vent chaud continental nommé « Harmatan », beaucoup plus fort et incommode dans la partie continentale du territoire. Le ciel est alors moins brumeux. Les vents du S.O. et S.S.O. coincident avec la saison pluvieuse. Les vents de la mer sont humides ; ceux de la terre sont secs ; ces derniers influent incomparablement davantage sur la partie continentale, les premiers sur la partie périphérique. Il résulte de ces circonstances un degré hygrométrique beaucoup plus élevé près de la mer et une permanence notable d'un haut degré d'humidité relative durant toute l'année.

Il n'y a que deux saisons et bien caractérisées par la pluviosité. La saison pluvieuse dure huit mois, de mai à décembre ; les pluies tombent plus abondamment au mois d'août et moins en décembre et mai ; il n'y a pas de pluies de décembre à avril, mais l'atmosphère y est excessivement humide. La pluviosité est fréquemment au-dessus de 2000 ^{mm}. Le type de la pluviosité est intermédiaire entre celui de convexion ou équatorial et le tropical. La tension électrique est remarquable durant la saison des pluies ; les orages se succèdent avec une très grande fréquence.

Nous ne possédons pas une documentation météorologique sûre relativement à la zone continentale. Toutefois on affirme très fréquemment qu'a proximité des frontières, pendant le jour et particulièrement en été, des variations importantes se manifestent, tant dans l'humidité relative que dans la température. Dans le littoral, et au cours inférieur des fleuves, où sont situés les centres les plus importants des agglomérations urbaines, la prédominance maritime et les particularités du sol d'alluvions très plastiques rendent permanents les caractères des deux éléments climatiques. Il est probable que la grande continentalité de la partie intérieure du territoire leur communique plus de sécheresse et des écarts thermiques plus considérables. Néanmoins, nous n'avons pas de renseignements très sûrs à ce sujet.

Dans la bande littorale la température est aux environs de 27º3. La moyenne mensuelle, plus haute au mois de mai, est de 29º5 à peu près, et la plus basse, en janvier, de 24º7. La moyenne maximum de l'année correspond à 30º6, et la moyenne minimum annuelle, à 23º9. L'amplitude thermique quotidienne est faible; elle ne dépasse guère 3 degrés; l'annuelle est également insignifiante. La moyenne thermique très élevée et les oscillations pas fortes sont des caractères thermiques qui appartiennent aux climats équatoriaux littoraux. Comme la situation géographique de la Guinée se trouve presque à la limite Nord de la zone des calmes équatoriaux, on comprend dès lors ce caractère équatorial du facteur climatique température.

L'humidité relative est haute, elle est de 75 à peu près. Cependant, pendant la plus grande partie de l'année elle est plus élevée, atteignant 95 durant les mois les plus pluvieux et chauds. Il y a un mois pendant lequel l'humidité relative descend au-dessous de 60 : c'est celui où les pluies manquent complètement. Tout nous mène à croire que l'humidité dans le littoral est beaucoup plus forte que celle de l'intérieur.

Le climat de la Guinée, en raison de l'intervention de différents facteurs est absolument hostile aux Européens. Terre à plaines aisément inondables, dépourvue d'accidentation orographique importante, battue par les vents chauds continentaux et plus ou moins soumise aux migrations de la zone des calmes, ayant un littoral alluvial plastique et fort humidité, exposée au courant équatorial et aux vents humides de la mer, avec pluviosité abondante et un rayonnement solaire intense, son climat se rapproche beaucoup des climats équatoriaux littoraux tant en conséquence de la permanence thermique qu'en raison de son degré élevé. Le type saisonnier est tropical, mais la durée de la saison hivernale le rend plus semblable au climat équatorial.

La Guinée est une contrée très riche en bétail, forêts et produits agricoles. Sa population est relativement dense, si on la compare à celle des autres populations africaines. Le littoral est accessible. Tous les fleuves sont navigables. Ses produits végétaux sont notablement riches. Le sol est extrêmement fertile. Cependant, le climat est humide et chaud, et aucune condition géographique ne favorise cette contrée de manière à permettre une oscillation annuelle très sensible de la température et de l'humidité. Ses aptitudes climatiques sont celles d'une ferme très riche défrichée seulement par les indigènes sous la surveillance de peu d'Européens.

Ile de S. Thomé.

Au point de vue agricole les îles de *S. Thomé et Prinpice*, dans le golfe de Guinée, se placent au premier rang; en effet, ce sont les colonies portugaises les plus riches et celles où la culture est la plus intense. L'équateur coupe l'îlot des « Rôlas » situé un peu au Sud de S. Thomé. D'une longueur de 50 kilomètres et d'une largeur moyenne de 30 kilomètres, la superficie de cette île est de 1,000 kilomètres carrés environ. Sa constitution géologique est volcanique. Elle appartient, ainsi que les îles de Principe, Fernando Pó et les Camerões, à une zone tectonique qui a subi le phénomène de l'abaissement, donnant lieu à la formation d'une grande partie du golfe de Guinée et d'un arc volcanique dont les points culminants sont les îles signalées. Son plus grand axe est orienté du N.E. vers le S.O. Elle est très montagneuse; son altitude maximum est de 2,025 m., présentant des différences de niveau très grandes; ses vallées ont une inclinaison de 30°. Les pentes moins accentuées appartiennent à la face Nord-orientale, où est bâtie la capitale de l'île et où l'on trouve parsemées les principales propriétés agricoles. Les successives terrasses orographiques donnent lieu à des chutes d'eau fort importantes. Toute l'hydrographie révèle un caractère torrentiel. Comme la pluviosité est considérable, les cours d'eau sont abondants. Ses caractères hypsométriques ne permettent pas la formation ni de marais, ni de lagunes marécageuses.

L'île peut être divisée au point de vue climatique en trois zones : la première orientée vers le S.E. et exposée à l'alizé; la seconde ou Sud-occidentale, et la troisième, plus haute, jusqu'à la limite des habitations et des fermes en exploitation.

La ville de S. Thomé est bâtie sur la face Nord-orien-

tale, à peu de mètres au-dessus du niveau de la mer.
La plus haute localité de l'île est à une altitude qui ne
dépasse guère 1,200 m. C'est l'île la plus éloignée du continent africain, et à cause de cela, celle, parmi toutes,
qui est la plus battue par l'alizé du S. E. qui au cours
de certains mois, souffle avec une violence extrême
dans ces lieux. L'île de S. Thomé est extraordinairement
riche en forêts; de grands arbres puisent par leurs ra-
cines l'eau de la mer; une végétation épaisse la recouvre
entièrement depuis la ligne de contact avec l'Océan
jusqu'aux points les plus élevés. De loin on a l'impres-
sion d'un colossal bouquet qui émerge du fond de la
mer. Comme sa structure est volcanique, ses montagnes
ne constituent pas des systèmes orographiques; les vallées qui les séparent sont en particulier dues à l'érosion
torrentielle. Le panorama est varié, mais peu grandiose
lorsqu'on l'observe de n'importe quel point élevé de l'île.
La végétation d'une inépuisable richesse, le manque
d'harmonie orographique fort caractéristique des formations volcaniques de cette catégorie et l'atmosphère
excessivement brumeuse dans la zone la plus élevée
cachent ses beautés à ceux qui désirent les admirer
en détail.

Elle appartient à la bande des calmes équatoriaux.
Cependant, sa configuration générale d'une part, sa
situation géographique plus distante du continent par
rapport aux îles d'autre part et enfin l'orientation de
son plus grand axe contribuent à lui faire subir l'influence
puissante de l'alizé du S.E. Comme on sait, cet alizé
est plus fort que celui du N.E. Parcourant librement
la mer, sans embarras continentaux, il atteint le parallèle
de 5 degrés Sud, limite qu'il franchit fréquemment
dans ses migrations et s'arrête dans l'île équatoriale
de S. Thomé. Toute la face Nord-orientale de cette île
se trouve par conséquent soumise à l'influence favorable
de l'alizé de l'hémisphère Sud, tandis que sa face Nord-
occidentale est plutôt sous le domaine des calmes équatoriaux, où l'énergie de l'alizé du N.E. de l'hémisphère
Nord n'arrive point. Cette circonstance influe, comme facteur local, sur les caractères climatiques des deux versants et dans une certaine mesure les différencie. Les
pentes de la partie Nord-orientale sont plus ventilées

et moins pluvieuses, au contraire de celles de la partie Sud-occidentale, plus riches en quantité annuelle de pluie.

Ses caractères altimétriques et orographiques exercent une action prédominante sur divers caractères climatiques. C'est une grande zone de condensation de vapeur d'eau. L'évaporation très intense des mers qui l'encerclent forme la brume que l'on observe d'une manière presque permanente autour de ses pics les plus escarpés, donnant lieu au type classique de la pluviosité quotidienne par convexion. La pression atmosphérique, d'environ 760 durant toute l'année, n'est troublée que quand l'alizé du S. E. devient plus violent.

Les vents prédominants dans la ville de S. Thomé sont ceux des quadrants occidentaux; leur ordre de succession selon le nombre de jours pendant lesquels ils soufflent, est le suivant : SudS.E., S.S.E. et S.O. Le courant équatorial Sud l'encercle complètement. L'évaporation en millimètres oscille entre 77°2 en juin et 46°4 en avril.

Quoique la ville soit située dans la zone des calmes équatoriaux, l'influence de l'alizé du S. E. se fait sentir sur le nombre et les caractères des saisons. En réalité il y en a deux, mais le cycle de pluviosité révèle deux maxima et deux minima. Il pleut durant toute l'année plus ou moins et ce phénomène est particulièrement remarquable dans la partie la plus haute de l'île. Néanmoins, et bien que d'une manière plus accentuée dans le littoral, on distingue une saison de pluies abondantes d'octobre à mai et une autre pendant laquelle les pluies deviennent rares et que l'on désigne sous le nom de *gravana*, de juin à septembre. Dans la zone des altitudes cette régularité ne s'observe pas fréquemment. La tension électrique est haute durant toute la saison pluvieuse. Les orages sont très violents. Dans la partie Nord-orientale les pluies tombent par averses, tandis que dans le Sud de l'île elles se présentent sous la forme de type continu. En certaines années elles tombent pendant quinze jours consécutifs. La quantité de pluies, en raison de l'influence exercée également par l'alizé du S.E. n'est pas la même en tous les points de l'île; en général il pleut moins dans la partie Nord-orientale. Le total dépasse fréquemment 1,000^{mm}. Les observations météorologiques prises dans la ville de S. Thomé nous renseignent sur les caractères de ses éléments climatiques. La température maximum absolue est de 36º et on l'enregistre au cours des mois de novembre et décembre, lorsque le soleil se trouve au tropique Sud et que la brise générale s'éloigne de la bande équatoriale; le minimum absolu, de 16º, correspond au mouvement de la brise du S.E. vers le Nord, quand le soleil passe devant la bande tropicale septentrionale. L'écart extrême des variations annuelles, en tenant compte de certaines différences d'une année à l'autre, est par conséquent de 16º. Les moyennes maxima présentent un caractère d'uniformité fort sensible; elles sont élevées en presque tous les mois et oscillent entre 32º,84 en mars et 29º77 en juin. L'écart des moyennes minima mensuelles varie de 23º11 en mars à 17º81 en octobre. L'écart thermique moyen durant l'année est par conséquent de 10º. L'écart quotidien est, en règle, supérieur de 1 à 2 degrés à l'écart annuel. La moyenne thermique annuelle est d'environ 26º4.

Malgré le rôle important joué par l'alizé de S.E., comme facteur climatique de S. Thomé, les caractères thermiques révèlent un climat équatorial : une moyenne thermique élevée, les températures extrêmes non excessives, l'amplitude annuelle faible et plus petite que la quotidienne et les moyennes maxima considérables tous les mois. L'humidité relative est toujours grande. La moyenne mensuelle maximum est de 87º4 à 89º2 environ et la moyenne minimum de 65º2 à 68º5. Cependant, ces dernières sont exceptionnelles et on ne les observe qu'en septembre. Jamais durant le reste de l'année l'humidité n'est inférieure à 70. La moyenne de l'humidité annuelle est de 78, mais on constate fréquemment le phénomène de saturation. La nébulosité est également considérable. La vapeur d'eau en excès et sa condensation au niveau des couches supérieures de l'atmosphère qui se trouvent en contact avec les montagnes provoquent de la brume, ce qui diminue le coefficient de la tansmission de la radiation solaire. Le maximum de la nébulosité atteint 8º5 à l'époque de la « gravana », au mois d'août, plus accentuée au cours des derniers mois de l'année;

son minimum absolu est à 9 heures du matin, en janvier, février et mars de 6°3. La moyenne est de 7°2 environ.

La constance de l'humidité relative haute d'une part et la température également élevée et plus ou moins permanente d'autre part sont les caractères dominants du climat de S. Thomé, de type équatorial littoral. Toutefois, au dedans de ce type climatique on note des aspects locaux, dont l'importance hygiénique, agricole et démographique doivent attirer l'attention. Il existe, ainsi que nous l'avons déjà dit, des différences de ventilation entre la côte Nord-orientale et la côte Sud-occidentale; les caractères altimétriques diffèrent également suivant le côté de l'île où l'on se trouve. De ces circonstances résultent certains aspects climatiques locaux que nous allons signaler.

Sur la côte Nord-orientale, battue fréquemment par les brises, la pluviosité est moins abondante. Au cours de certaines années elle n'atteint pas 1,000ᵐᵐ. D'ordinaire il ne pleut pas durant l'époque sèche désignée sous le nom de *gravana*; pendant l'hiver il est rare d'observer, sans interruption, une précipitation durant des jours consécutifs. La moyenne pluviale d'un certain nombre d'années dans la ville de S. Thomé nous fournit les chiffres suivants :

Janvier. . . .	99ᵐᵐ.	Juillet	0,55ᵐᵐ.
Février. . .	.108	Août	0,80
Mars. . . .	.153	Septembre. . .	23
Avril. . . .	.149	Octobre. . .	.124
Mai	.111	Novembre. .	.160
Juin	22	Décembre. . .	64

Il ressort de ce tableau qu'il y a deux maxima, en mars et novembr , et deux minima en juillet et décembre. La pluviosité minimum est celle du mois de juillet. L'humidité relative est toujours grande. La température annuelle est, en moyenne, de 25°2.

La seconde zone ou Sud-occidentale est mieux caractérisée à l'extrémité méridionale. La moyenne de la quantité annuelle de pluie est d'environ 3 mètres. En certains points elle tombe sans cesse durant 15 jours. L'humidité relative est plus accentuée et le ciel plus brumeux. Cette abondance de précipitation est due aux vents du Sud.

Dans les terres comprises entre 700 m. et 1,100 mètres d'altitude, où l'on rencontre quelques propriétés agricoles (que l'on nomme en portugais « roças »), les conditions climatiques se différencient non seulement par la plus grande quantité d'eau qui tombe, mais encore par la température qui est toujours accompagnée d'une forte humidité relative. Voici le cycle de la pluviosité, à 700 mètres, déterminé dans la propriété nommée *Monte café* :

Janvier.	. . .104mm	Juillet .	. . . . 80mm
Février.	. . . 20 »	Août .	. . . . . 49 »
Mars.	. . . .377 »	Septembre.	. .223 »
Avril.	. . . .405 »	Octobre .	. . .481 »
Mai	. . . .481 »	Novembre.	. .312 »
Juin	. . . . 69 »	Décembre.	. .138 »

L'hiver, par conséquent, est permanent dans ces altitudes, mais présente deux fois une oscillation de baisse, l'une en février et l'autre aux mois de juillet et d'août. En outre la pluviosité totale est plus considérable que celle de la côte Nord-orientale. Dans les altitudes de 1,200 à 2,000 mètres, où presque toujours le brouillard est très épais, on note une pluviosité à type différent. La pluie y est constante mais ne tombe point sous la forme d'averses. Dans la propriété agricole de S. Pedro, à 1,150 m. d'altitude, la température est toujours au-dessous de 20⁰, c'est-à-dire, c'est une température à degré moyen, propre des climats dénommés mésothermiques et qui est toujours accompagnée d'une excessive humidité relative. La température basse et une forte humidité relative constante présentent un caractère de persistence exceptionnel. Certains jours la température n'oscille qu'entre 17⁰ et 14⁰.

Ces aspects climatiques locaux ne doivent pas être négligés dans les terres du genre de celles de S. Thomé, dont les altitudes atteignent jusqu'à 2,000 mètres et même un peu plus, possédant des zones exposées à l'alizé du S.E., où il y a des fermes exploitées d'une manière intense, à des hauteurs de plus de 700 mètres, et où travaillent les noirs venus du Continent africain.

On sait que l'un des plus graves problèmes de l'île

de S. Thomé est celui qui concerne la mortalité des indigènes du continent engagés pour labourer la terre. Ces
indigènes, dans leur majeure partie, sont originaires
des régions de l'intérieur de l'Angola à climat tropical
équatorial, ce qui revient à dire où le climat est relativement sec et présente une oscillation annuelle sensible
de l'humidité relative et un écart thermique beaucoup
plus grand que celui que l'on observe dans le littoral.
Ces indigènes, transportés dans les propriétés agricoles
de S. Thomé, à climats différents, rencontrent un milieu hostile auquel il faut qu'ils s'adaptent. En dépit
de tous les soins d'assistance de la part des propriétaires,
il est fréquent de constater, dans les premiers temps,
lorsque l'humidité est plus forte et la diminution thermique plus sensible, des cas d'affections broncho-pul-
monaires. On connaît la faible résistance opposée par
les nègres aux maladies de l'appareil respiratoire.

Ile du Principe.

Cette île située entre 1º32' et 1º41' de L-N., est plus
rapprochée du fond du golfe de Guinée. A une distance
de 130 kilomètres de l'île de S. Thomé, sa superficie
est de 120 kilomètres carrés. Elle à 17 kilomètres de
longueur sur 10 kilomètres de largeur. Son axe géographique, N.E.-S.O. correspond à 18 kilomètres. Sa constitution est également volcanique. La périphérie très arti-
culée la rend beaucoup plus sujette à l'influence maritime.
Son altitude maximum est d'environ 800 à 900 mètres.
Ses caractères morpho-altimétriques sont différents
de ceux de l'île de S. Thomé. La majeure partie de sa
superficie est composée de plateaux de 100 à 300 mètres
d'altitude formant des terrasses. Au Sud elle est plus
élevée. Les terres les plus hautes se divisent en deux
groupes : l'un à la partie centrale et l'autre au Sud qui
alimente toutes les rivières de la région méridionale.
Les montagnes du Sud forment un arc à concavité septentrionale. La partie Nord de l'île se compose de plateaux de 100 à 130 mètres de hauteur de faible ondula-
tion, à bords ravinés; celle du Sud, à contour littoral
très découpé, est formée de marches qui reçoivent les
vents méridionaux; la partie centrale, plus accidentée et

irrégulière, est celle où l'on rencontre les plus grandes altitudes. Elle appartient à la zone des calmes. L'alizé du S.E. ne s'y fait point sentir. Les vents prédominants sont ceux du Sud. Cette circonstance, associée aux conditions orographiques, explique pourquoi la pluviosité est plus élevée dans la partie méridionale. Le contre-courant équatorial, appelé *courant de la Guinée*, l'englobe entièrement. C'est lui qui provoque une évaporation très intense et un degré hygrométrique considérable. Les caractères phyto-géographiques sont les mêmes que ceux de l'île de S. Thomé. La densité de la végétation est également trés notable. Cependant, ses altitudes, relativement insignifiantes, et le fait qu'elle n'est point battue par l'alizé, lui donne une uniformité climatique en toutes ses parties.

La saison de pluies est longue, d'octobre à mai, présentant une petite interruption insignifiante de janvier à février que l'on nomme *gravanito* . La saison non pluvieuse appelée *gravana* dure de juin à septembre. Au cours de la saison pluvieuse elle est beaucoup plus soumise à la zone des calmes et aux vents du Sud qui emportent une grande masse de vapeur d'eau. Pendant la saison non pluvieuse l'alizé du S.E. ne se dirige vers l'île que très exceptionnellement. Il n'y a pas une saison sèche proprement dite, parce qu'elle ne quitte jamais la bande nébuleuse des calmes équatoriaux. Le ciel alors est nuageux et la pluviosité beaucoup plus petite. Au cours de certaines années les pluies tombent tous les mois; cependant, d'autre fois, et cela est exceptionnel, la saison sans pluies dure quatre mois, de mai à août, provoquant de graves crises agricoles. La partie méridionale est beaucoup plus brumeuse que la partie septentrionale; l'atmosphère est plus humide et plus incommode; les vents du Sud balayent les terrasses qu'ils rencontrent sur leur chemin.

La moyenne thermique la plus élevée durant la saison pluvieuse est de 26º3; cette moyenne est de 24º3, au cours de la saison non pluvieuse; la température moyenne annuelle est d'environ 26º4. L'écart thermique moyen annuel ne dépasse pas trop 2 degrés; l'écart extrême atteint 3 ou 4 degrés. L'oscillation quotidienne varie de 2º à 6º5. La température minimum extrême que l'on a observée est de 20°5; le maximum extrême, de 32°. Tant l'humidité absolue que l'humidité relative sont très élevées. La pluviosité est de trois mètres environ. Le ciel est un peu nuageux et fréquemment brumeux.

Malgré que l'île de Principe se trouve, du reste comme celle de S. Thomé, à l'intérieur de la zone des calmes et que la distance qui les sépare soit uniquement de 126 kilomètres, on peut considérer le climat de la première de ces îles comme plus fortement équatorial. Grande pluviosité, forte nébulosité, pluies quasi quotidiennes, humidité absolue et relative très accentuées et constantes, moyennes thermiques élevées sans variation sensible soit annuelle, soit quotidienne, température maximum extrême de 32° seulement et minimum extrême aux environs de 21°, tels sont les caractères qui dénotent un climat équatorial littoral typique. Aucun courant, pouvant influer sur sa température, ne l'encercle; l'alizé du S.E. n'agit point sur son facies climatique; on n'y trouve pas des altitudes qui déterminent des climats locaux différents. L'île du Principe a toujours été considérée plus insalubre que celle de S. Thomé; ses marais ont fait de nombreuses victimes. De même que la Guinée littorale, c'est une région riche en forêts et en produits agricoles, mais son climat est très hostile aux Européens.

ANGOLA.

Le territoire de l'Angola situé dans la partie occidentale de l'Afrique Méridionale, entre les parallèles de 4°40, 14°5 L.51° S. a une superficie d'environ 1,250,000 kilomètres carrés, c'est-à-dire plus du double de la superficie de la Péninsule Ibérique. Ses caractères morphoaltimétriques et orographiques révèlent une grande diversité de conditions géographiques qui expliquent les variétés de ses climats. Sa périphérie maritime est de 1,625 kilomètres. En choisissant comme point de départ le bord de la mer, et si l'on marche vers l'intérieur on trouve tout d'abord une bande littorale de plaines et de pénéplaines à petite altitude. Plus ou moins irrégulièrement s'élèvent ensuite les bords du « horst » africain et plus loin, toujours vers l'intérieur, une grande surface formée de hautes plaines dont les

aspects altimétriques diffèrent suivant que l'on se trouve
au Nord ou au Sud. Nous pouvons diviser tout le territoire de l'Angola en quatre zones, qui se distinguent
par leurs aspects géographiques, savoir N.E., N.O., S.E.
et S.O. Celle de N.E. est pénéplanifiée et à pentes graduelles vers le bassin du Congo où aboutissent beaucoup
de ses principaux affluents, parmi lesquels le Cassai.
Ce sont les tributaires de ce fleuve qui irriguent entièrement la zone de N.E. Ils coulent presque parallèle-
ment dans la direction S.N., séparés par des lignes de
montagnes de faible altitude. Son déclive vers le Nord
la rend dépendante de la dépression congolaise. Ses
altitudes en règle dépassent 1,000 m. La zone N.O.
se différencie de l'antérieure par plusieurs caractères.
Sa physionomie altimétrique et orographique est beaucoup plus accidentée. Les montagnes tabulaires formant
le rebord du « horst » suivent généralement la direction
N.S. Cependant, ses lignes orographiques ne présentent
point une continuité parfaite. Elles sont coupées par
nombre de vallées transversales à grande largeur, d'où
il résulte que les cours d'eau se dirigent les uns vers le
Cuango, affluent du Cassai, tandis que d'autres, constituant des réseaux autonomes, s'écoulent directement
vers l'Océan en suivant les grandes vallées d'érosion.
Ce fait les rend peu navigables; les chutes d'eau et les
rapides sont nombreux.

Les pentes de la zone Sud-Est sont orientées vers
le Sud. A l'exclusion du Cunene qui côtoie la partie
la plus haute des plateaux méridionaux de l'Angola,
tous les autres fleuves sont tributaires du Zambèze.
Dans son ensemble, cette zone forme un vaste plan
incliné en sens opposé à celui qui constitue la zone
Nord-Est. Ses altitudes sont également dans sa partie
la plus septentrionale supérieure à 1,000 m.; néanmoins, au fur et à mesure que son déclive s'accroît
vers le Sud et le Sud-Est, les altitudes deviennent moins
accentuées tant du côté du Zambèze que celui du Cunene.

La zone Sud-Ouest est, parmi toutes, la plus intéressante. C'est là que l'on rencontre les régions les
plus hautes de l Angola. Par sa valeur orométrique,
par l'étendue orographique de sa superficie, par son
exposition et enfin par sa latitude la plus méridionale

elle possède les climats mésothermiques les plus appropriés à la fixation ethnique des Européens. Les plateaux se suivent l'un après l'autre. Environ 160,000 kilomètres carrés appartiennent à des régions susceptibles d'être colonisées. Sa richesse hydrographique est remarquable. Des parties considérables des affluents du Cunene sont navigables à l'aide de petits bateaux. Cependant ses eaux ne se déversent que difficilement dans la mer. Le Cunene, en se terminant, se rétrécit beaucoup à cause de l'intervention du rebord du « horst » continental; de fortes différences de niveau de son lit provoquent des chutes d'eau, et de là l'impossibilité de l'utiliser comme route géographique.

La région montagneuse par où passe la voie ferrée de Lobito à Catanga sépare les zones Sud-Est et Sud-Ouest des zones Nord-Est et Nord-Ouest. Les versants septentrionaux écoulent leurs eaux vers le Cuanza et le Congo; les versants méridionaux, vers le Cunene et le Zambèze. D'après leurs aspects, les quatres zones ne sont cependant pas uniformes. Elles présentent des déclives et des caractères orographiques et hydrographiques distincts. Les altitudes sont plus grandes dans la zone du Sud; mais ce sont les plaines qui prédominent dans celle du Nord-Est et du Sud-Est. Toutefois, tout le territoire de l'Angola possède une extraordinai e richesse fluviale et en de nombreuses parties de leur parcours les cours d'eau sont navigables.

Un facteur important intervient en imprimant au littoral Sud de l'Angola des aspects climatiques qui ne sont point observés lorsqu'on se déplace un peu plus vers le Nord. Nous voulons nous référer au *courant froid de Benguela*, branche du courant antarctique. Celui-ci fléchit au Cap de Bonne Espérance; une branche tend à suivre la côte S.E. du Cap, mais son cours devient impossible à cause de l'intensité du courant du canal de Mozambique, qui se dirige vers le Sud; une autre branche suit la direction de l'alizé du S.E. et côtoie tout le long du S.O. africain jusqu'au Cap de S. Martha, où, ainsi que nous l'avons dit, elle prend le large, contribuant de cette façon (en se réchauffant graduellement dans les altitudes plus basses), à la formation du *courant équatorial Sud*. Le courant froid de Benguela et l'alizé du S. E. sont donc les facteurs dominants des climats littoraux de la Baie des Tigres, à l'extrême méridional de la Colonie d'Angola, de Porto Alexandre et de Mossamedes.

La côte de l'Angola, longue de 1,650 kilomètres, s'étend depuis l'embouchure du Cunene jusqu'à celle du Congo, se prolongeant au Nord de celui-ci dans l'enclave de Cabinda. Les directions de ses vents sont différentes. L'alizé du S.E. côtoie de près le littoral Sud, et, une fois dépassé le cap de S. Martha, fléchit au N. E., la partie orientale la plus rentrante se trouvant à Novo Redondo. Cette orientation de la péréphérie influe sur ses caractères climatiques. La brise générale, cheminant du S.E. vers N.O., s'éloigne du littoral qui s'étend au Nord de Lobito. Son action bienfaisante est donc moins sensible au Nord du cap de S. Martha qu'à l'extrême Sud de l'Angola. Dans la partie du littoral au Nord de ce cap et d'une manière plus accentuée au Congo portugais, depuis l'enclave de Cabinda jusqu'au port d'Ambrizete à peu près, l'influence de la zone équatoriale se fait sentir donnant lieu à des aspects climatiques analogues à ceux des terres équatoriales littorales. Les brises quotidiennes de la mer dominent tout le long de la côte qui n'est pas fortement battue par l'alizé du S.E. La dynamique atmosphérique dans la zone du N.E. de l'Angola est soumise au centre des altérations barométriques du bassin du Congo. Dans la zone du S.E., exposée à l'alizé, les effets de celui-ci varient non seulement en conformité avec les conditions topographiques des régions parcourues par le vent, mais encore spécialement suivant les altitudes. Dans les plaines l'alizé donne lieu à un degré de sécheresse fort élevé. On comprend donc qu'une surface aussi vaste que celle de l'Angola, présentant une diversité d'aspects remarquables et soumise à des régimes de vents aussi variés doive avoir des facies climatiques divers.

La conformation orographique de l'Angola, l'étendue de sa surface où l'on trouve des altitudes dépassant 1,500 m., l'influence des brises générales, la proximité de la zone des calmes au Nord, une constante exposition à l'Océan et beaucoup d'autres facteurs permettent aujourd'hui à la climatologie de classifier ses climats en suivant une orientation scientifique qui jusqu'à l'heure actuelle n'avait pas été envisagée. On sait que la continentalité est contraire à l'influence de la masse océanique et que l'intervention d'un courant maritime, qu'il soit chaud ou froid, peut altérer un tableau climatique qui d'après son altitude devrait être absolument tropical. Les facteurs géographiques diminuent en conditions déterminées l'influence du facteur planétologique *latitude*. Les circonstances qui affluent à Angola montrent, malgré que son territoire soit compris entre les zones des calmes équatoriaux et le parallèle de 17°5, que ses climats peuvent être classifiés conformément au tableau des climats intertropicaux que nous avons présenté dans les variétés qui suivent :

1° Climat tropical marginal de transition vers le climat équatorial littoral;

2° Climat tropical littoral;

3° Climat littoral sub-tropical ou sub-tempéré (marginal);

4° Climat tropical continental;

5° Climat de brises continentales;

6° Climat mésothermique à altitudes.

Dans ces climats les deux éléments *température* et *humidité* relative se manifestent par la présence de caractères différents et s'associent de modes divers. Une humidité relative très haute prédomine dans la première variété; un degré notable de sécheresse atmosphérique différencie, outre d'autres caractères, le climat tropical continental des brises. Plus nous nous éloignons de la mer et nous marchons vers l'intérieur, plus le rythme de la variation annuelle de l'humidité s'associe à un rythme analogue de la température de l'air. Dans les régions où l'humidité forte et quasi invariable s'accompagne toujours d'une température haute et constante, la fixation des Européens devient impossible; mais depuis cet extrême jusqu'à celui qui est représenté par des climats mésothermiques à altitudes, toujours hospitaliers aux races blanches, on note de nombreuses nuances, des tableaux climatiques différents qui méritent d'être examinés en détail. Chacun d'eux a ses aptitudes. Il convient de les connaître, afin que la colonisation se base sur des réalités.

Nous envisagerons tout d'abord, en esquissant les caractères d'un certain nombre de climats de l'Angola, la zone littorale, Cabinda, Ambrizete, Alto Dande, Loanda, Lobito, Mossamedes et Bahia dos Tigres, nous abstenant de faire des références à beaucoup d'autres stations intermédiaires. La première de ces localités est à 5°32' L. S. et la dernière à 16°34' L.S. Celle-là est voisine de la frontière méridionale de la bande des calmes équatoriaux, tandis que la Bahia dos Tigres demeure à l'intérieur de la zone de l'alizé du S. E.

Cabinda est située à 5°32' L. S. et 12°13' Long. Or. Son altitude est de 50 mètres. Le vent dominant est celui du S.O., humide et frais. Le vent du S.E. est moins fréquent. Il y a deux saisons : l'une pluvieuse, de septembre à mai, l'autre sans pluies, de juin à août. La pluviosité est abondante. La tension électrique est fort intense. Les orages sont fréquents, notamment ceux du N.E. au cours des mois de septembre à mai. Lorsqu'ils arrivent du Sud, ce qui n'est point fréquent, ils sont accompagnés de fortes averses. La nébulosité est alors considérable, contrairement à ce qu'on observe pendant l'époque où il ne pleut pas lorsque le ciel est clair.

La moyenne mensuelle thermique maximum est de 31° et correspond à la période de décembre à mars; la moyenne mensuelle minimum est de 12°6, aux mois de juillet et d'août; l'écart thermique extrême est de 24. La moyenne maximum annuelle est de 28°,8; la moyenne minimum annuelle, de 22°7; la moyenne annuelle, de 24°4. A l'exception des trois mois, juin, juillet et août, les températures moyennes mensuelles sont en règle, supérieures à 23°. Même au cours de la saison fraîche, ayant des moyennes minima de 11°5 et 12°5 on note des maxima absolues supérieures à 26°.

L'humidité relative conserve une permanence remarquable durant toute l'année. La moyenne maximum mensuelle est à peu près de 87, au cours des mois allant de novembre à mars, et la moyenne mensuelle minimum est de 70, environ. La moyenne annuelle de l'humidité relative est par conséquent de 79.

Les caractères du climat de Cabinda sont ceux du climat tropical littoral, c'est-à-dire, qu'il fait la transition vers le climat équatorial littoral. Il possède deux saisons bien définies, mais sa période de pluviosité est longue, ce qui n'est point un caractère tropical; l'amplitude de l'oscillation thermique est petite; durant neuf mois de l'année les moyennes thermiques sont très élevées, ce qui fait ressembler son climat à celui de la zone des calmes équatoriaux. L'écart annuel de l'humidité relative est faible. Les brises quotidiennes de la mer atténuent cependant, tout au moins en partie, les effets de cette constance des températures hautes associées à un fort degré d'humidité.

Ambrisete, située au Sud de l'embouchure du Congo, est à 7°14 L.S. et 12°15 L. Or. Son altitude est insignifiante : quelques mètres seulement au-dessus du niveau de la mer. C'est un port sur une côte basse et rectiligne. On y observe deux saisons à rythme constant, l'une pluvieuse, d'octobre à mai, l'autre sans pluies, de juin à septembre. Au cours de certaines années les saisons se présentent avec le caractère nettement équatorial littoral : une saison pluvieuse de février à mai, une saison sans pluies de juin à août, une seconde saison pluvieuse de septembre à novembre et une deuxième saison sans pluies de décembre à janvier.

On enregistre la moyenne mensuelle maximum en décembre et janvier; elle est de 34°3, tandis que la moyenne mensuelle minimum, de juillet à août, est de 21°7; l'écart moyen correspond à 12°. Le minimum absolu, de juin à août, est de 15°; le maximum absolu, en janvier de 37°, et l'écart annuel extrême de 22. La moyenne annuelle est d'environ 26°3; la moyenne maximum annuelle de 29° et la moyenne minimum annuelle de 23°5. La moyenne mensuelle maximum de l'humidité relative atteint 83 et la moyenne mensuelle minimum 75. L'oscillation est donc de 8°. Les moyennes mensuelles sont toujours hautes et rarement au-dessous de 25°. La pluviosité est fort variable, suivant les années, mais en règle inférieure à 1,000ᵐᵐ. Fréquemment le nombre de mois au cours desquels il pleut diffère de celui que nous avons signalé.

De même que le climat de Cabinda, celui d'Ambrisete appartient au type tropical *marginal*, faisant la transition du tropical littoral vers l'équatorial littoral. Le rythme saisonnier qui, au cours de certaines années, manifeste des moyennes thermiques hautes et constantes et une permanence d'un fort degré d'humidité relative est plutôt équatorial que littoral. La situation géographique de cette localité, sur le bord méridional de la zone des calmes, le fait étant également connu que celle-ci se déplace vers le Sud après l'équinoxe de septembre, nous fournit l'explication de ces phénomènes climatiques. La différence saisonnière, ainsi qu'il advient dans la plupart des climats intertropicaux littoraux, est fixée par le coefficient pluviométrique et non pas par la température et l'humidité relative, ce qui revient à dire que les deux éléments climatiques fondamentaux se conservent plus ou moins inaltérables.

Alto Dande (Caxito) demeure à peu de kilomètres de distance de la mer (45 km.), dans la latitude S. de 8°21' et longitude Or. de 13°35' au Nord de Loanda, à peu de mètres d'altitude. Ses deux saisons sont bien définies : la pluvieuse, de novembre à avril, et la nommée sèche, de mai à octobre. Toutefois, il existe des variations annuelles en ce qui concerne la quantité et le nombre de jours de pluies qui tombent chaque mois. La précipitation annuelle n'est pas cependant très grande. La moyenne thermique mensuelle maximum correspond à 37°7 en mars; la moyenne mensuelle minimum, à 16°5 en août; l'écart moyen annuel, à 21°2. Le maximum extrême de 40°6 a été enregistré en février et mars; le minimum extrême, de 12°, en juillet; l'écart extrême est par conséquent de 28°,6. La moyenne annuelle est de 26°3; la moyenne maximum annuelle de 32°8; le minimum annuel, de 21°1. La moyenne maximum de l'humidité relative se rapproche de 80 et le minimum de 50. L'oscillation des variations de cet élément climatique est sensible.

On voit que la continentalité, en opposition avec l'influence de la masse océanique, imprime aux éléments climatiques des caractères divers, donnant lieu à un tableau climatique différent de celui du littoral, la latitude étant la même. Le maximum thermique extrême est très élevé et le minimum extrême descend beaucoup plus que dans le littoral, ce qui accuse déjà un climat sub-continental. L'écart thermique supérieur à 28° révèle clairement l'énergie continentale. L'humidité re-

lative présentant une oscillation de 40° environ montre
également un autre caractère continental. Il y a, par conséquent, en réalité, une saison pluvieuse et une saison
sèche, et ce fait n'est guère observé dans le littoral,
tant équatorial que tropical, dont les saisons se différencient, ainsi que nous l'avons déjà dit, par la pluviosité et non pas parce que ces éléments climatiques,
température et humidité relatives, présentent des degrés
moins élevés.

Loanda : L'observatoire météorologique de cette ville,
située au Sud de Caxito, est à une altitude de 59 mètres.
Sa latitude méridionale est de 8°48' et la longitude
orientale, de 13°13'. Exposée à l'influence de l'Océan,
son climat accuse quelques caractères qu'il convient
de noter. Le courant froid de Benguela ne passe pas près
de la ville, ni n'influe sur elle également. Les vents
prédominants sont ceux de : S.E., O.O., S.O. et S.S.O.;
ensuite, et par ordre de fréquence décroissante, ceux
de S., S.S.E.; les vents du Nord et de l'Est sont rares.
On y observe deux saisons qui se succèdent cependant
en un rythme peu certain, l'une à températures plus
hautes et pluvieuses et l'autre à températures inférieures, humides et à brouillards, qu'on appelle *cacimba*.
Il existe une certaine irrégularité durant les époques
de la pluviosité. De l'étude comparée des résultats
des observations météorologiques de 1915 à 1918 il
ressort, en ce qui concerne la pluviosité, que la saison
se dédouble au cours de certaines années. Ainsi, en 1918
les pluies sont tombées d'avril à mai et de novembre
à décembre. La « cacimba », de juin à août, est la saison
invariable. La tension de vapeur d'eau manifeste un
cycle de variations d'une notable régularité, dépassant
le minimum de 14°04 en juillet, s'élevant graduellement
jusqu'au maximum de 20°53 en décembre, pour dé-
croître ensuite peu à peu de janvier à juillet. C'est justement à l'époque où l'on constate la température la plus
basse que les brouillards font leur apparition. Ils coïnci-
dent avec les mois de juin et d'août. La hauteur de
pluies varie beaucoup d'une année à l'autre; l'udomètre
a marqué en 1916. 245mm; en 1917, 533mm; en 1916,
868mm; en 1915, 291mm. La moyenne des quatre ans
correspond à 481 mm. La nébulosité maximum a été

enregistrée en juillet et août; le minimum, de 4,8, de septembre à décembre; la moyenne est de ·6, environ. On constate exceptionnellement une grande luminosité.

Les éléments climatiques se montrent avec les caractères suivants; la moyenne thermique mensuelle maximum est de 29°1 et on l'observe de mars à avril; la moyenne mensuelle minimum, de 17,8, de juin à août; l'écart moyen est donc de 11°,2. Le maximum extrême, enregistré invariablement durant les mois de mars et d'avril, n'est pas monté, de 1915 à 1918, au delà de 31°3. L'extrême absolu atteint seulement 30°9; si l'on tire la moyenne des quatre ans, le minimum extrême de 1916 à 1918 est de 15°8, ce qui représente la moyenne entre 16° et 16°5 et 14°9 en 1915. L'écart extrême ne dépasse guère 15°. La température moyenn·annuelle est de 23°5; la moyenne maximum annuelle de 25°8; la moyenne minimum annuelle de 21°7. L'humidité relative la plus haute que l'on a enregistrée a été celle des mois d'avril et mai et la moins élevée celle de janvier à mars, mais elle est toujours haute pendant toute l'année. La moyenne maximum est de 86°1; la moyenne minimum, de 78°5; la moyenne annuelle, de 82°4. C'est justement au cours de la saison fraîche ou de la *cacimba*, sans pluies, que l'humidité relative est, en général, plus élevée.

Le climat de Loanda appartient au type tropical littoral, mais présente quelques particularités locales qui méritent d'être mentionnées. Faible amplitude thermique annuelle moyenne, humidité relative toujours forte et à petites oscillations, voilà des caractères qui accusent un climat tropical littoral. Toutefois, tandis que dans les climats littoraux l'humidité relative maximum coïncide avec l'époque des pluies, à Loanda on note le contraire : c'est précisément durant l'époque où il ne pleut point, lorsque les températures sont moins élevées, que les brouillards sont plus fréquents; la nébulosité est au maximum et l'humidité relative est plus accentuée.

Lobito. — C'est le point où aboutit la voie ferrée de Katanga. Sa superficie n'est pas aussi grande que celle de Loanda. Il est situé à 12°20' L.S. et 13°35' Long. E. Sa situation topographique contribue à fournir à son climat certains de leurs principaux aspects les plus caractéristiques.

La côte méridionale de l'Angola se pouruit depuis l'embouchure du fleuve Cunene, vers le Nord, jusqu'à Ponta Albania dans la direction S.N.; elle tourne ensuite au N.E. jusqu'au Cap de S. Martha, en se dirigeant alors vers l'E.N.E. Lobito est le point le plus méridional d'un arc de cercle à concavité occidentale, dont le centre est Novo Redondo. Le *courant froid* de Benguela passe à une très grande distance de Lobito ét commence à s'éloigne davantage du continent vers la latitude de Mossamèdes. Il en est de même de l'alizé du S.E.-N.O. La grande masse orographique qui forme les plateaux de la zone Sud Ouest de l'Angola et où l'on ressent les effets bienfaisants du S.E. ne permet point que cette brise souffle fortement à Lobito. Sa situation topographique contribue, comme on le voit, pour que ces deux facteurs climatiques importants, qui sont, d'une part, le courant froid de l'Angola et, d'autre part, l'alizé de S.E., n'exercent une action très considérable sur son climat.

De même qu'à Loanda, la pluviosité varie en quantité annuelle. En règle, on peut dire qu'elle est inférieure à 800^{mm}. Les mois de pluies correspondent à la période allant de novembre à avril; mais la pluviosité régulière quotidienne n'existe point. Au cours du mois de janvier, phase de l'année où la précipitation est plus considérable, on a enregistré en 1917 à peine dix jours de pluie, en octobre quatre et en décembre quatre également. Contrairement à ce que l'on constate à Loanda, les brouillards sont rares. Par contre, la nébulosité, particuliérement pendant les mois où la température est plus basse, — la « cacimba », — de juillet à août, est considérable, le maximum en juin et juillet, est de 9,2 et le minimum en février, de 4,9. La moyenne thermique mensuelle maximum de janvier à mars est de 29º3; la moyenne mensuelle minimum de 15º7, en août; l'écart moyen est de 13º6. Le maximum absolu, vérifié de novembre à février, est de 30º environ; le minimum absolu, en août, de 14º1; l'écart extrême correspond à 16º. La moyenne annuelle de trois ans est évaluée à 21º6. L'humidité relative est haute; néanmoins, au contraire

de ce que l'on observe à Loanda, elle n'est pas plus
forte au cours des mois où la température est plus basse;
elle oscille entre 95 au mois de novembre et 72, notamment en février et mars. Le climat de Lobito est tropical
littoral : amplitudes thermiques faibles, humidité relative
haute et constante, deux saisons caractérisées par la
pluviosité et celle-ci variable quant à la quantité d'une
année à l'autre.

A une latitude de 15º12' et par conséquent seulement
à trois degrés en plus au Sud de Lobito, on trouve au
bord de la mer la ville de *Mossamèdes*. Ses conditions
climatiques sont différentes, bien qu'elle soit située
en pleine zone tropicale. Plusieurs facteurs géographiques
contribuent pour que son climat soit bénéficié et présente un facies divers. Le courant froid de Benguela
lui passe à côté; l'alizé du S.E. balaye avec violence
le littoral. Au Sud, on ne rencontre plus les masses orographiques analogues à celles de Lobito et qui, servant de barrière, entravent la marche de l'alizé. Le
sol de Mossamèdes est sablonneux. Sa végétation est
extrêmement pauvre : quelques palmiers, et c'est tout.
Ce n'est qu'à quelques kilomètres au Nord et Nord-Est
que l'on trouve les propriétés agricoles, situées sur des
terrains au-dessous desquels l'eau coule par filtration,
ce qui reste des rivières empêchées par le sol sablonneux
de poursuivre leur marche jusqu'à la mer. L'horizon
du côté de la chaîne montagneuse de Chella est un frag-
ment semblable à la terre desséchée de l'Arabie. La pluviosité est faible et, en règle, on ne l'observe qu'au cours
des mois de mars et d'avril. Les brouillards sont également fort rares. La nébulosité est haute : 8,2, d'août
à octobre, et 1,4 en mai. La saison des pluies est beaucoup moins longue que la saison sans pluies.

Ce sont notamment les deux éléments climatiques,
température et humidité relative, qui présentent des
caractères spéciaux, caractères qui s'accentuent davantage, un peu plus au Sud, à la Bahia dos Tigres. La
moyenne thermique mensuelle maximum, de février
à avril, est de 25,4; la moyenne mensuelle minimum,
en juillet, de 13,4. L'écart moyen est donc de 12. Le
maximum absolu enregistré durant trois ans est d'environ 28,1; le minimum absolu, de 11 environ. L'écart

extrême correspond à 17. La moyenne annuelle maximum est de 21º; la moyenne annuelle minimum de 17,7 et la moyenne annuelle de 19º. En aucun mois les moyennes minima n'atteignent 24º. De juin à décembre elles sont généralement inférieures à 18. Au cours des mois de juin à janvier les moyennes maxima mensuelles sont au-dessous de 24, tandis que les moyennes minima sont toujours inférieures à 20. L'humidité relative se maintient haute durant toute l'année, mais davantage pendant l'époque fraîche, de juillet à septembre. L'oscillation entre les mois plus ou moins humides est très élevée : elle est de 90, à peu près, de juillet à septembre, et le minimum, de 79 à 80, de janvier à mai.

Quoique Mos amèdes appartienne à la zone tropicale, son climat n'est pas tropical littoral; il se différencie, en raison de ses caractères thermiques, des climats de Loanda et de Lobito et encore davantage de celui d'Ambrisete. Sa température moyenne annuelle le rapproche des climats mésothermiques. Les moyennes thermiques mensuelles sont basses. Les températures extrêmes supérieures à 30º sont exceptionnelles. L'influence de la mer contribue à ce que son humidité soit élevée, de même qu'elle s'oppose, tout au moins en partie, à l'action énergique de l'alizé. Nous pourrons le considérer comme un climat marginal ou de transition.

Dans la *Bahia dos Tigres*, située un peu plus au Sud, à 16º34' L.S., le faciès tropical marginal est plus sensible. La violence de l'alizé est remarquable; le courant froid de Benguela y influe constamment; aucune terre au Sud n'empêche la marche de la brise générale. La pluviosité est faible. La moyenne thermique mensuelle maximum est de 23º7, au mois de mars; la moyenne minimum en août, de 12º7; l'écart moyen, de 14º6. Le maximum extrême atteint 35º et le minimum extrême 9º, si bien que l'écart thermique annuel maximum est de 26º. La dénudation complète du sol qui entoure la baie influe sur la différence qui existe entre le maximum et le minimum absolu. La moyenne annuelle n'atteint pas 19º; la moyenne annuelle maximum est de 22º2 et la moyenne minimum de 15º6. L'humidité relative est toujours très haute, supérieure à celle de Mossamèdes, aux environs de 90. De même qu'à Mossamèdes, les moyennes thermiques mensuelles n'atteignent jamais 24º; durant 9 mois elles sont inférieures à 21º et pendant 7 mois, de juin à décembre, elles sont inférieures à 18º, ce qui représente la température moyenne des climats tempérés chauds. Le climat de la Bahia dos Tigres peut être considéré analogue à celui de Mossamèdes et appartenant au groupe sub-tropical ou sub-tempéré.

Les caractères que nous avons signalés sur les différents climats littoraux du territoire de l'Angola justifient les considérations scientifiques que nous avons exposées dans la première partie de ce travail. En climatologie intertropicale, il est indispensable que l'orientat'on ancienne soit abandonnée. Des conditions géographiques s'opposent fréquemment de telle manière aux conditions géo-planétologiques, que l'on rencontre en pleine zone tropicale des climats qui se distinguent par nombre d'aspects de ceux qui doivent être considérés comme tropicaux proprement dits. Les tableaux climatiques de Mossamèdes et de la Bahia dos Tigres se trouvent justement dans ce cas. On connaît depuis longue date déjà le rôle important joué par le climat de Mossamèdes où les premiers colons portugais constituèrent souche. A la Bahia dos Tigres, de même qu'à Porto Alexandre situé un peu plus au Nord, les Portugais qui y vivent se portent à merveille. Il est donc aisé de supposer la haute importance qui, au point de vue politique, peut résulter de la connaissance de l'inégalité climatique du littoral. Tant que les idées d'une climatologie fondée uniquement sur une base astronomique et géo-planétologique ont prévalu et que l'on ne tenait pas compte de l'influence souvent très forte des facteurs géographiques, il n'y avait point de possibilité de vaincre la tradition qui supposait le continent africain comme entièrement hostile à la fixation européenne. Ces idées se modifient peu à peu, au fur et à mesure que la reconnaissance géographique de l'Afrique acquiert une documentation plus complète. Nous allons voir, en étudiant les climats continentaux et à altitudes de l'Angola, que les aptitudes qu'une grande partie de son territoire nous offre méritent d'être dûment examinées, car, à notre sens, elles constituent des promesses pour la réussite d'une véritable colonisation scientifique.

6.

D'une manière générale, plus nous nous éloignons de la mer et plus nous nous rapprochons de la continentalité maxima, plus l'écart annuel de la température et l'humidité relative est successivement plus élevé. La température est plus constante dans le littoral, quelle **que** soit la latitude, de même que l'écart annuel est également moins considérable, quel que soit le parallèle que l'on considère. L'humidité relative subit aussi d'identiques oscillations annuelles. Dans sa diminution la pluviosité ne suit guère la loi de l'augmentation croissante de la continentalité. Au dedans des conditions générales qui provoquent la précipitation, celle-ci est principalement un résultat qui dépend des conditions topographiques et altimétriques par rapport aux vents dominants.

En passant en revue les climats continentaux de l'Angola nous nous limiterons à signaler uniquement quelques localités. Nous croyons que dans une étude scientifique de cet ordre, nous pouvons nous dispenser d'exposer les caractères climatiques de tous les lieux. Nous choisirons seulement les suivants : S. Salvador du Congo, Malange, Cazengo, Camaxilo, Cuango, Luchazes, Gambos et Cuamato.

S. Salvador du Congo est situé à 6°29' L.S. et 14°47' L.E. Il est à une altitude de 562 mètres et à une distance de 230 kilomètres à peu près de l'Océan. Il se trouve sur le bord de la zone des calmes équatoriaux et est soumis à l'influence de leurs migrations. Ses deux saisons sont bien caractérisées, l'une pluvieuse, de 7 à 8 mois, d'octobre à avril ou mai, et l'autre sans pluies, de juin à septembre. La pluviosité présente deux maxima, la première en mars ou avril, la seconde en décembre. Le type de la précipitation est par conséquent équatorial. La quantité totale de pluies est grande, supérieure à 1,000^{mm}. Les vents qui y prédominent toute l'année sont ceux du S.O. et N.O., plus accentués cependant au cours des mois de juin à février; fréquemment il y a des jours de calme dans la période comprise entre août et janvier. La nébulosité est haute, de quatre à cinq mois durant la saison non pluvieuse et de huit lorsque les pluies sont plus abondantes.

La moyenne thermique mensuelle maximum, en fé-

vrier et mars, est de 28º7; la moyenne mensuelle minimum, de 15º8 en août; l'amplitude moyenne, de 13º.
Le maximum absolu, en avril, ne dépasse pas 33º,
et le minimum absolu est de 13º au cours des mois de
juillet et d'août. L'amplitude extrême est donc de 20º.
Le maximum de la moyenne annuelle enregistré en 1918
fut de 26º9 et le minimum de la moyenne annuelle
de 18º6. La moyenne annuelle a été de 22º7. L'amplitude thermique annuelle n'est point considérable;
le maximum absolu n'est pas excessif, mais au cours de
tous les mois les moyennes maxima montent au-dessus
de 24º. Tous ces caractères sont équatoriaux littoraux.
Pourtant, les moyennes minima pendant tous les mois
descendent au-dessous de 20º5, présentant des températures extrêmes inférieures à 12º5 et 13º5 durant
les mois de juin, juillet et août. La moyenne relative
est toujours haute et plus élevée au cours de l'hiver,
moins forte durant les mois où il ne pleut pas. Elle
varie de 88 à 75. Le climat de S. Salvador possède par
conséquent les caractères qui appartiennent au climat
équatorial, mais forme une transition vers les climats
tropicaux continentaux.

Près de la rive gauche du Cuango, affluent du Cassai,
qui sert de frontière entre le Congo portugais et le Congo
belge, est situé le poste météorologique de *Cuango*, à
6º24' L.S. et 16º57' L.E., à peu de minutes au Nord
de S. Salvador et à environ 120 milles géographiques
à l'Est de cette localité. Sa localisation indique qu'il doit
subir l'influence des migrations de la zone des calmes, et,
comme il se trouve plus près de la dépression du Congo
et est exposé au centre de la basse pression de cette
partie de l'Afrique équatoriale, on comprend, dès lors,
que ses caractères climatiques doivent ressembler à
ceux des climats équatoriaux continentaux. Il possède
deux saisons de pluviosité maximum, toutes deux plus
ou moins longues, l'une de février à avril, l'autre d'octobre à novembre, et une seule époque non pluvieuse,
de juin à juillet. Son hiver dure donc dix mois, ce qui
est un caractère équatorial. La quantité de pluies, réparties en neuf ou dix mois, est 1,400ᵐᵐ.

La température moyenne mensuelle maximum est
de 33º3 aux mois de février et mars; la moyenne mini-

mum mensuelle de 16°1; l'amplitude moyenne, de 17°2. La moyenne maximum annuelle est de 30°4; la moyenne minimum annuelle, de 20°4; la moyenne annuelle, de 25°4. En aucun mois la moyenne ne descend au-dessous de 23°. L'humidité relative est toujours très haute (90° à peu près) durant dix mois de l'année, ne décroissant jusqu'à 82° qu'au mois de septembre.

Le climat du Congo est équatorial : moyennes thermiques hautes et plus ou moins constantes, humidité relative toujours fort élevée, température maximum extrême n'atteignant 36° qu'exceptionnellement, écarts thermiques pas très forts et pluviosité abondante présentant deux maxima et deux minima. L'influence de la continentalité est vaincue par l'action des calmes.

Cazengo est plus au Sud, à 19°40' L.S. et 15°43' L.E. Il est à 1,020 mètres d'altitude et à une distance de 250 kilomètres du littoral. Il y a deux saisons, l'une pluvieuse, d'octobre à mai, l'autre sans pluies, de juin à septembre. La pluviosité est abondante, notamment en mars et avril et en novembre et décembre. La quantité annuelle est supérieure à 1,000ᵐᵐ. Les brouillards sont fréquents au cours de la saison non pluvieuse, mais la nébulosité est moins forte, en règle assez faible, le ciel se maintenant tout à fait clair durant les 3/4 environ des jours de l'année. La température moyenne maximum mensuelle est de 30°4 en mai; la moyenne minimum mensuelle, de 8°7 à 9°7 en septembre et juin; l'écart moyen est de 22°, à peu près. Le maximum extrême enregistré en février et mars atteint 35°; le minimum extrême, en juillet 8°7; l'écart extrême correspond à 26°. La moyenne maximum annuelle est de 26°7; la moyenne minimum annuelle de 17°3 et la moyenne annuelle de 22°6. L'humidité relative présente des oscillations entre 93° en avril, à 76° en septembre et octobre. Tous les minima mensuels sont inférieurs à 20°. Ce caractère joint à celui des écarts thermiques plus élevés d'une part et la moyenne annuelle de 22°6 d'autre part, montre que le climat de Cazengo diffère beaucoup de ceux du Cuango et de S. Salvador du Congo.

Malange est une localité importante située à l'Est de Cazengo, à 9°31' L.S. et 16°21' L.E., à une hauteur de 1,151 mètres et à 350 kilomètres du littoral. De climat différent, tant par ses caractères thermiques que par ceux de l'humidité, elle a deux saisons, l'une pluvieuse, d'octobre à avril, et l'autre sèche, de juin à septembre. La pluviosité est de 1,200 mm., environ. La nébulosité maximum est de 7°2, et le minimum de 0 en juin. Les brouillards font leur apparition en juillet seulement, lorsque la nébulosité est minimum. La moyenne thermique mensuelle maximum n'atteint pas 30°; la moyenne mensuelle minimum descend à 9°5 en juin; l'amplitude moyenne est donc de 21°. Le maximum extrême atteint 36° en octobre; le minimum extrême 8° en juin, ce qui donne une amplitude maximum de 28°. La moyenne maximum annuelle correspond à 29° et la moyenne minimum annuelle à 16°. La moyenne annuelle est de 21°9. L'écart de l'humidité relative oscille entre 85° en avril et 44° en juin.

Ces caractères indiquent un climat continental, non seulement en raison de son caractère thermique, mais encore à cause de la variation de l'humidité. Elle possède par conséquent, au contraire de ce que l'on observe couramment dans les climats tropicaux littoraux, une saison pluvieuse et une saison sèche. Les saisons sont caractérisées par la pluviosité et par l'humidité relative.

Il n'est pas probable que l'on puisse attribuer à l'altitude les caractères de cet élément climatique. Cette altitude, dans la latitude de Malange, peut déterminer une baisse d'un peu plus de 3°, mais n'influe certainement pas sur l'écart de l'humidité relative. Ce phénomène doit être attribué à la continentalité. Il n'est pas douteux que c'est à cette oscillation, toujours favorable, que Malange doit la renommée, déjà ancienne, de localité salubre.

A Camaxilo, dans la Lunda et à plus de deux degrés à l'orient de Malange, l'influence continentale est encore plus remarquable. Située à une grande distance de la mer, l'energie climatique de l'Océan ne s'y fait plus sentir. Il est à 8°20' L.S. et 18°56' L.E. Son altitude est d'environ 1,180 mètres, ce qui représente à peu près la hauteur altimétrique de la plus grande partie de la superficie de la zone N.E. de l'Angola. Les brouillards sont rares. La nébulosité est excessivement faible; durant la saison sans pluies le ciel est toujours clair. Il y a deux saisons parfaitement définies, l'une pluvieuse, d'octobre à mai, l'autre sèche de juin à septembre. La pluviosité totale est de 1,300 environ. La moyenne maximum thermique mensuelle atteint 31º au mois de mai; la moyenne minimum mensuelle 8º2 en juin; le maximum absolu 37º8 en octobre; le minimum absolu, 5º4 en juin; le maximum annuel 26º9; la moyenne minimum annuelle 12º7 et la moyenne annuelle 21º2. En aucun mois de l'année la moyenne thermique ne monte jusqu'à 22º, malgré que Camaxilo se trouve à une latitude proche de Cuango. L'humidité relative est encore moins haute que celle de Malange. Ce n'est qu'exceptionnellement et durant les trois mois, de novembre à janvier, qu'elle atteint 80º le minimum étant de 44º en juin. Au cours de cinq mois de l'année elle est inférieure à 58º. On peut se rendre compte, d'après ces caractères, de la grandeur de l'oscillation de l'humidité relative.

Le climat de Camaxilo diffère beaucoup de celui du littoral. Ses moyennes thermiques peuvent être attribuées à des altitudes; mais la notable amplitude annuelle de l'humidité relative, dont l'influence bienfaisante sur les Européens est considérable, ne peut être due qu'à la continentalité. Il se confirme de cette façon ce que nous avons dit sur les différences entre le climat tropical littoral, hostile aux Européens, et le climat tropical continental, qui d'une manière générale est d'autant plus favorable que la localité se trouve plus éloignée de la mer.

En ce qui concerne *Luchazes*, nous n'en avons point une documentation complète. Cependant, les éléments dont nous disposons nous permettent de nous faire une idée, quoique sommaire, de son climat, ce qui confirme notre classification. C'est précisément par ses caractères thermiques, ainsi que par ceux de l'humidité relative, que ce climat se différencie. Luchazes est situé à 13º40' L.S. et 19º34' L.E. Son altitude est de 1,200 mètres, à peu près. Il appartient aux pénéplaines qui descendent vers le bassin hydrographique du Zambèse et sa pendante regarde le Sud. Il se trouve par conséquent à l'intérieur de la zone de l'alizé du S.E. On y observe deux saisons bien définies, l'une pluvieuse, d'octobre à avril, et l'autre sèche au cours des autres mois. Les pluies sont abondantes, le total dépassant 1,200 mm. Les différences thermiques, de même que celles de l'humidité relative, lui donnent un facies climatique encore plus fortement différent que celui du littoral, à égalité de latitude. Les effets, tant de la continentalité que de l'alizé, s'y font sentir, ce dernier perdant, en conséquence de l'altitude où se trouve Luchazes, une grande partie de son énergie déshydratante.

La moyenne thermique maximum annuelle atteint 35°9 en octobre, la moyenne minimum annuelle 20°, en juillet; le maximum absolu est de 38°5 en octobre et le minimum absolu descend à 0 en juin et juillet. L'amplitude moyenne est de 33°; l'amplitude extrême, de 38°. La moyenne annuelle maximum correspond à 30°7; la moyenne annuelle minimum à 11°5 et la moyenne annuelle à 21°5. Les caractères de l'humidité relative révèlent un climat à amplitude annuelle fort importante, qui oscille entre 82°, de février à avril, à 35° en août, ce qui représente une oscillation annuelle de 47°. Il existe donc une saison sèche bien définie, qui coïncide avec la saison à température la plus basse.

Luchazes se trouve justement en pleine zone intertropicale, et un peu au Sud de Benguela, Lobito et Catumbela. En dépit de cela, les oscillations thermiques tout comme celles de l'humidité relative sont entièrement différentes de celles de ces trois localités. Une grande partie des territoires de Ambuelas et de Lobale se rentrouve naturellement dans des conditions analogues à celles de Luchazes. Lorsque le réseau météorologique de cette riche zone de l'Angola permettra plus tard une documentation correspondante à celle que nous possédons aujourd'hui, non seulement des localités dont nous avons fait mention mais encore d'autres que nous avons omises dans ce travail, nous sommes certains que ces éléments scientifiques ne pourront que renforcer nos assertions en ce qui concerne les variétés des climats intertropicaux.

Afin de compléter l'examen sommaire de certains climats tropicaux continentaux de l'Angola, il faut que nous fassions encore connaître les caractères qui appartiennent à deux localités, dont la situation géographique et le degré de continentalité laissent prévoir quels seront leurs éléments climatiques, température et humidité relative. Nous voulons nous rapporter aux localités de *Gambos* et de *Cuamato*. La première est située à 15º45 L.S. et 14º04' L.E. Son altitude est de 1,272 mètres. Sise dans un plan incliné du district de Huilla qui aboutit au Cunene, à l'Est de la Serra de Chela, cette localité est soumise à la brise générale du S.E. La pluviosité y est irrégulière et faible, n'atteignant point 450mm. La saison sèche est fort bien caractérisée. La nébulosité est nulle; dans la majeure partie de l'année le ciel est clair, et tout cela est dû au vent du S.E. La moyenne thermique mensuelle maximum atteint 33º5 en octobre; la moyenne mensuelle minimum 9º3 en juin; le maximum absolu 38º en octobre; le minimum absolu 4º9 en août. L'écart extrême est par conséquent de 34º et l'écart moyen de 24º2. En ce qui concerne l'humidité relative, nous ne possédons que les moyennes enregistrées d'août à novembre qui nous ont fourni un maximum de 44º et un minimum de 28º.

Dans la localité de *Gambos* l'altitude doit atténuer, tout au moins en partie, l'évaporation maximum et la sécheresse extrême provoquée à l'intérieur des continents par les alizés. La pluviosité est très irrégulière, ce qui est dû également à l'influence des alizés.

Dans la localité de *Cuamato* on observe un tableau climatique encore plus accentué. Sa situation géographique est à 17º1' L.S. et 15º25' L.E. Les variations thermiques présentent un écart de 37º en mars à 6º4 en juin et juillet. L'écart moyen des variations mensuelles est de 20º durant dix mois. Mais ce qui rend remarquable ce climat c'est son humidité relative; ainsi l'humidité maximum est de 66º en avril et le minimum de 26º en septembre; elle est supérieure à 60º seulement au cours des mois de mars et avril; dans les autres mois elle est inférieure à 45º, degré de sécheresse atmosphérique qui se trouve associée à une pluviosité insignifiante et irrégulière. Ce climat appartient au groupe xérophyle de la classification de Schimper.

Nous pourrions encore présenter d'autres exemples qui nous serviraient à confirmer notre opinion en ce qui concerne la diversité climatique de la zone intertropicale. Climats continentaux et maritimes de brises, climats de brises de sous le vent et de au-vent, climats littoraux (équatorial et tropical) et climats continentaux (équatorial et tropical) sont, en effet, des réalités qui dérivent de la manière comme influant, indépendamment de la latitude et de l'altitude, les facteurs continentalité, masse océanique, brises générales et conditions topographiques. Ces subdivisions sont, ainsi que nous l'avons dit, fort importantes. Là où les variations de température sont grandes, le climat en général ne nous est point hostile; pourtant lorsque l'humidité est haute et constante et l'écart thermique n'est pas très accentué, l'hostilité du climat se manifeste par la dépression qu'elle provoque chez nous à la suite d'une permanence d'un certain temps. La confirmation des idées que nous avons exposées et qui se justifient par l'orientation scientifique de la climatologie moderne sera d'autant plus certaine que la reconnaissance, au point de vue scientifique, des terres intertropicales aura acquise une plus grande perfection et que les agents régionaux de leurs climats seront mieux connus.

Il ne nous reste plus qu'à parler des caractères des climats à altitudes des grands plateaux du Sud de l'Angola, région traversée, en partie, par la voie ferrée du Lobito, et qui offre des aptitudes remarquables pour une grande colonisation d'émigrants européens.

Parmi les localités les plus importantes nous devons mettre au premier rang, non seulement à cause du chiffre de leurs habitants mais encore en raison de leur valeur commerciale, les localités suivantes : Bié, Huambo, Lubango, Humpata et Chibia. Chacune de ces localités mériterait une étude minutieuse de leurs caractères géographiques, si, à ce sujet, il nous était possible d'entrer en considérations très détaillées. Certains travaux intéressants, entrepris par des ingénieurs et des médecins, donnent une idée fort rapprochée de la valeur de cette vaste région.

Bié est située à 12°32' L.N. et 18°40' Long. Or. Son altitude est évaluée à 1,682 mètres. Elle se trouve comprise dans la bande des plus hautes altitudes de l'Angola, où les lignes de montagnes constituent la ligne de partage entre les eaux du Cunene et du Zam-

bèze au Sud et celles du Cuango et du Congo au Nord ;
c'est le centre d'un vaste plateau à l'orient des lignes
orographiques qui forment le rebord occidental du
« horst » africain dans ces latitudes. Elle est beaucoup
plus exposée au Sud qu'au Nord. Il y a deux saisons,
l'une pluvieuse, de septembre à mai, et l'autre sèche,
de mai à août. La pluviosité est abondante, supérieure
à 1,400^{mm}. La condensation dans les montagnes provoque cette grande précipitation. Les brouillards sont
fort rares. La nébulosité est minimum au cours de la
saison sèche, durant laquelle le ciel est toujours bleu.
L'oscillation du degré néphique varie de 8 en janvier
à 0,4 en juillet. La tension de la vapeur d'eau subit
également des différences annuelles fort remarquables :
minimum pendant la saison sèche, où elle atteint 5,3
en juillet et août, et maximum en décembre, lorsqu'elle
n'atteint que 12,6.

La température et l'humidité relative accusent des
caractères qui font entrer le climat de Bié dans la catégorie de *mésothermiques*. La moyenne maximum mensuelle est de 28°8 d'octobre à novembre ; la moyenne
minimum mensuelle, de 6°7 en juin ; l'amplitude moyenne
de 22°. Le maximum mensuel absolu n'atteint 31°8 que
dans la période de septembre à janvier ; le minimum
absolu est de 3°1 en juillet ; l'amplitude extrême est donc
de 27°7. La moyenne maximum annuelle est de 25°9 ;
la moyenne minimum annuelle, de 12°3 et la moyenne
annuelle, de 18°1. En aucun mois les moyennes mensuelles
n'atteignent 22°.

L'humidité relative présente également un cycle
de variations fort notable, son amplitude atteignant plus
de 50. Elle est plus haute de novembre à mars, s'élevant à 78, et durant les autres huit mois de l'année
elle descend au-dessous de 70, atteignant au mois d'août
seulement 25°. Au cours des mois de juin et de septembre le ciel est clair, la nébulosité est au minimum, la
tension de la vapeur descend considérablement, l'humidité relative est très faible et la température atteint
le minimum absolu de 3,6.

Bié, à climat mésothermique, outre la fertilité remarquable de son sol, est l'un des points de l'Angola où la
fixation ethnique européenne est garantie non seulement

en raison des conditions favorables du milieu physique, qui sont excellentes, mais encore par la tradition déjà ancienne de nombreux exemples de cette fixation.

Huambo est située un peu au Sud de Bié, beaucoup plus à l'Ouest et par conséquent plus près de la mer. Son altitude est de 1,869 mètres. Elle appartient à la partie la plus montagneuse de la région des plateaux de l'Angola, sur la face tournée au Sud et dans le bassin hydrographique du Cunene.

Son climat est semblable à celui du Bié. Il y a deux saisons, l'une pluvieuse d'octobre à mai et l'autre sèche de juin à septembre, ce qui est un caractère clairement tropical. La nébulosité oscille entre 7 au mois de février et zéro en juillet. Le ciel est toujours clair au cours des mois de la saison non pluvieuse. La quantité des pluies est abondante, variant plus ou moins d'une année à l'autre, toujours supérieure à 1,000^{mm} et pouvant atteindre le total de 1,700^{mm}. La tension de la vapeur subit également une oscillation notable, malgré que ses moyennes mensuelles soient toujours basses : elle passe de 16°5 en février à 4°8 en juillet et août.

Les caractères de la température et de l'humidité relative permettent que le climat de Huambo soit classifié comme mésothermique et par conséquent analogue, à ce point de vue, aux climats de la Méditerranée : la moyenne thermique mensuelle maximum est de 29°3 en octobre; la moyenne minimum mensuelle atteint 6°2 en juin; l'écart moyen correspond à 23°. Le maximum absolu, constaté en octobre, est de 32°2; le minimum absolu, de 0°5 en juin; l'écart est donc de 32° à peu près. La moyenne maximum annuelle est de 26°3; la moyenne minimum annuelle, de 11°3; la moyenne générale de l'an, de 19°3. En aucun mois la moyenne n'atteint 32°. L'humidité relative présente, dans ses variations, un rythme régulier : elle baisse considérablement au cours de l'époque non pluvieuse, constituant de ce fait une saison vraiment sèche, et s'élève, pas trop, durant les premiers mois de l'année. L'écart annuel oscille entre 73°, en février et mars, et 25° en août. D'après ce que nous venons de voir, ce climat présente des caractères presque identiques à ceux du climat du Bié.

Lubango est au Sud et à l'Ouest de Huambo, à 14°52'

L. S. et à 3º32' Long. E. Il est situé à 1,700 mètres au-dessus du niveau de la mer, dans le district de Huilla. Ses caractères climatiques se rapprochent considérablement de ceux de Bié et de Huambo, à savoir deux saisons, l'une pluvieuse, d'octobre à mai, l'autre sèche, de juin à septembre. La pluviosité est fort élevée, supérieure à 1,500^{mm}. Au cours d'une grande partie de l'année, notamment durant l'époque sèche, le ciel est clair. La tension de la vapeur est faible, oscillant entre 14º5 en avril (le maximum), et 8º2 en juin (le minimum). Le degré néphique est faible également, réduit à zéro aux mois de juin et d'août, les plus secs.

La moyenne maximum thermique annuelle n'atteint que 27º en octobre; la moyenne minimum mensuelle 6º9 en juillet; l'amplitude moyenne est de 20º à peu près. Le maximum absolu, vérifié en octobre, a été de 29º2; le minimum absolu, de 2º6, en juillet; l'écart extrême de 25º6. La moyenne maximum annuelle n'atteint que 22º7 et la moyenne minimum, 10º3. La moyenne annuelle correspond à 16º5. Aucune moyenne mensuelle n'accuse 20º; durant neuf mois les moyennes maxima sont inférieures à 23º5. L'humidité relative maximum est de 71º en avril et le minimum en août et septembre, de 36º. Cependant, il faut remarquer qu'au cours de onze mois de l'année, l'humidité relative est inférieure à 70º et que durant huit mois elle est au dessous de 58º.

Le facies climatique de Lubango est encore plus accentué. Sa température moyenne annuelle est un peu supérieure à celle de Lisbonne. C'est un climat sec, à moyennes maxima faibles et avec amplitude de variations thermiques fort sensibles. Il a toujours été considéré comme un climat excellent, où les Portugais se fixent admirablement. D'une végétation riche et variée, et d'une grande capacité productive en céréales, comme celle de Bié et d'Huambo, toute cette zone colonisable, à laquelle appartient Lubango et dont la superficie est considérable, peut à l'avenir donner lieu à une exploitation très intense.

Au voisinage de Lubango se trouve *Humpata*, à 14º58 L.S. et 13º25 Long. Or. Son altitude est de 1,800 mètres. Le régime saisonnier est identique à celui de Lubango : une époque pluvieuse et l'autre sèche, la première de novembre à avril et la deuxième de mai à septembre. La tension de la vapeur est plus faible : elle varie de 9º3 en février à 3º2 en juin et juillet. La moyenne thermique maximum mensuelle est de 24º4 en octobre; la moyenne minimum mensuelle, de 3º9 en juillet; l'amplitude moyenne, de 21º. Le maximum absolu n'atteint 28º qu'en février; le minimum absolu descend à zéro en juillet; l'amplitude extrême est donc de 28º. La moyenne maximum annuelle correspond à 23º4; la moyenne minimum annuelle à 8º3; la moyenne générale annuelle peut être évaluée à 15º7. C'est un climat encore plus sec que celui de Lubango. L'amplitude des variations durant l'année oscille entre 63º, en avril, et 22º, en juin et juillet. Ses saisons sont par conséquent bien distinctes, présentant néanmoins le rythme tropical caractéristique dû à la latitude, mais à pluviosité importante; l'humidité relative n'est point forte pendant la saison pluvieuse, et au cours de la saison sèche le degré de sécheresse est fort notable, le ciel est clair et le coefficient de nébulosité est faible.

Chibia est située un peu plus au Sud et à l'Est de Humpata, à 15º10' L.S. et à 13º33 Long. Or. et 1,515 mètres au-dessus du niveau de la mer. Cette différence altimétrique par rapport à Humpata influe peu sur son facies climatique. Comme Bié, Huambo, Lubango et Humpata, la Huila appartient également aux climats mésothermiques d'altitudes analogues aux climats méditerranéens. La saison pluvieuse commence en novembre et finit en avril, et la saison sèche dure de mai à octobre. La pluviosité est de 1,000ᵐᵐ, à peu près. La tension de la vapeur est faible également et oscille entre le maximum de 14º, en novembre, et 4º3 en juillet. La moyenne thermique mensuelle maximum est de 30º3 en septembre et octobre; cependant, au cours de certaines années elle baisse jusqu'à 27º durant les mêmes mois; la moyenne mensuelle minimum est de 3º6 au mois de juin et on a aussi observé celle de 2º3 en août; l'écart moyen est donc de 24º à 25º. Le maximum absolu est de 34º0 en octobre; le minimum absolu, de 3º, en août; l'écart extrême, de 31º.

La moyenne maximum annuelle est de 27º4, et la

moyenne minimum annuelle de 11°1; la moyenne générale de l'année est de 19°3. Aucune moyenne mensuelle n'est supérieure à 22°5. D'après ces caractères l'humidité relative est analogue à celle de la station de Humpata. C'est un climat, en réalité sec, pendant la saison non pluvieuse. L'amplitude des variations oscille entre 71° en novembre et janvier et 26° en juillet. On y constate une saison sèche bien définie ainsi que dans les autres postes météorologiques.

La localité de *Cuamato* se différencie des autres notamment en raison de son notable degré de sécheresse, de son degré de pluviosité beaucoup moins élevé et de sa température irrégulière. Elle se trouve à 17°1' L.S. et 15°,25' Long. Or. Son altitude est plus petite. Située à l'extrême méridional de la Colonie et près du Cunene, à une distance de quelques dizaines de kilomètres du littoral, elle présente des caractères d'un climat continental et est exposée à l'alizé du S.E., qui parcourt avant la Damaralandie et dont les effets sur l'humidité se font sentir avec une intensité pareille à celle qui est courante en d'autres zones continentales. La pluviosité n'atteint pas 300^{mm}. La nébulosité est faible. La tension de la vapeur monte à 14°8 en avril pour descendre à 5°7 en août. De mai à septembre elle ne s'élève même pas à 8°5. On observe la moyenne thermique mensuelle maximum d'environ 25°5 en novembre; la moyenne mensuelle minimum, en juillet, est de 6°4 à peu près, et l'écart moyen de 19°, environ. La moyenne annuelle est de 24°. L'humidité relative n'atteint 66° qu'au mois d'avril. Au cours des autres mois elle est toujours inférieure à 45°, descendant à 26° en septembre.

Nous ne possédons pas sur Cuamato un nombre suffisant d'observations qui nous permettent de juger avec certitude les caractères de son climat. Les chiffres que nous avons présentés nous fournissent cependant un certain nombre d'éléments nous permettant de considérer ce climat comme très sec et à moyennes thermiques plus hautes que celles des autres saisons déjà indiquées. Toute la « Cuamacia » est faiblement boisée; elle présente des caractères d'une savane battue par l'alizé du S.E.; le type de sa végétation est fortement xérophyle; les graminées dominent en plusieurs endroits.

La pluviosité est des plus réduites. Le type de la végétation confirme la documentation météorologique.

Il ressort, en résumé, de ce que nous venons de dire des différentes localités de l'Angola, que ses climats sont très variés. L'étendue de sa superficie, ses caractères morpho-altimétriques et orographiques, la prédominance, au Sud, des terres hautes, l'influence de la continentalité et de la brise du S.E., la valeur climatique du courant froid de Benguela dans le littoral et les migrations de la bande des calmes équatoriaux contribuent puissamment à son morcellement climatique. Bien que l'Angola se trouve dans la zone intertropicale, ses climats diffèrent d'une région à l'autre. Dans le littoral, au Nord, ce sont les climats humides et chauds marginaux, faisant la transition vers les climats équatoriaux littoraux. Plus au Sud le type est tropical littoral, à variations thermiques un peu plus élevées que celles que l'on observe à l'équateur, mais toujours accompagnées d'une grande humidité relative, laquelle, en certains points, est plus accentuée au cours de la saison que le vulgaire qualifie de saison sèche. A l'extrême méridional, à Mossamèdes et à Baie des Tigres, on note des climats marginaux sub-tropicaux à humidité considérable, mais présentant des variations thermiques importantes.

En partant du littoral vers l'intérieur, l'intervention du facteur océanique diminue et augmente celle du facteur continentalité. A l'intérieur il existe une saison bien caractérisée; l'amplitude thermique annuelle est plus haute et notre organisme s'adapte mieux à ce rythme d'oscillation des deux éléments climatiques. La variation saisonnière n'est pas exactement pareille à celle des climats méditerranéens; mais la température, avec ses amplitudes, et l'humidité relative beaucoup moins élevée et variable d'un mois à l'autre jusqu'à l'époque où il ne pleut point, rendent ces climats particulièrement bienfaisants aux Européens. En évaluant la zone haute à environ 60,000 kilomètres carrés, on comprend, dès lors, la valeur que cette partie de l'Angola offre à la fixation ethnique des races blanches.

Mozambique.

Le territoire de Mozambique, situé en Afrique orientale, est compris entre 10°41' et 26°52' L. S. O. La longueur de sa côte est de 2,300 kilomètres. Il est très inégal quant à ses limites en longitude; la partie septentrionale s'étend jusqu'au lac Niassa; une grande partie rentrante de l'Afrique Centrale Britannique, qui se rapproche beaucoup du fleuve Zambèze, sépare le district de Quilimane d'un vaste territoire qui forme le district de Tete; vers le Sud la bande portugaise se rétrécit encore davantage. Sa superficie a été calculée à 780,000 kilomètres carrés. Les caractères morpho-altimétriques sont irréguliers. La partie septentrionale comprend des terrains séparés par des lignes de montagnes « horstiques » pas très élevées. Seules, à l'extrême occidental, bordant le lac Niassa, se dressent les « Ajauas », montagnes très hautes qui s'étendent dans les directions N.S. et N.E.-S.O. Au Sud de ces formations orographiques et englobant le territoire britannique, on rencontre la région de Namulia, la plus haute de tout le territoire de Mozambique. Toute la région occidentale qui forme le district de Tete se compose de pénéplaines tabulaires. La ligne du fleuve Zambèze, l'une des fractures les plus importantes de l'Afrique et dont la partie terminale a été un golfe tertiaire, constitue une bande de dépression qui établit la ligne de partage entre les terres hautes du Nord et les terres hautes de la Gorongoza et de Manica. Le terrain tombe ensuite en valeur altimétrique où, dans une dépression tectonique, coule le fleuve Save; on trouve à la suite une bande de terres plaines jusqu'à l'extrême de la Colonie, lui appartenant également le versant oriental des Libombos qui constitue le rebord occidental, limite du territoire portugais, frontière du Transvaal. Tandis qu'au Nord du Zambèze et à une distance pas très grande prédominent les formations tubulaires, au Sud c'est la superficie des terrains modernes la plus considérable. Le littoral est constitué par un sol d'alluvions et coraligène. Les îles qui accusent cette composition sont nombreuses.

Une branche du courant équatorial, nommé *courant de Mozambique*, coule du Nord vers le Sud, entre l'île de Madagascar et le Continent africain, courant à grande vitesse, qui empêche la branche du courant froid antarctique de poursuivre son chemin vers le Nord. Tandis que le courant froid de Benguela poursuit librement sa route et est aidé par la brise générale du S.E. jusqu'à la latitude de 14°, à peu près, la côte orientale est baignée par une branche de l'équatorial. Cette circonstance contribue puissamment à rendre inégaux les caractères climatiques des deux côtes. A latitude égale, on note des différences thermiques fort accentuées.

Une partie du littoral de Mozambique est influencée par le vent de la mousson du S.O.; toutefois pas autant que la côte occidentale de l'Inde. Les vents prédominants ne traduisent pas cependant une dynamique atmosphérique exactement identique en toutes les parties de la bande marginale. Nous signalerons, à propos de chaque station dont nous allons indiquer les caractères climatiques, le régime des vents qui lui appartient.

Nous n'avons pas, sur le territoire de la Colonie de Mozambique, à l'exclusion de Lourenço Marques, où le nombre de postes météorologiques est élevé, une documentation aussi minutieuse que celle de l'Angola. Nous pourrions, si ces postes eussent été répandus partout dans le territoire au lieu de se trouver agglomérés au Sud, indiquer les conditions géographiques de chacun, tout en appréciant leur influence sur les éléments climatiques, température et humidité relative.

Au point de vue climatique, nous pouvons diviser Mozambique, ainsi que nous l'avons fait relativement à Angola, en trois zones, savoir littorale, continentale et à altitudes. La première, pour des raisons que nous indiquerons plus loin, n'est pas exactement pareille à celle du littoral de l'Angola; la seconde ne possède pas un haut degré de continentalité parce que la distance qui la sépare de la côte n'est pas très grande. Les zones à altitudes sont en petit nombre pour le moment; néanmoins, en dépit de cela, elles confirment, de même que les observations prises dans le littoral et dans la bande continentale, nos idées sur la variété des climats intertropicaux.

Pour ne pas donner à ce travail une ampleur inutile, nous ne nous rapporterons qu'aux localités situées au bord de la mer qu'à Lourenço Marques, Inhambane, Beira, Quilimane et Mozambique. Au Sud du Zambèze, tant dans le littoral qu'à peu de kilomètres de la mer, de nombreux postes météorologiques ont été établis. Tous ces postes, d'après les observations enregistrées, montrent des facies climatiques presque identiques. Nous nous abstiendrons de faire une référence spéciale quelconque relativement à chacun d'eux.

Lourenço Marques, capitale de la Colonie, est située à 23°58' L.S. et 32°36' Long. Or. Son altitude est insignifiante; la partie la plus élevée de la ville n'a que 69 mètres. La ville est exposée directement à la mer et son vaste port est largement ventilé. La pluviosité n'est point très régulière et ne présente plus le type tropical caractéristique. Il est des années au cours desquelles la précipitation est forte; d'autres, au contraire où elle se montre faible. Presque toujours la pluviosité la plus haute est due au vent du Sud. Les vents qui y prédominent sont ceux du N.N.E. et tournant jusqu'à ceux du S.S.O. Les plus fréquents sont ceux du S., N.E., E.N.E., E., S.S.O. et E.S.O. La direction des vents varie suivant les heures de la journée et les saisons; celui du Nord est chaud; celui du Sud, humide, pluvieux et orageux; ceux de l'E. et du N.E. sont plus agréables. Au cours de la même journée la flexion subie par les vents fait changer leur direction du N. vers l'Est. Les brouillards sont rares; on les observe seulement durant la saison sèche. La rosée est fréquente de mai à septembre. La tension maximum de la vapeur constatée pendant les mois de janvier et février est de 8°78; la tension minimum, de 10° à 11°, en juillet et août. La nébulosité maximum est de 7°. environ, en novembre, décembre et janvier; on enregistre la nébulosité minimum, de 1, 2, en juin, juillet et août.

La moyenne thermique mensuelle maximum est de 30°2, en janvier; la moyenne mensuelle minimum, de 12° à 13°, en juillet; l'amplitude moyenne est de 18°. Le maximum absolu a été enregistré principalement en janvier, atteignant 40°5; le minimum absolu est de 9°4 à 9°8, en juin et juillet; l'écart extrême, de 31°. La moyenne maximum annuelle atteint 27°3; la moyenne minimum annuelle, 17°5; la moyenne générale annuelle,

22º2. Les moyennes thermiques mensuelles sont toujours supérieures à 18º. L'humidité relative oscille entre la moyenne maximum de 78º7, de novembre à mars, et la moyenne minimum de 65º, durant les mois de juin, juillet et août.

Le climat de Lourenço Marques se différencie par conséquent par un régime de vents très spécial à prédominance du S. et des quadrants de L.; la pluviosité est irrégulière, plus ou moins haute. L'humidité relative est forte, présentant une oscillation annuelle pas très élevée; les moyennes thermiques mensuelles sont toujours inférieures à 18º; la moyenne absolue est très haute, de même que les extrêmes continentales; l'écart extrême est relativement grand.

De l'ensemble de ces caractères il ressort que Lourenço Marques ne possède point un climat littoral tropical typique, et on remarque, si on le compare par exemple, avec les climats de Mossamèdes et de la baie des Tigres qui se trouvent de plusieurs degrés plus près de l'équateur, que son degré thermique est plus haut. Les conditions topographiques de Lourenço Marques, l'influence des vents du Sud et de l'Est lui donnent un facies climatique spécial non identique à celui des zones qui sont situées plus au Nord.

Le port de *Inhambane* est au Nord de Lourenço Marques, à une latitude de 23º52' S. et 35º24' de Long. orientale. La localité est bâtie sur terrain plat et il n'y a pas de montagnes dans le voisinage. Le port est face au N E. Les vents dominants sont ceux des quadrants orientaux : S., S.E., S., S.S.O., N.E. et S.O. Les vents de la terre sont incomparablement moins fréquents. Quoique Inhambane se trouve dans la zone de la brise générale du S.E., on voit que son système de vents n'est pas uniforme, si on le compare, par exemple, à la constance de l'alizé du N.E. au Cap-Vert. D'après les flexions que le S.E. semble subir à Inhambane durant la plupart des mois de l'année et en notant également le nombre de jours pendant lesquels, de mai à août, souffle le vent du Sud, on reconnaît que son climat ne peut être considéré comme climat de brises de au-vent. L'influence des altérations barométriques du Cap de Bonne-Espérance doit être sensible dans ces altitudes. La pluviosité est considérable; cependant, elle varie souvent d'une année à l'autre. En 1918 elle a été de 1587^{mm}, en 1917 de 1387 et en 1916 et 1915 on a enregistré 900^{mm}, à peu près. La quantité est insignifiante de juin à août, mais elle est plus ou moins fréquente durant neuf mois. Les brouillards sont exceptionnels. On n'observe de la rosée que pendant les mois où la température descend le plus bas. La tension maximum de la vapeur est de 20° à 21°, environ, de novembre à janvier, et la tension minimum d'environ 13°, de juillet à septembre. La nébulosité maximum est de 6°8 à 6°7 de novembre à janvier et le minimum au cours de la saison fraîche, de 1°5.

Les éléments climatiques température et humidité relative montrent quelques différences importantes par rapport aux caractères que l'on observe à Lourenço Marques. La moyenne thermique mensuelle maximum est de 29°0, en décembre et janvier; la moyenne mensuelle minimum, de 15°, en juillet et août; l'amplitude moyenne est de 14°, environ; la moyenne maximum annuelle de 26°3; la moyenne mensuelle minimum, de 18° et la moyenne générale annuelle de 23°1. Le maximum absolu atteint 31°2, en février; le minimum absolu, 13°5, en juin; l'écart extrême 19°. Les moyennes mensuelles sont toujours supérieures à 18° et durant neuf mois montent au-dessus de 20°. L'humidité relative est haute pendant toute l'année. La saison où l'on observe la température la plus basse ne coïncide pas avec le maximum de l'humidité relative, mais les variations de celle-ci sont insignifiantes. La moyenne maximum oscille entre 81° et 85°, de novembre en février et la moyenne minimum de 73° à 75°, de juin à septembre.

Inhambane a par conséquent un climat à moyennes minima hautes, inférieures à 18° au cours uniquement des mois de juin à août, à moyennes mensuelles toujours supérieures à 19°, le maximum absolu atteignant seulement 31°5, à amplitudes thermiques pas élevées et à humidité relative haute et plus ou moins constante. Ces caractères le font rentrer dans le tableau des climats tropicaux littoraux; mais son régime de vents et notamment les altérations de l'alizé du S.E., dues peut-être aux perturbations atmosphériques fréquentes au Sud du Cap de Bonne-Espérance d'où résulte le vent S..

montrent que l'alizé s'y fait sentir également, influant spécialement sur la quantité de la précipitation. Cette abondance de pluies, variable suivant les années et en rapport avec l'intensité et la fréquence du S.E. et S., est un phénomène analogue à celui que l'on observe dans les climats de brises de au-vent.

Beira. — Elle se trouve auprès de l'embouchure du fleuve Pungue et à une petite distance du confluent de ce cours d'eau avec le Buzi, à 19°49' L.S. et 34°50 Long. Orientale. Son sol est alluvial et ensablé en raison de dépôts successifs de matériaux entraînés par le courant fluvial. C'est un terrain plat, dépourvu d'accidentation orographique quelconque voisine. Elle est située à l'orient du rebord « horstique » continental, sous l'influence directe et constante de la mer. Le vent dominant durant toute l'année est celui du S. E. et S. S. E. Les vents des quadrants de l'ouest sont absolument exceptionnels, circonstance qui favorise à haut degré le climat de Beira. Les vents continentaux en Afrique sont toujours très chauds. Le vent N. à Lourenço Marques, par exemple, qui souffle de la terre vers le port, est particulièrement désagréable à cause de la température haute qu'il provoque. Par contre, tous les points battus par les vents de la mer, et spécialement quand l'alizé s'associe à une brise quotidienne, peuvent accuser une moyenne thermique élevée, mais on la supporte plus aisément. C'est ce qu'il advient à Beira.

La pluviosité est fort abondante. La quantité annuelle varie de 1160 à 2230^{mm}. Durant les mois de juin et de juillet, ou il ne pleut pas ou la précipitation est très faible. Cependant, il n'y a point une grande régularité mensuelle en ce qui concerne la quantité de la précipitation; on n'observe guère un rythme bien défini de la pluviosité, ainsi qu'il est fréquent dans les climats des moussons. C'est de novembre à mars ou avril que l'on constate la quantité de pluies la plus abondan.e. La nébulosité oscille entre 7°0 de novembre à janvier et 2°3 en juillet, à l'époque la plus fraîche. On enregistre à Beira un phénomène intéressant : à l'époque où la température est la plus basse, l'humidité relative est plus haute, la tension de la vapeur moins accentuée et la rosée beaucoup plus fréquente. C'est justement au cours de cette période que les brouillards font leur apparition.

La moyenne thermique mensuelle maximum est d'environ 31º et on l'enregistre de novembre à mars; la moyenne mensuelle minimum est de 17º, environ, en juin et juillet; l'écart moyen de 14º, à peu près. Le maximum extrême oscille entre 36º et 38º de novembre à février; le minimum extrême, suivant les années. de 12º à 8º aux mois de juillet et de juin; l'amplitude extrême, de 24º à 28º. La moyenne maximum annuelle est de 29º; la moyenne minimum annuelle, de 19º9: la température moyenne annuelle, de 24º2. Les moyennes mensuelles sont toujours inférieures à 20º. L'humidité relative est haute et constante. Bien que ne présentant pas une oscillation annuelle très régulière, on note. en règle, qu'elle est plus élevée durant l'époque la plus fraiche et toujours supérieure à 80º.

Le climat de Beira est particulièrement influencé par l'alizé du S.E. qui souffle, plus ou moins associé aux brises quotidiennes, pendant toute l'année. La quantité de pluie est due à l'intervention permanente de ce vent. L'action climatique de la masse continentale est détruite par celle d'un facteur atmosphérique plus violent. Cette ventilation constante de la mer vers la terre provoque la fuite des moustiques, en même temps qu'elle évite la formation de petits marais, et de là les conditions de salubrité de Beira. Toutefois, ce n'est point un climat où la fixation ethnique européenne soit possible. Les effets de la haute constance thermique ainsi que celle de l'humidité relative sont, en partie. atténués par l'action des brises de au-vent, et ces climats sont, à ce point de vue, meilleurs et plus agréables que les climats tropicaux littoraux ou proprement dits et beaucoup plus que les équatoriaux littoraux: mais en dépit de cela la déchéance organique des Européens se manifeste invariablement, plus ou moins, au bout de quelques années.

Quelimane, au Nord de Beira, à 17º52 L.S. et 36º52 Long. Or., se trouve sur la rive gauche et près de l'embouchure d'un ancien bras du delta du Zambèze, bras qui actuellement n'est relié à ce fleuve qu'au moment de ses plus grandes crues. En temps ordinaire c'est un canal inavigable à formations marécageuses que l'homme et la nature peu à peu comblent de sédiments. Le terrain est entièrement alluvial, de constitution récente et deltique. Les montagnes sont éloignées du littoral. Malgré que cette ville ne soit située qu'à deux degrés plus au Nord que celle de Beira, sa dynamique atmosphérique est différente. Les vents de l'ouest, du côté de la terre, spécialement de février à juin, sont très fréquents. Les vents prédominants sont ceux de S.S.E., O. et S.O. Au cours de certaines années c'est le vent N. (le plus chaud toujours) qui souffle plus fréquemment. Les conditions de la ventilation concernant spécialement les vents de la terre à l'époque la plus chaude, justifient la tradition qui considère le climat de Quelimane comme l'un des pires de l'Afrique orientale.

La pluviosité est grande et toujours supérieure à 1600^{mm}. Pendant certaines années il pleut tous les mois, mais en règle la pluviosité ou est faible, ou ne s'observe que durant les mois de juillet à octobre. La précipitation la plus considérable est celle de décembre à mars. C'est également au cours de ces mois que la nébulosité est au maximum (de 6 à peu près); le minimum est de 2°8, en juillet. Les brouillards sont forts rares. La rosée est faible et à l'époque la moins chaude. La tension de la vapeur oscille entre 22°4 en mars à 15° en juillet.

Les caractères thermiques, ceux de l'humidité relative, ceux encore de la pluviosité accusent un climat tropical littoral faisant transition entre celui de brises de au-vent et un climat tropical littoral proprement dit. Son type de pluviosité n'appartient pas à cette variété climatique; il dérive beaucoup plus de la brise de au-vent. Mais la constance thermique, à faibles oscillations, associée à une humidité relative haute et à amplitude de variation insignifiante, montre qu'il s'agit d'un climat tropical littoral. La moyenne maximum mensuelle est, de novembre à mars, de 33° et 33, environ; la moyenne minimum mensuelle d'environ 15°, en juillet; l'écart moyen de 17° à peu près; le maximum absolu de 40° environ, en janvier; le minimum absolu, de 10°7 en juillet; l'écart extrême de 30°; la moyenne maximum annuelle, de 28° à 29°; la moyenne minimum annuelle, de 20° à 21°. Les moyennes mensuelles sont toujours supérieures à 21°. L'humidité relative ne descend au-dessous de 70º qu'en octobre. Au cours des autres mois de l'année, c'est-à-dire de décembre à septembre, l'amplitude oscille entre 78º et 70º.

Mozambique est bâtie sur une petite île coraligène, très près du continent, à 15º1' L.S. et 40º45' Long. Or. Son sol est tout à fait plat. C'est le point le plus oriental de l'Afrique orientale portugaise, où la côte quitte l'orientation S.S.-N.N.E. pour se diriger vers le S.N. La ventilation est presque toujours du S. jusqu'à N.E., prédominant le N.E. de novembre à février, le S. en mai et juin et le S.E. aux mois de mars, avril, septembre et octobre. Il y a deux saisons, l'une de pluies, de décembre à avril, et l'autre où il pleut peu ou presque pas au cours de certaines années, de juillet à octobre, et en d'autres de mai à novembre. L'influence du changement des moussons dans la mer des Indes provoque, spécialement au mois d'avril, de grandes tempêtes nommées *monomucaias*. La température présente les caractères suivants : la moyenne maximum annuelle est de 31º7; la moyenne minimum annuelle, de 18º; la moyenne générale de l'année, de 26º5. Les moyennes mensuelles ne sont jamais inférieures à 22º. L'humidité relative est toujours haute (de 70º à 84º) et l'on note qu'elle est plus élevée pendant les mois où la pluviosité est plus forte.

Le climat de Mozambique est tropical littoral, subissant en même temps non seulement l'influence générale du S.E., mais encore les perturbations dues au cycle des moussons de l'Océan Indien. Au point de vue de son hostilité, quant à la permanence des Européens, la situation de la ville (sise sur une île à superficie très restreinte et, de ce fait, pouvant être aisément assainie à l'aide de moyens hygiéniques luttant contre les parasites que l'on trouve, en général, dans ces latitudes) offre des avantages que ne possède ni Quelimane, ni un autre point quelconque de la périphérie continentale. Comme les vents varient du N.E. au S., l'influence de la terre est à son minimum.

Ayant apprécié la valeur climatique des principaux points du littoral, il est aisé de reconnaître que leurs facies climatiques ne sont pas tous pareils. En comparant la côte orientale de l'Afrique portugaise à la côte occidentale, on remarque qu'à la même latitude les climats ne sont point identiques. L'exemple le plus notable est celui qui concerne Mossamèdes et Mozambique. Situées presque à latitude égale, ces deux localités sont, au point de vue climatique, fort différentes. Le courant froid de Benguela contraste avec le courant chaud de Mozambique, bras de l'équatorial; l'alizé du S.E. qui parcourt d'une maniére permanente une partie de la côte occidentale est frais, tandis que sur la côte orientale le même alizé en battant le littoral provoque un climat semblable à celui de au-vent. On reconnaît que ce sont les facteurs géographiques et topographiques qui contrarient le facteur latitude.

En étudiant les stations météorologiques de l'intérieur et des terres hautes de Mozambique nous verrons que les résutats sont analogues à ceux que l'on observe à l'intérieur et aux grandes altitudes de l'Angola. Nous nous bornerons seulement à l'examen de certaines stations pour ne pas rendre ce travail excessivement long.

La ville de *Tete* est située à une distance de la mer d'environ 400 kilomètres sur la rive du Zambèze, dans une vallée, à 16°10' L.S. et 38°38' Long. Elle est par con séquent fort éloignée de la mer, mais appartient à la zone parcourue par l'alizé du S.E., qui durant l'année y est presque constant. Pendant les trois mois de janvier, février et mars cet alizé est, à certains moments, remplacé par le vent Nord, justement quand le soleil se trouve au tropique du Sud. Ce sont les caractères de ventilation qui contribuent à lui imprimer son facies climatique. L'alizé du S. E., avant d'atteindre la ville de Tete, doit parcourir une grande distance sur le continent; le vent Nord est également continental. Ces circonstances donnent lieu, ainsi qu'il fallait s'y attendre, à des températures hautes. Le fleuve Zambèze qui coule à côté doit être le facteur qui ne permet point que l'atmosphére devienne sèche, ce que la brise générale provoquerait si cette quantité d'eau n'était pas permanente. L'alizé, dans son parcours, se heurte aux terres montagneuses de moyenne altitude, où se condense la vapeur d'eau qu'il entraîne. Il résulte de toutes ces circonstances topographiques locales que ces caractères thermiques et d'humidité relative fournissent un tableau climatique fort spécial. Lorsque, en novembre souffle la brise générale du S. E., le maximum thermique absolu atteint 45°, et en juin et juillet, l'alizé étant le même, il descend jusqu'à 10°, ce qui signifie une amplitude thermique extrême de 35°. La moyenne thermique annuelle est de 27°7. L'humidité relative, en conséquence de la pluviosité abondante (supérieure à 700^{mm}), se maintient plus ou moins haute au cours de l'année, tout en variant cependant suivant les années : elle oscille entre 83°6 et 71°6. Ce n'est qu'exceptionnellesment, en juin ou juillet, que les moyennes thermiques mensuelles sont inférieures à 22°.

A notre sens, ce sont les conditions topographiques locales qui constituent le principal facteur du climat de Tete. L'amplitude thermique annuelle est celle des climats sub-continentaux; les minima sont moins élevés que ceux que l'on observe couramment dans les climats continentaux à brise générale; mais celle-ci influe, de même que le vent Nord. L'humidité constante et haute associée à des températures élevées, rend son climat particulièrement désagréable et hostile aux Européens.

La station agricole de *Muchena*, dans le district administratif de Tete et à une distance de la mer de 430 kilomètres à peu près, présente des caractères différents de ceux de la station de Tete. Son altitude est d'environ 500 mètres, valeur hypsométrique qui, dans la zone intertropicale, ne fournit pas un coefficient de baisse aérothermique fort sensible. Mais ce sont ses conditions topographiques qui expliquent les variations de sa température et de son humidité. Elle est située sur la zone pénéplanaltique de la « Maravia », continuation des terres montagneuses de l'Afrique centrale britannique, dont le prolongement côtoie le bord occidental du Lac Niassa. Sa localisation la libère de la prédominance de l'alizé du S.E. Les conditions orographiques des hautes terres de la Maravia orientale ne sont pas encore fort connues, mais nous croyons que leur influence climatique sur la station météorologique dont il s'agit doit être élevée. A une petite distance de Tete, à 15°40' L.S. et 33°47' L.E., elle présente un tableau climatique très différent qui révèle l'influence de la continentalité. Le maximum absolu thermique enregistré en novembre est de 43°5 et le minimum absolu, en juillet, de zéro. L'écart ex-

trême montre un caractère continental fort accentué.
En comparant les minima et les maxima des deux saisons, l'une, la pluvieuse, de novembre à avril et l'autre,
la non pluvieuse ou sèche, de mai à octobre, on reconnaît que les écarts thermiques mensuels sont également
très importants. De mai à octobre les températures
minima sont toujours inférieures à 9 degrés. Les différences entre les minima sont beaucoup plus accentuées
que les différences entre les maxima. L'écart mensuel
de la variation extrême est beaucoup plus élevé à l'époque la plus fraîche, lorsqu'il atteint 35º, que quand il
atteint seulement 19º5. Ces oscillations thermiques ne
sont guère comparables à la constance des températures
très hautes que l'on observe à Tete. C'est un climat de
faible humidité relative, conséquence également de l'influence continentale. L'humidité moins forte coïncide
avec l'époque de la température la plus basse. Il y a
par conséquent une saison pluvieuse et une saison sèche,
contrairement à ce que l'on constate dans le littoral.

Le maximum enregistré n'atteint 81º9 qu'en février,
et le minimum, 38º7 en octobre. De juin à septembre
il est toujours inférieur à 66º. La pluviosité est également moins abondante que dans le littoral; les quantités
enregistrées montrent une oscillation entre 758 et 545.

Le climat de Muchena se distingue par le degré relativement bas de son humidité relative, présentant
une chute très accentuée durant la saison non pluvieuse
d'une part, par une grande amplitude annuelle de variations thermiques d'autre part, et encore par sa régularité saisonnière, ayant une saison sèche qui correspond
à la température la plus basse. Cependant la moyenne
annuelle est haute (23º6) parce que les maxima extrêmes
sont considérables tous les mois. Les Portugais, qui
habitent cette station agricole particulière, affirment
que le climat y est excellent. Toutefois, il est indispensable de recueillir des observations plus détaillées sur
ses caractères météorologiques, de façon à pouvoir
juger avec certitude de tous ses caractères les plus importants.

La station de *Vila Machado*, au sud du fleuve Zambèze, et dans le territoire de la Compagnie de Mozambique, présente les coordonnées géographiques suivantes:

19°16' L.S. et 34°12' L.E. Elle est à une altitude de 71 mètres et se trouve à 90 kilomètres à peu près de l'Océan. Les vents prédominants sont ceux du S.E. et du N.E. On y observe deux saisons, la pluvieuse, de novembre à mars, et la non pluvieuse, d'avril ou mai à octobre. Nous manquons de documents météorologiques nécessaires, concernant l'humidité relative, pour pouvoir tracer son tableau climatique. En dépit de cela, ses variations thermiques accusent une influence peu accentuée de la continentalité, ce qu'on peut attribuer d'une part à la petite distance qui la sépare de la mer et, d'autre part, à son insignifiante altitude. Les minima présentent des écarts de 20° en février et mars, de 9° en juillet, soit de 11 degrés, tandis que les maxima n'oscillent que de 39° d'octobre à mars, à 32° en juillet, c'est à-dire 7° seulement. Les moyennes mensuelles sont toujours supérieures à 21°; la moyenne annuelle varie de 24°9 à 26°4. La pluviosité enregistrée a été de 730^{mm}.

La station de *Namaacha* se trouve sur le flanc oriental des Libombos, à 594 mètres d'altitude et à 25°29' L.S. et 32°1' L.E. Elle est à 60 kilomètres à peu près de la mer et de Lourenço Marques. On note cependant des différences importantes entre les caractères de ses éléments climatiques et ceux de cette ville. C'est un climat qui révèle un certain nombre de particularités qui méritent d'être enregistrées. L'oscillation des maxima mensuels absolus est relativement petite; elle varie de 38°9 à 32°9; mais l'oscillation des minima mensuels est encore moindre car elle passe de 15°9 à 10°4. Il résulte de ce fait que l'amplitude des variations maxima mensuelles présente une constance remarquable, ne dépassant pas trop 4 degrés. Un caractère analogue s'observe en ce qui concerne l'humidité relative; ses variations sont irrégulières et ne coincident point avec les saisons, malgré que le vent prédominant soit invariablement le Nord et que la station météorologique ne soit pas soumise aux vents des quadrants de l'Est. Ce n'est qu'exceptionnellement que l'humidité relative atteint un peu plus de 78°; durant neuf mois de l'année elle est inférieure à 70° et fréquemment elle est au-dessous de 67°. Namaacha n'appartient pas proprement à la zone intertropicale; elle est à 150 milles au Sud du tropique du Capricorne. Son climat est la résultante de ses conditions topographiques et locales.

La station de *Mandigo* est à une altitude de 610 mètres. Elle se trouve à 19° L.S. et à l'Est de Macequece. Le vent Sud y domine toujours. En dépit de cela, le ciel se maintient presque toujours clair. La pluviosité est de 700^{mm}, environ. A en juger par le coefficient de la baisse aérothermique dans cette latitude, son isothermique devrait être de 23 degrés. Cependant ce n'est point celle-ci la valeur enregistrée. Le maximum absolu ne dépasse guère 38° en novembre, mais le minimum absolu atteint 6° en juillet ayant, par conséquent, un écart extrême de 32 degrés. Les variations mensuelles des maxima absolus montent jusqu'à 10° et les minima absolus jusqu'à 12°, se maintenant presque toujours inférieures à 16°. Les moyennes mensuelles sont en raison de ce fait plus basses; de mai à septembre elles sont inférieures à 20°, et pendant les autres mois ne montent pas au delà de 25°. Le climat de Mandigo fait la transition vers celui des altitudes; il appartient à la catégorie des climats *marginaux* ou *sub-tropicaux*.

Le climat de *Macequece*, à 703 mètres d'altitude, se rapproche davantage des climats mésothermiques. Sa situation géographique, à 18°66' L.S. et 32°45' L.E., est tropicale; son coefficient de baisse aérothermique ne devrait fournir qu'une différence, en moins, de 2°5. à 3° par rapport à la température moyenne du littoral, à égalité de latitude. Pourtant, on observe une moyenne thermique annuelle de 20°9. Le vent dominant est celui du N.E. La pluviosité est d'environ 900^{mm}; les pluies sont moins fréquentes de novembre à mars; elles deviennent néanmoins moins rares lorsque le vent tourne du N.E. vers le S.E. La température maximum, en novembre atteint 40° et le minimum enregistré en juillet a été de zéro; l'écart de 40° appartient au caractère continental. Au cours des autres mois les maxima absolus ne sont pas, en règle, très élevés. Mais les minima sont plus importants, en général inférieurs à 14° durant dix mois de l'année.

La station de *Spungabera* est un des locaux les plus hauts de la région montagneuse de la Manica portugaise. Elle se trouve à 20°24' L.S. et 32°46' L.S. Son altitude est de 1,050 mètres et la distance qui la sépare de la mer est de 190 kilomètres, à peu près. Les vents dominants sont ceux du N.E. et de l'Est. La saison pluvieuse commence en novembre et finit en mars, mais on observe fréquemment des pluies durant toute l'année. Elles varient entre des limites considérables. Les moyennes enregistrées fournissent un total de 1000 à 1,240mm. Le maximum thermique absolu n'est guère très élevé. Celui de 39°, constaté en novembre, est exceptionnel. Les maxima absolus mensuels durant la saison fraîche, de juin à août, sont d'environ 25°. Le minimum est toujours supérieur à 13° et on observe celui de 6° à 8° de juin à septembre. L'écart maximum est donc de 32°. Les températures moyennes mensuelles sont toujours inférieures à 23 et durant six mois inférieures à 19°. La moyenne annuelle est de 18°5. Ces caractères thermiques révèlent un climat mésothermique. Nous ne disposons pas malheureusement d'éléments suffisants qui nous permettent de pouvoir apprécier les caractères de l'humidité relative.

Vumba est la plus haute station de l'Afrique orientale portugaise, à 1,324 mètres au-dessus du niveau de la mer. Ses coordonnées géographiques sont : 18°50 L.S. et 32°50 L.E. Les mois les plus pluvieux sont ceux de janvier à avril; mais les pluies tombent fréquemment tous les mois, excepté en juillet et août. La quantité totale est d'environ 1,500mm. Les éléments dont nous disposons relativement à cette localité sont insuffisants. Toutefois, ses caractères de température traduisent un facies climatique mésothermique. La température maximum mensuelle, en décembre, est de 37°; la température minimum de 6° en août, si bien que l'écart thermique correspond à 31°. A l'exception du mois de décembre, les moyennes mensuelles sont inférieures à 23°. La moyenne annuelle est de 19°6.

Ainsi que nous l'avons indiqué, les stations météorologiques du territoire de Mozambique ont été placées, pour la plupart, au sud du fleuve Zambèze et principalement sur les régions planes et du littoral. La partie montagneuse n'a pas encore été étudiée soigneusement. Les chaînes de la Gorongoza et de Morumbala, à altitudes fort importantes, et les zones de forte accidentation orographique telles que la Namulia et les Ajauas ne possèdent pour le moment aucun poste météorologique qui puisse nous renseigner, même sommairement, sur les caractères climatiques de ces terres montagneuses. Si l'on en juge par les résultats obtenus dans les stations qui ont été indiquées, il est à présumer que ces régions se caractérisent par des climats mésothermiques.

Parmi les climats intertropicaux nous avons distingué les *climats* des *moussons* des autres climats. Dans l'Afrique portugaise on n'en observe aucun qui appartienne à cette catégorie. C'est principalement dans la côte occidentale de l'Inde qu'ils se revèlent avec tous leurs caractères. La vieille colonie portugaise de Goa en est l'exemple le plus intéressant.

Goa (Inde portugaise.)

C'est un territoire de 3,806 kilomètres carrés de superficie et un contours de côte d'une longueur de 102 kilomètres, sur le versant occidental du bord « horstique » du Decan. Il comprend une partie plane, littorale et insulaire, et une partie montagneuse, à altitudes maxima de 1,200 à 1,500 mètres. De nombreuses fleuves, tous à gros débit, descendent des montagnes à pentes pas très raides, se dirigeant vers la mer. Le sol du littoral est moderne; celui de l'intérieur appartient aux formations géologiques plus anciennes. Toute la colonie est exposée à l'Océan Indien, et de ce fait résulte l'extrême densité de ses forêts.

La partie orographique est sillonnée de nombre de vallées transversales, ce qui permet une large ventilation au N.E., l'un de ses deux vents prédominants.

L'observatoire météorologique se trouve dans la ville de Nova-Goa, à 60 mètres au-dessus du niveau de la mer. Ses coordonnées géographiques sont : 15°27 L.N. et 73°49 L.E. Nous avons indiqué de quelle façon les conditions topographiques et altimétriques des terres asiatiques au Nord de l'Océan Indien expliquent le domaine, suivant les saisons, tantôt de l'alizé du N.E., tantôt de la mousson du S.O. Ce sont les vents principaux de toute l'année; mais le N.E. fléchit parfois donnant l'E., et le S.O. souffle alors de l'O. Le N.E. est le vent de l'époque fraîche et sèche; le S.E. est le vent humide de la mousson,

de l'époque la plus chaude. Il y a deux saisons principales,
la pluvieuse de juin à octobre, et la non pluvieuse de
novembre à mai. Il faut faire remarquer cependant qu'au
cours de certaines années la pluviosité se prolonge jusqu'à novembre ou s'avance dans le mois de mai. On peut
considérer qu'il existe une saison intermédiaire entre
l'époque des pluies et l'époque sèche. En effet, les mois
d'avril et mai sont très chauds; les jours de calme, à ciel
plombé, sont nombreux. Ce sont les mois qui précèdent
les pluies torrentielles, et qui se distinguent encore par
une forte tension électrique. Au cours de certaines années,
il arrive que la transition de l'époque, où il ne pleut pas
vers celle où domine la mousson du S.O. se réalise presque
brusquement. Cette transition du N.E. vers le S.O. est
parfaitement rythmique. La pluviosité totale est considérable, supérieure à 2,000^{mm}. Toute la côte occidentale
de l'Inde appartient au nombre des zones du globe où
l'on constate la plus forte précipitation.

Outre la régularité de la marche saisonnière fort spéciale
du climat des moussons, les caractères de la température
et de l'humidité relative rendent ce climat différent de
celui du tropical littoral ou de tous les autres climats
dont nous avons fait mention. Sa haute constance thermique est l'un de ses caractères fondamentaux. Si ce
n'étaient pas les variations annuelles de l'humidité relative, le climat de Nova-Goa serait comparable à celui
d'une serre. La moyenne thermique maximum mensuelle
est de 34°1 au mois de mai; cependant, au cours de certaines années on observe pendant les mois de mars à mai
une moyenne maximum de 33°; la moyenne minimum
mensuelle est de 18°5 en décembre et ce n'est qu'exceptionnellement qu'elle est au-dessous. Les moyennes mensuelles sont toujours supérieures à 26°, même durant les
mois où souffle le N.E., nommé « terral » dans l'Inde.

La température maximum absolue oscille, suivant les
années, 35° à 37°, ne s'éloignant pas beaucoup de la
moyenne maximum. Le minimum absolu ne descend pas
également au-dessous de 17°. La moyenne maximum
mensuelle est de 31°9 et la moyenne minimum mensuelle
de 22°9. La moyenne annuelle correspond à 27°.

Ces caractères thermiques traduisent un climat très
chaud. Faible amplitude de variations, minima ther-

miques forts, maxima thermiques très élevés, une notable constance de hautes températures et une moyenne mensuelle jamais inférieure à 26° représentent un tableau thermique que l'on n'observe guère en aucun point de l'Afrique tropicale, ni même dans le climat équatorial littoral.

Toutefois l'humidité relative n'accompagne pas la constance de l'élément climatique température. Par contre, l'amplitude des variations est fort sensible. L'humidité est différente suivant que souffle la mousson du S.O. ou l'alizé de N.E. C'est cette oscillation qui permet aux Européens de supporter, mieux que dans les climats tropicaux littoraux, la haute température du climat de l'Inde. En effet, on note ce que voici : l'humidité relative varie de 91°5 en juillet ou août à 56° et 60° dans les mois où prédomine l'alizé du N.E. Il se produit par conséquent une oscillation supérieure à 30°. Cela revient à dire qu'il y a une saison sèche, pendant laquelle il ne pleut pas, et une saison humide et pluvieuse. On supporte parfaitement les hautes températures de novembre à janvier, lorsque la saison n'est pas fort humide. Ce caractère de l'humidité relative nous explique pourquoi les conditions climatiques de Nova-Goa sont meilleures, si on les compare par exemple à celles de Quelimane et de Mozambique dans la côte orientale de l'Afrique.

L'alizé du N.E. souffle plus fortement dans la zone montagneuse de Goa. On sent davantage le « terral » dans les régions hautes. Ces régions n'ont pas encore été étudiées au point de vue de leurs divers aspects climatiques. Cependant, il résulte de certaines observations recueillies qu'il y a une différence accentuée concernant les caractères de la température et de l'humidité relative entre les terres hautes qui constituent le déclive indien des Gates occidentaux et celles du littoral plan.

MACAO.

La ville de Macao, la plus ancienne colonie créée par les Européens dans l'Extrême-Orient, est située sur une petite péninsule, à la périphérie méridionale de la vieille province chinoise de Chuang-Tung. Ses coordonnées géographiques sont les suivantes : 22° L.N. et 113°34'

Long. E. Son observatoire est à une altitude de 61 mètres
au-dessus du niveau de la mer. La ville est basse et plane
dans la plus grande partie de sa superficie. Elle est
exposée à l'alizé du N.E. de novembre à février, à la
mousson du S.O. d'avril à septembre, aux vents du N.O.,
de l'E.S. et de l'E. pendant toute l'année. Ceux de
l'O.N.O. et de l'O.N.O. sont plus rares. Les vents prédominants soufflent spécialement du côtè de la mer. Venant du
Pacifique une quantité extraordinaire de vapeur d'eau
est entraînée vers le continent, qui se condense et donne
lieu à une forte précipitation, ce qui contribue à la remarquable richesse agricole de toute la Chine méridionale.

La ville de Macao se trouve dans la zone intertropicale
et près de son bord Nord; mais la zone des brises du N.E.
à laquelle elle appartient présente, comme on sait, une
migration de nombreux degrés vers le Nord, de sorte
que, si nous donnons à la zone intertropicale comme
limite septentrionale le parallèle que l'alizé du N.E. peut
atteindre, nous constatons que cette ville se trouve, en
réalité, en pleine bande intertropicale.

Son climat dépend de plusieurs facteurs, principalement de son exposition aux vents du Pacifique, de la
masse maritime qui l'encercle, de sa faible altitude, de
l'interférence relativement petite des vents continentaux
et de l'intervention de l'alizé du N.E. et de la mousson
du S.O., qui n'est pas aussi décisive, certes, comme dans
le climat de Goa (Inde portugaise), mais qui contribue
à imprimer à son climat un certain nombre de caractères
importants.

La ventilation dominante du côté du Pacifique, spécialement du S.O., qui tourne fréquemment vers le S.S. et
le S.S.O., provoque une forte humidité relative, à l'exception des mois où domine l'alizé du N.E., qui constitue
la saison fraîche. La pluviosité est abondante tous les ans,
en moyenne d'environ 1600^{mm}. Il pleut durant 9 mois,
tantôt d'avril à novembre, tantôt de mars à octobre.
Pendant les mois de décembre, janvier et février, lorsque
l'alizé du N.E. souffle, les pluies sont exceptionnelles. La
tension de la vapeur est au maximum de 24° en juillet,
et au minimum de 4°8 en janvier. L'humidité relative
oscille entre 87°4 en août et 62°6 en janvier. La température présente les caractères suivants : la moyenne

mensuelle maximum, en août et septembre, est de 29º7;
la moyenne mensuelle minimum de 16º2 en janvier;
le maximum absolu, de 34º5 de juin à août; le minimum
absolu de 3º4 en janvier; par conséquent, l'écart moyen
est de 19º5 et l'extrême de 31º. La moyenne maximum
annuelle correspond à 24º7; la moyenne minimum
annuelle à 16º6; la moyenne annuelle à 22º.

En plus de la température on note certains phénomènes qu'il convient d'enregistrer. Les moyennes maxima sont inférieures à la moyenne annuelle d'octobre à
avril. De novembre à mars, la moyenne annuelle est toujours inférieure à 22º. Ces caractères de la température
traduisent les excellentes conditions du climat de Macao
par rapport à son degré thermométrique annuel moyen.
Contrairement à de nombreux climats intertropicaux et
bien que sa moyenne générale ne soit pas basse, les températures de la plupart des mois de l'année présentent une
baisse très sensible. Si nous ajoutons à ce caractère la diminution considérable de l'humidité relative durant les
mois où souffle le N.E., on comprend, dès lors, l'excellence
de son climat. Depuis que les Portugais ont pris possession
de Macao, ce qui remonte à de nombreux siècles, cette
ville a toujours été considérée, bien qu'elle appartienne
à la zone intertropicale, comme ayant des aptitudes
climatiques qui permettent la fixation ethnique des
Européens. Ce climat appartient au groupe, fort différent
dans ses modalités, des climats marginaux sub-tropicaux
ou sub-tempérés.

TIMOR.

Une partie de cette île de la Malaisie appartient aux
Portugais; l'autre, aux Hollandais. Elle est située a
quelques minutes au Sud du parallèle de 8º S. Ses diverses
stations météorologiques sont placées en des locaux dont
les altitudes varient de 1460 (Maubisse) à peu de mètres
au-de sus du niveau de la mer (Dily, capitale). Les documents météorologiques que nous possédons sur ses
17 stations se rapportent uniquement à 1917 et 1918.
Ils confirment ce que nous avons dit relativement aux
climats intertropicaux. Le climat de Maubisse, à 1460 mètres, est nettement mésothermique; celui de Dily est

tropical littoral. Nous nous abstiendrons d'indiquer toutes les particularités thermiques, ainsi que celles de l'humidité relative qui caractérisent leurs stations météorologiques.

CONCLUSIONS.

Dans les Colonies portugaises, au cours de ces dernières années et particulièrement depuis 1914, le nombre de stations météorologiques, qu'elles soient de l'État ou qu'elles appartiennent aux propriétés agricoles particulières, s'est accru considérablement. C'est cette documentation scientifique qui nous permet de nous faire sur les climats coloniaux une idée différente de celle que nous en avions, il y a environ 10 ans. La climatologie moderne, science dont l'orientation se base, à l'heure actuelle, de plus en plus sur des réalités et s'affranchit par conséquent de la conception exclusivement mathématique que nous pourrions appeler abstraite, commence à différencier dans le groupe des climats intertropicaux, des catégories diverses, les unes avec des aptitudes à la fixation ethnique des Européens, les autres qui leur sont hostiles. Le jour où l'on aura complété la reconnaissance géographique de toutes les régions intertropicales, déterminé parfaitement leurs caractères morpho-altimétriques et topographiques, que l'on aura pu enfin apprécier avec certitude le jeu combiné de tous les facteurs, l'horizon scientifique pénétrant plus avant dans les domaines de la climatologie, dirigera plus sûrement l'émigration européenne vers les régions intertropicales et l'on obtiendra alors une mise en valeur plus consciente et plus scientifique de ces contrées.

LA POLITIQUE COLONIALE ITALIENNE

PAR RAPPORT AUX

US ET COUTUMES INDIGÈNES (1)

par M. Gennaro MONDAINI,

Professeur de politique coloniale à l'Université royale de Rome.

I.

Le droit indigène dans les colonies italiennes actuelles (Erythrée, Somalie, Tripolitaine, Cyrénaïque) avant la domination italienne.

Dans la plus ancienne des colonies italiennes, l'Érythrée, la vie juridique variait profondément, déjà avant la domination italienne, dans les différentes parties de la colonie suivant les différences de race, d'histoire, de civilisation, de religion et surtout de populations; populations coptes chrétiennes sur lo haut plateau abyssin, musulmanes dans le reste de la colonie. La vie juridique des premières (et avec elles celle des musulmans *giaberti* de la même zone abyssinc, dont le statut personnel est sous tous les rapports conforme aux coutumes et traditions des coptes chrétiens) était basée sur un droit coutumier se confondant avec le droit abyssin du Tigré limitrophe; celle des dernières sur un droit également coutumier mais qui se ressentait plus ou moins de l'influence religieuse islamique.

Nominalement donc la première et principale source écrite, si on peut l'appeler ainsi, du droit indigène abyssin aurait dû, pour l'actuelle colonie Érythrée également, être le *Fetha Nagast* ou « Législation des Rois »; seul recueil de lois civiles disposées par matière, qui soit connu en Abyssinie. Celui-ci est un nomocanon ecclésiastique et civil à la fois rédigé primitivement en arabe à l'usage des coptes chrétiens de l'Egypte par as Sâfî Ibn al-'Assâl, un brillant théologien de l'Église copte mono-

---

(1) Traduit de l'italien.

physite, à l'époque de la réforme de cette Église par le patriarche alexandrin Cyrille III (1235-43), vers le milieu du XIIIe siècle. Les sources de ce recueil, sources plus ou moins communes aux autres nomocanons de l'Orient chrétien, sont, pour ce qui concerne la partie ecclésiastique, l'Ancien et le Nouveau Testament, certains écrits qu'on croit d'origine apostolique, les canons des premiers conciles jusqu'à celui de Sardica, etc...: et pour ce qui concerne la partie civile, quatre livres qui se nomment : « Lois des Rois (ou Empereurs) », dont le plus connu et suivi est le célèbre « Livre syriaque-romain de droit » traduit de ce syriaque (les autres trois sont traduit du grec). En outre sans aucun doute (bien que l'auteur, théologien chrétien et écrivant un nomocanon pour les chrétiens, ne le compte pas parmi ses sources, comme il fait par contre pour les autres) un manuel quelconque de droit musulman du rite probablement malékite.

Ce nomocanon, qui avait rencontré la faveur des chrétiens du patriarcat d'Alexandrie, fut, comme tant d'autres livres arabes, traduit en ge'ez à l'usage des chrétiens de l'Abyssinie dépendant du même patriarcat et y acquit en peu de temps une grande autorité due certes, plus au manque absolu de tout nomocanon systématique qu'à une adaptation exacte de son contenu civil et même ecclésiastique aux besoins sociaux et confessionnels de l'Abyssinie. L'auteur de cette traduction, défectueuse au point de manquer souvent de sens commun (fait qui explique comment l'exégèse traditionnelle des Mammerân, ou docteurs ecclésiastiques abyssins, a souvent interprété le texte ge'ez dans un sens assez différent de celui de l'original arabe, en y introduisant de cette façon un peu de l'esprit juridique local du droit coutumier du pays), fut un certain Pierre ʿAbd as-Saygd, dont l'origine (le nom n'est pas de forme abyssine mais arabe) ainsi que l'époque sont très incertaines. Les codes ge'ez les plus anciens du Fetha Nagast, ne remontent pas au delà du règne abyssin de Jean 1er (1667-1682).

Bien qu'il soit universellement reconnu comme la source mystique suprême du droit, rares sont, même en Abyssinie, ceux qui possèdent un exemplaire de ce Fetha Nagast, jalousement gardé dans les églises coptes et dans les couvents à l'usage des *memmerân* (professeurs), des *temaroc* (étudiants), des *qassh* (prêtres), catégories auxquelles est confiée la tradition liturgique et littéraire de la langue ge'ez : c'est de lui, plus que de tout autre, que la cour du Négus ou celle des grands chefs se sert dans des circonstances exceptionnelles et dans les causes importantes où il est nécessaire pour justifier un jugement d'avoir recours à une source d'une autorité toute spéciale.

Moins répandu encore que le Fetha Nagast est le *Kebrê Neghesti*, sorte de constitution politique abyssine publiée par le roi Jean, après son avènement au trône, et contenant aussi des us et coutumes abyssins; le manuscrit en est gardé par les prêtres à Axum avec une jalousie qui, selon les dires locaux, irait jusqu'à en interdire la consultation aux délégués du Négus eux-mêmes.

Du reste, la vie juridique des populations chrétiennes de l'Erythrée tout comme de celles de l'Empire éthiopien limitrophe est basée sur l'habitude bien plus que sur le droit écrit et l'évolution de ce droit coutumier éthiopiano-érythréen est d'autant plus rapide et aisée sous l'aiguillon des besoins économico-sociaux et sous l'influence du droit occidental étranger, que la loi abyssine n'est pas, comme la loi islamique, considérée comme une loi divine, mais bien comme une loi humaine et que de plus elle se rapproche, au point de vue idéal au moins, des institutions juridiques d'origine romano-chrétiennes que la domination coloniale européenne a introduites en Erythrée.

Pour ce qui concerne le droit musulman des populations islamiques de l'Erythrée, ses sources exclusives devraient n'être recherchées également que dans le Coran et dans la *Souna*, étant donné l'identité de la loi civile avec la loi religieuse. Mais en réalité, si la législation du monde musulman ne fait qu'emprunter aux livres sacrés de l'islamisme, non seulement son autorité morale, mais aussi sa légitimation juridique, puisque c'est à ces livres qu'elle doit être toujours ramenée et que c'est à eux encore qu'elle doit se conformer si l'on veut que les croyants puissent l'accepter librement, cette législation est, comme toute autre, elle aussi dans tout pays musulman une formation juridique qui s'est opérée au fur et à mesure sous l'empire, d'un côté, des nécessités sociales du milieu, sous l'influence de l'autre des systèmes juridiques existant antérieurement dans les pays dans lesquels l'islamisme avait posé ses bases les plus solides et d'où il avait répandu jusqu'à son influence juridique. Des quatre grandes écoles orthodoxes de droit musulman créées par les grands docteurs Abu Hanafi, Malek, El Shefei et Ebu Hambal dans ce nouvel et plus parfait effort législatif (*idjtihàd*) qui tendait à fixer durant la dynastie des Abassides les normes juridiques de la société mahométane après les infiltrations étrangères qui n'avaient pas pu être bien assimilées et qui ne s'harmonisaient pas parfaitement avec la loi divine de la période précédente, à savoir les écoles : *hanafite* (suivie surtout dans le monde oriental), *malékite* (d'une manière générale en Afrique septentrionale, et particulièrement en Algérie), *chiaféite* (Egypte), *hambalite* (en Arabie et plus encore en Syrie), l'école généralement suivie dans la colonie Erythrée est l'école hanafite (la doctrine malakite adoptée par les populations du Barca l'étant dans une proportion beaucoup moindre : tandis que la doctrine chaféite est suivie par les Danâkil, les émmigrés du Yemer et Hadrament et les émigrés Somâli ou Giaberti). Ceci constitue un avantage notable pour la colonie. puisque ses populations islamiques suivent ainsi la doctrine musulmane qui non seulement est la plus avancée et la plus progressive mais encore celle qui est professée par certains des pays musulmans se trouvant depuis longtemps déjà en contact intime avec la civilisation occidentale et qui de plus est, depuis quelques dizaines d'années, codifiée en partie. Ceci est le cas par exemple pour le code relatif au statut personnel et des successions portant le titre « *Statut personnel et des successions d'après le rite hanafite* », publié officiellement en Égypte en 1875 et appliqué également dans l'actuelle colonie Érythrée.

Mais à côté et au-dessus du droit écrit éthiopien et coranique, n'existant pour la plus grande partie que de nom, il y avait et il y a encore toujours pour les populations les plus avancées de l'Erythrée, pour ne pas parler naturellement des autres, le *droit coutumier local*, variant de région à région suivant les différences de race, de religion, de traditions et surtout de développement économique et civil des populations érythréennes.

Ainsi, tandis que dans la plaine du Samhar ne vivent que des musulmans dont la vie juridique se développe sur la base du droit coranique, base complétée et enrichie de plus par les éléments nouveaux trouvés par eux dans le trafic maritime, dans le contact plus fréquent avec les Européens, dans la domination égyptienne d'abord et italienne ensuite, dans les régions du Hamasen ou du Senahit par contre, il existe des groupes ethniques moins avancés, même au point de vue juridique, et, plus loin encore, les Cunama s'isolent dans une existence encore toujours primitive. Chez cette peuplade la seule vue du blanc faisait mettre en fuite, il y a peu d'années encore, femmes et enfants; les mythes et les légendes étaient en honneur et de vieux rites d'idolâtrie étaient célébrés, l'inceste était justifié comme s'adaptant aux fins naturelles de la reproduction et une même femme pouvait servir au plaisir commun de toute une famille; en outre (fait caractéristique entre tous) l'institution du matriarcat y était maintenue en pleine vigueur.

Du reste, chez les populations musulmanes de la colonie elles-mêmes, le droit coutumier, qui bien souvent (dans le domaine pénal, par exemple, dans le domaine commercial, etc...) se rapproche ou est identique au droit abyssin, a, dans l'organisation de la vie juridique de la collectivité, incontestablement beaucoup plus d'efficacité que le droit écrit. Ainsi les Bogos, par exemple, restèrent solidement attachés à leur très ancien droit traditionnel, dont le code non écrit, appelé *Fetha Mogareh*, s'inspirant du principe aristocratique et patriarcal, constitue le type le plus connu et le plus complet; et les tribus des Habab, des Takué, des Begiuk, des Algheden, des Sabderat, etc..., qui converties depuis peu à l'islamisme n'ont pas encore été imprégnées intimement du droit musulman, ne sont pas moins jalouses de leurs vieilles coutumes.

Un droit coutumier qui ne cède rien en importance à celui des Bogos, est le droit des Mensa, tribus converties, elles aussi, à l'islamisme; ce droit dérive du *Fetha Mahari* qui remonte à la première moitié du XVe siécle et prit le nom de son compilateur. Un autre droit coutumier également important est celui des Sahos de l'Assaorta.

Ainsi, parmi les tribus habitant le Gas et Setit qui autrefois n'avaient aucune religion positive mais tout au plus s'adonnaient à des pratiques d'idôlatrie, la croyance musulmane, qui dans les derniers temps y a fait irruption avec la violence habituelle, laquelle lui avait valu des succès dans plusieurs parties de l'Afrique, n'a pas encore réussi à supplanter l'ancienne coutume juridique bien qu'elle tende graduellement à se substituer à elle et que la lutte entre le nouvel élément et l'ancien fasse des progrès tous les jours.

D'une manière tout à fait générale, on peut, au point de vue de leur évolution juridique, diviser les populations érythréennes en trois grandes catégories : a) *en populations abyssines de la zone tigrine de la colonie*, dont la religion, les us et coutumes ne diffèrent pas de ceux du Tigré voisin et qui avec leur principe d'agnation sur lequel repose toute la vie sociale et juridique, avec l'agriculture sur laquelle repose la vie économique, avec leur christianisme, même corrompu, offrent le stade d'organisation sociale le plus évolué;

b) *en populations à organisation aristocratique du Nord de l'Erythrée* (Mensa, Bogos, Bet Taqué, Maria, Beni Amer), chez lesquelles la coutume abyssine prévaut généralement dans l'entrecroisement pacifique ou violent des éléments ethniques les plus opposés, bien que déformée par l'introduction de coutumes (celles par exemple des Begia venant du Nord et des Sahos qui se sont infiltrés par le Sud-Est) ou de religions étrangères (islamisme récent) et par la nécessité d'une constitution sociale aristocratique fondée sur la division entre dominateur et dominés, c'est-à-dire entre nobles et vassaux, avec diverses sphères de droits réciproques;

c) *en populations, à organisation démocratique, de l'extrême Sud-ouest érythréen* (Baria et Cunama) restés sans doute des peuplades très anciennes qui autrefois avaient occupé une grande partie des terres entre le Nil, les Alpes Abyssines et la Mer Rouge, peuplades restées malgré leur récente conversion partielle à l'islamisme à un degré de civilisation très bas, ne possédant pas une organisation politique véritable et encore régies par un

système de matriarcat plus ou moins primitif; stade
quasi enfantin du droit dans lequel il n'est cependant
pas difficile d'apercevoir des germes d'institutions, de
principes et de règles qui chez les peuples abyssins montrent leur complet développement (1).

Dans l'actuelle Somalie italienne, la vie juridique indigène était fondée, avant la domination italienne, exclusivement sur le droit coutumier local (2), non sans toutefois une grande influence islamique, dans les régions de
la côte du moins.

Le droit musulman (chcria) est, en effet, plus que tout
autre, en vigueur sur la côte, aux villes de laquelle l'influence de la domination arabe s'est presque exclusivement
limitée ainsi qu'à certains centres de la vallée du Djouba.
Ce droit est de rite chaféite et se borne, pour ainsi dire,
au droit de famille et de succession ainsi qu'à quelques
rares règles juridiques relatives aux obligations civiles.
Les écoles de droit elles-mêmes — comme on les appelle —
de la Somalie (celles de Mogadiscio, de Merca, de Brava
et surtout de Bardera, appelée par certains « la ville
sainte du Benadir »), toutes sunnites et de rite chaféite,
lesquelles se bornent à la connaissance et à l'enseignement
des normes les plus élémentaires et les plus primitives
de droit islamique, n'ont eu et n'ont encore actuellement
que peu ou presque pas d'influence sur le développement
de ce droit.

Le texte juridique le plus répandu parmi les cadis
somalis est le *Minhâdi at-tâlibîn* de Nawawi; mais ceux-ci
ont dans le règlement des différends également recours

(1) Cfr. à ce sujet l'ouvrage scientifique du prof. éthiopiste CARLO
CONTI ROSSINI · *Principii di diritto consuetudinario dell'Eritrea* (publié
par les soins du Ministère des Colonies) (Rome, Imprimerie de l'*Unione
Editrice,* 1916).

(2) Cfr. à ce sujet le rapport officiel « *La structure juridique de la
Somalie* », de M. Ciamarra, à cette époque juge de la Somalie, joint
comme annexe B au *Rapport sur la Somalie italienne pour l'année* 1910
du gouverneur M. GIACOMO DE MARTINO présenté à la Chambre italienne le 1er février 1911, les monographies très appréciées de M. CUCI-
NOTTA, autre ancien juge de la Colonie, publiées dans la *Rivista Coloniale* de 1921 (Délit, peine et justice chez les Somalis du Benadir.
La propriété et le système de contrats dans le *destur somâlo* ; la
constitution sociale somala); et surtout le très récent volume de
COLUCCI (*Principii di diritto consuetudinario della Somalia italiana
meridionale — I Gruppi sociali — La proprietà*) (Florence, La Voce,
1924).

aux livres de Ismail Mokri et aussi, mais moins souvent, au petit traité *at-Tanbîh* de Abou Ishaq-as-Sîrâzî. Le *Fath al-Qarib* de Ibn Qâsim al-Ghazzî et le *Fath al-Wahhâb* de Abou Yahyâ Zakarîyâ al Ansârî sont également consultés, mais plus rarement, et moins souvent encore le livre *al-Ignâ' fi hall al-alfâlt* de Mohamed Ash-Sharbini. Le *Kitab al Umm* de As Safi 'i y est au contraire totalement inconnu, même aux cadis les plus cultivés. Tous ces textes juridiques sont employés dans les éditions habituelles du Caire, tandis que celles qui ont été imprimées ailleurs sont très peu répandues.

Dans l'intérieur du pays par contre prévaut ou, plus souvent, est en vigueur, de manière exclusive le droit coutumier indigène (*destur*) conservé et transmis par les chefs indigènes et composé de celles des coutumes qui s'adaptent le mieux aux caractères sociaux et économiques de la population. L'organisation sociale et politique de cette population est fondée sur des principes gentilices (1) (division s'opérant essentiellement par *rer* ou groupes de familles, plus encore que par cabilas ou tribus); et sa vie économique oscille du nomadisme du haut Djouba, dans le triangle Lugh-Revai-Bardera particulièrement, et, semble-t-il, des régions les plus éloignées de la côte, au Nord de Buracaba et au delà de Scidle, avec, comme formes presque exclusives de production, les pâtures nomades, la chasse et la pêche —, au communisme agraire sédentaire du Djouba inférieur, dans le triangle Giumbo-Kerscut-Gelib, particulièrement dans les villages des affranchis de la Goscia où, de par l'origine même des habitants échappés à l'esclavage, le lien territorial a remplacé le lien gentilice, et enfin à un régime économique d'agriculture et d'élevage, fondé sur le servage, dans la région du Uebi-Scebeli inférieur, au sol plus fertile et à la population plus dense.

La polygamie islamique, base de la famille (celle-ci composée, dans son expression la plus restreinte, du chef avec les femmes, les enfants et les esclaves); l'esclavage, fondement de la vie économique; la propriété collective du sol, base territoriale de la cabila; la vendetta et le

(1) N. du traducteur : en italien gentilizio. Il s'agit de la parenté ou de la famille étendue dans le sens du latin gens.

rachat, base du droit pénal, voilà quelles étaient les institutions juridiques fondamentales les plus répandues de cette société indigène. La vendetta collective toujours appelée à rétablir l'ordre juridique rudimentaire lorsque le crime avait été commis sur un membre de la cabila par des individus de cabilas différentes, faisait place, conformément au droit de punir des chefs et avec le consentement du groupe familial de la victime, au rachat (dijah), lorsque le crime avait été perpétré dans la sphère de la famille restreinte, du *rer*, ou parfois de la cabila elle-même.

* * *

En ce qui concerne la Libye, la vie juridique du pays présentait cette mutiplicité d'aspects qui correspond à la variété ethnico-religieuse d'une population mélangée au plus haut degré (Berbères arabisés, nègres, Européens; musulmans, juifs, chrétiens) et profondément dissemblable quant à la vie sociale et aux coutumes, constituée en partie de nomades, de bergers ou de pillards (les Bédouins et surtout les Touaregs de l'intérieur désertique) et en partie de sédentaires (agriculteurs des oasis de la Libye intérieure et de celle de la côte).

Cette vie juridique résultait donc de trois éléments fondamentaux : la *constitution sociale* du pays, la *tradition religieuse* et la *tradition politique*.

La constitution sociale des populations libyennes, au moment de notre occupation, même en faisant abstraction des communautés israélites, des noyaux étrangers et des éléments arabes les plus évolués et presque européanisés, lesquels, tout en ayant une part importante dans l'équilibre politique, ne constituent, cependant, dans l'ensemble, qu'une très petite minorité, était ce qu'on peut s'imaginer de moins homogène. Une analyse des diverses caractéristiques sociales des différents groupes ethniques demanderait beaucoup de temps et de peine; il suffira de signaler la dissemblance profonde et très marquée existant entre les populations de la Cyrénaïque et celles de la Tripolitaine.

En Cyrénaïque, la constitution sociale des populations de l'intérieur a des caractéristiques nettement genti-

lices (1); la tribu, groupement ethnique qui de tout temps
et dans toutes les races a constitué le noyau de toute
société primitive, est encore toujours l'unité politique,
au delà de laquelle il n'y a ni affinités de vie, ni de traditions, ni d'intérêts; le nomadisme, bien qu'en quelque
sorte atténué par le temps ou, pour mieux dire, discipliné
par la nécessité de la coexistence, sur le territoire, des
différentes tribus, est cependant pratiqué normalement,
non seulement parce que le régime météorologique, la
nature des terrains ainsi que les inévitables émigrations
des troupeaux, celles-ci ayant pour but la recherche de
nouvelles pâtures, l'exigent, mais aussi à cause de la
tendance naturelle à la vie libre des populations qui,
à raison des besoins limités résultant de la faible densité
de celles-ci, jouissent d'une surabondance de terres culti-
vables et de pâtures.

Bien que les traditions sociales se soient, avec le temps,
graduellement atténuées, que les liens entre les différents
éléments patriarcaux se soient souvent réduits à une
affirmation de pure forme, que les groupes se soient dés-
agrégés, dispersés et subdivisés en noyaux de moindre
importance, basés sur des relations étroites et effectives
de parenté et de coutume; que des ambitions personnelles
aient quelquefois tenté de remplacer la traditionnelle
aristocratie gentilice, cependant, malgré ces signes d'évolution indubitables bien que négatifs, l'élément territorial,
seul capable d'apporter des modifications profondes à
l'organisation sociale patriarcale, n'avait pas encore
au moment de notre occupation, réussi à se substituer
à l'élément personnel. Et cela malgré la tentative des
Turcs d'introduire en Cyrénaïque aussi le règlement
connu sur les vilayets, et malgré l'initiative sénussite
tendant à procéder à un encadrement territorial au moyen
des *zauias*.

En Tripolitaine, au contraire, l'organisation gentilice,
tout en existant encore de nom, était en fait disparue
presque complètement. L'ancienne subdivision en tribus
est maintenue; mais elle n'a plus désormais dans la plupart des cas, qu'une valeur historique : l'élément territorial est prédominant dans la constitution sociale; les

(1) Note du traducteur : en italien gentilizie. V. note ci-dessus.

populations tendent à se grouper non plus seulement suivant le critère de la descendance, mais aussi d'après des raisons d'intérêts locaux communs; les chefs ont acquis une personnalité et de l'importance; ici aussi s'est répété le phénomène historique de la constitution d'un système féodal ou, pour mieux dire, de seigneuries personnelles qui ont étouffé la libre et démocratique organisation patriarcale.

Ainsi, tandis qu'en Cyrénaïque les chefs n'ont qu'une importance limitée et seulement pour autant qu'ils appartiennent à certaines tribus prédominant sur les autres par tradition, en Tripolitaine ils acquièrent beaucoup plus d'importance par leur intelligence, leurs actes, leurs richesses, leur puissance en hommes et en armes. Non moins importante cependant, comme facteur de la vie juridique indigène, est et a été la tradition religieuse surtout ancrée chez les populations libyennes, en grande majorité de religion musulmane, et, spécialement en Cyrénaïque, chez les adeptes de la règle sénussite, c'est-à-dire précisément de cette confrérie religieuse, pour ainsi dire, puritaine du monde islamique, qui dans la seconde moitié du IXe siècle rappelait par la propagande religieuse et plus encore par l'organisation politique et économique du pays (particulièrement en Cyrénaïque) à la pureté originaire de la loi islamique, les populations de l'intérieur qu'une inertie séculaire avait fait tomber à un niveau très voisin de la barbarie, bien qu'elles fussent encore solidement attachées aux concepts suprêmes de l'Islam.

Beaucoup moins ancrée dans la vie juridique indigène de la Libye et moins efficace, par contre, était, au moment de l'occupation italienne, la tradition politique, se rattachant surtout à la récente domination directe de la Turquie, laquelle, entre autres, avait tenté, mais sans grand succès, d'imposer aux populations musulmanes sunnites du pays, adeptes en majeure partie du rite malékite, son propre rite hanéfite.

II.

Le respect de la coutume locale, pierre angulaire de la politique indigène de l'Italie. — Caractère personnel de la loi pour des matières déterminées, en Erythrée, en Somalie et en Libye.

Le respect du droit indigène fut, dès le début de la colonisation, un des points fondamentaux de la politique coloniale italienne. Dans la première colonie italienne elle-même, l'Erythrée, malgré les nombreuses modifications apportées à ses lois et à ses institutions politiques, administratives et surtout judiciaires, le principe ne s'est jamais démenti, ni en théorie ni en pratique.

Le caractère personnel de la loi, dans les matières qui touchent le plus près à la vie et à la société indigènes (statut personnel, droit de famille, rapports privés en général et même droit pénal pour les cas présentant peu de gravité), c'est-à-dire l'application du droit italien aux Italiens et aux étrangers, du droit indigène aux indigènes et aux assimilés a été, avant tout, la règle constante et la base du droit en vigueur dans la colonie : depuis la loi du 5 juillet 1882 n° 857 (1) contenant les dispositions relatives à Assab, qui peut être considérée comme la première « charte coloniale » italienne, jusqu'au décret royal du 5 mai 1892, n° 278, contenant des dispositions législatives concernant la colonie Erythrée, et à la loi organique en vigueur, du 24 mai 1903, n° 205, relative à l'organisation de celle-ci (2).

---

(1) L'article 3 de la loi 1882, tandis qu'il appliquait les codes et les lois italiens aux Italiens du Royaume pour ce qui concerne la nationalité, la famille et l'état civil, les successions et en général toutes les matières auxquelles il n'était pas dérogé dans les règles législatives et administratives spéciales édictées pour la Colonie, ainsi que pour régler leurs rapports juridiques et tractations avec les indigènes ou avec des personnes de nationalité étrangère, de même que ceux entre étrangers, ou entre indigènes et étrangers, laissait, d'une manière générale (sauf les dispositions contraires éventuelles), au droit coutumier de l'endroit, pour autant que celui-ci ne fût pas contraire à la morale et à l'ordre public, le réglement du statut personnel, des rapports de famille et des relations de droit privé, en général pour tout ce qui concernait les indigènes.

(2) L'article 3, alinéas 2 et 3 de cette loi porte : « Le statut personnel des indigènes et leurs relations de droit privé sont fixés d'après les coutumes locales, les religions et les races ». « Est en vigueur pour les indigènes le droit pénal spécial, basé sur les coutumes locales, sauf

La législation de la colonie Erythrée est donc constituée, pour les indigènes, par les codes, par les autres lois
fondamentales et par la jurisprudence du Royaume, pour
tous les différends en matière civile ou commerciale,
entre Italiens ou étrangers et indigènes ou assimilés, et
par l'équité et les coutumes pour tous les différends entre
indigènes; par les lois coutumières ou codifiées (2)
réglant le statut personnel des indigènes; par le droit
spécial pour les indigènes, basé sur les coutumes locales
avec les modifications éventuelles y apportées par décret,
motivé du gouverneur, à l'exception des délits présentant une certaine gravite qui sont de la compétence
de la Cour d'assises et auxquels est appliqué le droit pénal
italien en vigueur dans la Colonie.

* * *

Dans la Somalie méridionale, la politique italienne ne
fut pas différente à cet égard depuis le premier moment
de l'administration directe de la Colonie (1905). En effet
dans le premier règlement de la Colonie, à savoir dans le
« Règlement organique de la Somalie italienne méridionale », approuvé par décret ministériel du 24 févricr
1905, et publié dans la Colonie par décret du commissaire, n° 1, du 1er mai 1905, nous trouvons consacré le
principe du caractère personnel de la loi. Ce principe a
trouvé ultérieurement la confirmation la plus étendue
dans le règlement organique définitif établi par la loi
du 5 avril 1908, n° 161, encore en vigueur actuellement,
conformément aux articles 12 et 13 de laquelle les citoyens
italiens et assimilés se voient appliquer les lois italiennes
telles qu'elles sont appliquées dans la Colonie (exception
faite pour le statut personnel et le droit de famille,
matières au sujet desquelles on leur applique les mêmes

les modifications qui y sont introduites par décret motivé du gouverneur ». Le règlement judiciaire en vigueur (Règlement judiciaire approuvé par le décret royal du 2 juillet 1908, n° 325, modifié par les
décrets royaux du 31 mai 1912, n° 781, du 21 mai 1914, n° 714, du
30 novembre 1919, n° 2393, du 24 février 1921, n° 230, du 19 janvier
1922, n° 329) n'enlève à l'action du droit indigène, pour les soumettre
à celle du droit pénal italien en vigueur dans la Colonie, que les crimes
qui sont de la compétence de la Cour d'assises.

(2) Par exemple le *Statut personnel et des successions d'après le
rite hanéfite*, code élaboré et publié dès 1875, pour les Musulmans de
rite hanéfite, par le Khédive d'Egypte et appliqué journellement
dans la colonie Erythrée.

9.

lois que dans le Royaume), tandis qu'on applique, au contraire, aux sujets coloniaux et assimilés, les règles du droit musulman (*Chiaria*) et du droit coutumier indigène (*destur*) en vigueur dans la Colonie, suivant les différentes prescriptions religieuses et les coutumes des divers lieux. Il est vrai que la dite loi sanctionne l'applicabilité des lois italiennes même pour les sujets coloniaux et assimilés, lorsque ceux-ci préfèrent spontanément aux juridictions particulières qui leur sont applicables, les juridictions établies pour les sujets italiens; mais cette faculté de choisir entre les deux droits ne leur est pas accordée pour les questions relatives au statut personnel et aux relations de famille, lesquelles sont toujours régies par le droit indigène, quel que soit l'organe juridictionnel.

Tout au plus a-t-on laissé au gouverneur, en Somalie, la faculté d'apporter au droit indigène les modifications nécessaires pour le rendre compatible avec les principes fondamentaux de l'humanité et des lois italiennes (art. 3, 2e alinéa, du décret royal du 8 juin 1911, n° 937, approuvant l'organisation judiciaire en vigueur; cette disposition est une répétition de l'article 4, 2e alinéa, de l'organisation judiciaire antérieure, approuvée par décret royal du 7 juillet 1910, n° 708) (1).

La politique italienne pratiquée à cet égard, dans les deux dernières colonies échues à l'Italie, à savoir en Tripolitaine et en Cyrénaïque, n'a pas été moins libérale, au contraire (et on comprend pour quelles raisons). Depuis le décret royal du 20 mars 1913, n° 289 (art. 69 et 70), qui a réglé, quelques mois après la première paix italo-turque de Lausanne, la situation juridique de la Libye, jusqu'aux lois fondamentales aujourd'hui en vigueur dans les deux colonies libyennes (les deux statuts libyens, comme on les appelle), à savoir le décret-loi du 1er juin 1919, n° 931, relatif à la Tripolitaine (articles 5, 29 et 31) et le décret-loi du 31 octobre 1919, n° 2401 (articles 5, 31 et 33), le principe fondamental de la législation, ainsi que de la juridiction, pour les indigènes, en ce qui concerne leurs rapports privés, est le respect le plus scrupuleux du droit indigène : du droit *islamique*, du

(1) Ainsi, en matière de coutumes barbares en Somalie, le juge italien intervient toujours en punissant, par exemple, les auteurs du meurtre des enfants illégitimes, crime fréquent dans la région.

droit *talmudique* et du droit *coutumier local*. Les codes italiens, les lois qui les modifient et les autres lois fondamentales du Royaume ont été étendus aux colonies libyennes, dès 1913, dans la mesure compatible avec les conditions locales, sauf les modifications qui y ont été apportées par des dispositions spéciales et par l'organisation judiciaire; mais on s'est borné à appliquer cette extension aux seuls citoyens italiens et aux étrangers de civilisation occidentale, en maintenant au contraire le régime du droit local pour les indigènes.

Plus libérale que l'Empire ottoman lui-même qui l'avait précédée dans la domination de la Libye, l'Italie y a proclamé pour les musulmans l'entière *liberté des rites*, au lieu d'imposer un rite déterminé (comme la Turquie l'avait fait pour le rite hanéfite); déclarant que les rapports de famille et les questions de succession seraient réglés par le statut personnel, suivant le rite (*malékite* ou *hanéfite*) des parties, et n'imposant — pour obtenir une meilleure garantie de la justice — le rite du défendeur que lorsque les parties pratiquent des rites différents.

Pour tous les autres rapports de droit, et pour ceux qui sont relatifs à des indigènes non musulmans, on observe les traditions et les coutumes locales, lorque celles-ci sont compatibles avec l'esprit de la législation italienne.

Pour éviter, d'autre part, les conflits auxquels peut donner lieu dans les colonies libyennes, la coexistence de la loi italienne et de la loi indigène, dans les rapports mixtes entre les sujets italiens ou étrangers et les indigènes ou assimilés, la prépondérance de la loi italienne ou de la loi étrangère est assurée, lorsque celle-ci doit être appliquée en vertu des articles 6 à 9 des Dispositions préliminaires du code civil italien (Applicabilité des lois italiennes aux étrangers).

Mais l'application de la loi indigène ou des coutumes indigènes est toujours obligatoire, lorsque le citoyen ou l'étranger a convenu d'observer cette loi ou ces coutumes, ou lorsqu'il a conclu un contrat juridique spécial au droit indigène et suivant les formes prescrites par ce droit, conformément à la disposition de l'article 73 du décret royal du 20 mars 1913, n° 289, précité, qui autorise précisément les citoyens et les étrangers, dans leurs rapports avec les indigènes, à donner aux contrats les formes extérieures qui sont propres au droit des indigènes. En outre, l'applicabilité des coutumes indigènes locales, qui sont le fruit d'expériences et de traditions séculaires que l'on ne pourrait détruire sans risquer de détourner de la Libye le commerce qui y afflue naturellement de l'intérieur, est absolue, en ce qui concerne les contrats relatifs au commerce des caravanes, quelle que soit la condition juridique des parties contractantes, et cela du moins jusqu'à ce qu'il en soit disposé autrement par le législateur (Article 74 du même décret royal).

Si la législation civile est personnelle, la législation pénale est au contraire territoriale — pour des raisons évidentes d'ordre public et de diffusion de la civilisation. Le droit pénal italien est en effet applicable aussi aux indigènes, mais avec les modifications éventuelles qui peuvent y être apportées, par égard pour les coutumes indigènes, par décret du Ministre des colonies, sur la proposition du gouverneur (article 75 du décret de 1913). En exécution du même article 75, l'appréciation des circonstances discriminantes, atténuantes ou aggravantes, d'un délit quelconque commis par les indigènes, sera faite conformément aux coutumes locales. C'est là l'hommage le plus explicite au principe que le délit est un phénomène qui se ressent, autant et plus que les autres, du caractère ethnique du pays et dont on ne peut estimer la gravité, sans tenir compte de la psychologie de l'auteur et du milieu dans lequel il a été commis.

C'est encore conformément aux coutumes locales que le juge (en exécution de l'article 76 du décret précité) accorde les dommages et intérêts, lorsque celui qui a subi l'offense ou le préjudice est un indigène. Le juge procèdera toujours de cette manière pour accorder des dommages à la partie lésée, même si celle-ci n'a pas fait de demande, et l'amende à laquelle le coupable sera condamné pourra être assignée en grande partie au préjudicié et sera recouvrée suivant les privilèges appartenant aux créances du Trésor (article 77); parce que suivant la conscience indigène (et suivant d'ailleurs les vœux de la doctrine criminelle la plus avancée) le devoir de l'État ne doit pas se borner à défendre la société contre l'œuvre du délinquant, mais il doit chercher à atténuer, dans la mesure du possible, chez la partie lésée, les conséquences du mal commis.

Enfin, pour protéger davantage l'indigène, le juge a reçu la faculté (en vertu de l'article 79 du décret royal de 1913 précité) « d'annuler ou de réduire la validité d'engagements contractuels qui sont disproportionnellement onéreux, au point de faire présumer qu'ils n'ont pas été consentis avec une liberté suffisante ». On peut dire que l'audace de ce principe qui apparut déjà dans la législation coloniale italienne dès le code civil érythréen (approuvé, mais non appliqué, comme nous le verrons) reflète tout l'esprit d'équité de la législation libyenne relative aux rapports civils et commerciaux entre Italiens et indigènes; c'est là une matière qui dans les colonies de caractère mixte (peuplées à la fois d'indigènes et d'Européens) comme les colonies libyennes le sont déjà et sont destinées à le devenir davantage, est de sa nature, de la plus grande délicatesse par les conséquences politiques et économiques qui en découlent dans le domaine de la colonisation.

III.

L'élément indigène dans les organes juridictionnels des différentes colonies italiennes.

Si du domaine des principes, c'est-à-dire de la loi en vigueur pour les indigènes, nous passons à celui de l'application pratique de ceux-ci, c'est-à-dire au domaine juridictionnel, nous voyons que dans la détermination des juridictions, le législateur italien a toujours été, d'une façon générale, fidèle à la règle de politique indigène qu'il s'était fixée dès l'origine de la colonisation, en confiant l'administration de la justice pour les indigènes à des organes judiciaires indigènes pour certains différends et en donnant au moins aux indigènes, particulièrement s'ils étaient prévenus ou inculpés, l'appui d'une assistance (participation d'assesseurs indigènes) ou tout au moins d'une consultation (tantôt obligatoire, tantôt facultative) indigène dans le débat judiciaire. On peut s'en rendre compte dans l'histoire législative de la première colonie italienne de la Mer Rouge par la loi du 5 juillet 1882,

n⁰ 857, relative à la possession italienne d'Assab, qui
réservait au cadi musulman (nommé par le Commissaire
civil royal d'Assab) la connaissance des causes entre indigènes en matière de statut personnel, rapports de famille,
mariage, successions et toute relation de droit privé en
général; par le premier règlement organique judiciaire
en fait sinon en droit qui ait été appliqué dans la Massaua
italienne (le soi-disant « Règlement Celli » de 1886) et
plus encore par le règlement judiciaire pour la nouvelle
colonie Erythrée approuvé par décret royal du 22 mai
1894, n⁰ 201 (1); ensuite par le règlement suivant approuvé par décret royal du 9 février 1902, n⁰ 51 (2);
enfin par le règlement actuel tel que l'a établi à titre
fondamental le décret royal du 2 juillet 1908, n⁰ 325 (avec
le règlement judiciaire y relatif approuvé par décret royal
du 11 juillet 1909, n⁰ 620) avec les légères modifications
qu'y ont apportées les décrets royaux successifs du
31 mai 1912, n⁰ 781; du 21 mai 1914, n⁰ 714, du 30 novem-

(1) En vertu de celui-ci était établie pour le « district de Massaua
et le centre habité d'Archico » une juridiction unique, naturellement
italienne, pour les Italiens et les indigènes; mais la juridiction italienne
était complétée et tempérée pour les indigènes par l'assesseur indigène
au tribunal, assesseur qui pouvait également siéger comme juge dans
les affaires criminelles où étaient impliqués seulement des indigènes,
et par la faculté laissée au Président du tribunal et au Procureur du
Roi de consulter, dans les causes intéressant le statut personnel, le
droit de famille, les successions, etc., le *muphti* et le *cadi* résidant à
Massaua, lorsqu'ils étaient privés de leur compétence propre. Au
contraire, pour les zones d'Asmara et Cheren étaient établies pour
les indigènes des juridictions locales indigènes de notables réunis en
mohabér et assemblées, de chefs de tribus et de chefs de villages, de
cadis, etc., pour des différends déterminés, de fonctionnaires administratifs civils ou d'autorités militaires pour d'autres affaires, particulièrement pour des affaires pénales graves; mais même dans ces
dernières (près les *tribunaux d'arbitrage* principalement), il y avait
assistance et le cas échéant vote consultatif d'éléments indigènes. Dans
le territoire d'Assab on avait adopté un système intermédiaire entre
les deux précédents (Massaua et Asmara-Cheren), selon qu'il s'agissait du centre habité d'Assab ou du territoire qui en dépend.

(2) Les bases du règlement judiciaire de 1902 étaient l'unité de
juridiction, représentée par la juridiction *italienne*, dans le district
de Massaua et dans le centre habité d'Archico, mais toujours avec les
garanties pour les indigènes, représentées par la participation d'assesseurs indigènes et la consultation facultative du *muphti* et du *cadi*;
et l'existence d'une double juridiction dans le reste de la colonie:
italienne pour les causes où sont intéressés d'une façon quelconque
des Européens ou des assimilés; et *mixte*, c'est-à-dire selon les différends *indigène* exclusivement ou *italienne* avec l'assistance d'éléments
indigènes, dans les causes où sont intéressés des indigènes seuls ou
des assimilés.

bre 1919, n° 2393, du 24 février 1921, n° 230, du 19 janvier 1922, n° 329, du 9 novembre 1923, n° 2763. Le territoire entier de la Colonie étant unifié judiciairement par ce règlement, le système judiciaire actuel est fondé sur une double juridiction, attribuée à l'autorité judiciaire ordinaire d'une part, à l'autorité administrative de l'autre. Sont déférées à l'autorité judiciaire par ordre de compétence, selon l'importance et la nature de la cause, le juge de paix royal, le juge de la Colonie, le tribunal de la Colonie, la Cour d'assises, là Cour d'appel de Rome, la Cour de cassation de Rome, toutes les causes civiles et pénales dans lesquelles sont prévenus ou inculpés des citoyens italiens ou des étrangers assimilés à ceux-ci (art. 4. du Règlement de 1908). Sont par contre de la compétence des chefs indigènes ou des autorités administratives de la Colonie (par ordre de compétence, selon l'importance et la nature de la cause : les chefs indigènes, pour les différends entre indigènes ou assimilés ; les commissaires régionaux assistés des chefs et des notables indigènes, ayant voix consultative, pour les causes entre indigènes, ou entre indigènes et Italiens ou étrangers ; les tribunaux de Commissariat auxquels participent également avec voix consultative des notables indigènes, le Gouverneur) les affaires judiciaires en matière civile, commerciale et pénale lorsque les prévenus ou inculpés sont des ressortissants de la Colonie ou des assimilés (art. 5).

Comme on le voit donc, même dans ce règlement judiciaire érythréen actuel, pourtant le moins heureux des règlements judiciaires coloniaux italiens, si la distinction entre les deux ordres de juridiction n'est pas basée (excepté pour les causes civiles surgissant exclusivement entre indigènes) sur la nationalité des parties en général, mais sur celle de la partie prévenue ou inculpée en particulier, dans le cas où cette dernière au moins est indigène, l'organe juridictionnel est soit indigène (dans les causes civiles et commerciales de moindre importance, surgissant exclusivement entre indigènes dépendant des mêmes chefs), soit italien mais assisté par des autorités et notables indigènes avec voix tout au moins consultative.

* * *

Ainsi de même, dans la Somalie italienne méridionale, le premier *Règlement pour l'administration de la justice*, approuvé en 1906, établissait déjà, pour les causes surgissant exclusivement entre indigènes, une justice indigène, toutefois avec faculté de s'adresser à la justice italienne prévue pour les causes dans lesquelles seraient intéressés d'une manière quelconque des ressortissants italiens ou des étrangers assimilés à ces derniers, mais avec garantie de recourir pour les cas les plus graves toujours à l'autorité italienne, seule compétente d'ailleurs (avec l'assistance d'éléments indigènes) dans les causes pénales plus graves.

Le principe de la double juridiction et de l'exclusivité ou tout au moins de la participation (suivant les causes) de l'élément indigène à l'organe juridictionnel compétent dans les causes intéressant exclusivement les indigènes, ne fut pas abandonné dans les règlements suivants, celui de 1910 (décret royal du 7 juillet 1910, n° 708) et le décret actuel de 1911 (décret royal du 8 juin 1911, n° 937, modifié par les décrets du 1er septembmre 1918, n° 1422 et du 20 décembre 1923, n° 3036).

En effet, d'après ce dernier, la juridiction en matière civile et commerciale appliquée aux causes intéressant exclusivement des indigènes italiens ou des assimilés, est de la compétence du cadi, avec droit d'appel devant le tribunal indigène (celui-ci composé du cadi le plus élevé en grade et de deux autres cadis ou notables, à l'exclusion de celui qui a prononcé le jugement en première instance) et avec possibilité de recours contre les décisions du tribunal indigène au gouverneur de la Colonie. En matière pénale, la juridiction est de la compétence du cadi ou du Résident (de ce dernier lorsque l'une des parties n'est pas de religion musulmane, lorsque le délit a été commis au préjudice de citoyens italiens ou d'étrangers, lorsque les coupables sont des hommes de la troupe autres qu'Italiens ou des indigènes au service de l'administration coloniale, ou encore lorsqu'il a été commis contre ces derniers); de la Cour d'assises (constituée par le juge colonial, comme président, et quatre assesseurs, dont deux indigènes, de la même religion que l'inculpé, ou, lorsque cette condition ne peut pas être remplie, les quatre assesseurs pouvant être Italiens); contre les sentences prononcées par le Résident, excepté en matière de contraventions, il est permis d'interjeter appel devant le juge colonial, mais sans possibilité de recours ultérieur; des jugements du Cadi, il peut être appelé par contre au Tribunal pénal indigène (constitué par deux cadis ou notables et présidé par le Résident) et des jugements de ce dernier il y a recours auprès du Gouverneur de la Colonie; enfin contre les jugements de la Cour coloniale d'assises, le recours est admis, même pour les indigènes, auprès de la Cour de cassation de Rome. Contrairement à ce qui est le cas en matière civile et commerciale, où la distinction de juridiction est nette, en matière pénale cette distinction, comme on le voit, est, dans la plupart des cas (pour les délits plus graves surtout) plus formelle que substantielle, le droit de punir dans la Colonie étant, pratiquement, déféré à la juridiction italienne. Il est à noter cependant que bien que le règlement judiciaire en vigueur ne le prévoie pas, le premier cadi de Mogadiscio intervient toujours dans les jugements des Cours d'assises, soit comme conseil pour les coutumes indigènes (*destur*), soit pour la liquidation de la *diyah* (rachat du sang); en prononçant la sentence le juge tient, en règle générale, compte de l'avis du cadi.

Enfin, le droit de punir est réservé à la juridiction italienne exclusivement dans l'institution, nouvelle pour le droit colonial italien et introduite par le Règlement judiciaire du Benadir de 1911, de *la juridiction exceptionnelle de l'indigénat*, représentée par un Tribunal régional spécial, compétent pour des délits déterminés de caractère surtout politique ou collectif ou ancré dans la coutume indigène, mais contraire aux principes fondamentaux — non seulement du droit italien — mais de la civilisation elle-même (délits contre l'État ou contre le gouvernement colonial; traite d'esclaves; contrebande d'armes et de munitions; vendettas collectives; crimes commis par ou contre des fonctionnaires indigènes dans l'exercice de leurs fonctions, etc.). Cependant dans ce cas aussi, l'élément indigène peut être appelé à prendre part au jugement, le Tribunal en question étant constitué par le fonctionnaire colonial du grade le plus élevé de la circonscription, comme président, et de deux assesseurs qui seront le résident et le commandant de la garnison, toutefois avec faculté pour le président de s'adjoindre un notable indigène intervenant avec voix consultative.

* * *

Mais c'est naturellement dans les deux colonies libyennes que la participation de l'élément indigène à l'organisation judiciaire pour les indigènes est la plus importante; celle-ci était déjà notable dans la première organisation complète de la justice en Libye, créée par décret royal du 20 mars 1913, n° 289 (avec les Règles complémentaires annexées approuvées par décret du Gouverneur du 15 avril 1917, n° 938); elle devint plus notable encore après les modifications et les compléments apportés à l'organisation judiciaire, en ce qui concerne la juridiction des tribunaux chiaraïtiques et rabbiniques, par le décret royal du 3 novembre 1921, n° 1691, pour la Tripolitaine, et par le décret royal du 27 août 1923, n° 2484, pour la Cyrénaïque.

Dans l'organisation libyenne, l'administration de la justice civile est confiée à une double série d'organes, suivant que la contestation a surgi entre des citoyens italiens du Royaume, ou des étrangers de civilisation occidentale, ou bien entre des citoyens italiens de la Libye (*la nationalité italienne libyenne* a remplacé, en 1919, l'ancienne sujétion (1) des règlements précédents) ou des étrangers musulmans; pour ces deux dernières catégories, la justice est administrée par divers ordres de juridictions, suivant la nature de la contestation et suivant la religion des intéressés.

Les contestations du premier genre sont jugées, d'après la compétence, par le juge de paix, par le tribunal régional, par la Cour d'appel de Tripoli ou par la Cour de cassation de Rome. Pour les indigènes, au contraire, et pour les étrangers musulmans, l'administration de la justice civile et commerciale présente trois ordres de juridiction, suivant les cas : *la juridiction ordinaire,* établie pour les citoyens italiens métropolitains et pour les étrangers, et *deux juridictions spéciales* (la juridiction *charaïtique,* et la juridiction *rabbinique*); toutes les matières appartenant régulièrement à la compétence des

______

(1) N. du traducteur : sujétion (sudditanza) = ici qualité de sujet.

deux juridictions spéciales sont exclues de la compétence de la juridiction ordinaire.

Le tribunal de la charia (cadi) juge toutes les contestations des indigènes et des étrangers musulmans, quelle qu'en soit la valeur, qui sont relatives au statut personnel, au droit de famille, au droit successoral, aux pratiques religieuses; mais les parties ont la faculté (pour les différends relatifs aux droits successoraux seulement), de préférer à la juridiction spéciale, la juridiction ordinaire compétente pour le territoire. Le cadi connaît en outre de toutes les autres contestations civiles d'une valeur ne dépassant pas 1.000 lires, pourvu qu'elles n'aient pas pour objet la propriété ou d'autres droits sur des immeubles, et qu'aucune des parties ne se propose de porter le différend devant le tribunal régional, car, dans le cas contraire, celui-ci serait compétent; et il connaît également des causes qui lui sont renvoyées par l'autorité judiciaire ordinaire. En Cyrénaïque, sont en outre de la compétence des tribunaux chiaraïtiques les différends relatifs à la validité de la constitution des *waqf*, à leur administration et surveillance, et à l'interprétation et application de leurs actes constitutifs, de même que, à la demande de l'une des parties, les causes entre Musulmans, relatives à la propriété et à la possession du bétail, et aux contrats s'y rapportant, pourvu que le différend concerne un nombre de têtes qui ne soit pas supérieur à trente lorsqu'il s'agit de petit bétail, ou à dix lorsqu'il s'agit de chameaux ou de bovinés, ou à une tête lorsqu'il s'agit de bétail chevalin (chevaux, mulets, ânes) avec leurs petits lorsqu'il est question de femelles. Les causes en matière de *chufaa (šuf áh)* lesquelles sont jugées en règle générale par les tribunaux ordinaires « conformément aux coutumes locales, sur la base du rite hanéfite », peuvent également, moyennant le consentement des parties, être dévolues en Cyrénaïque aux tribunaux de la Chiaria. Toutes les décisions du cadi ou de ses naib, à l'exception de celles qui sont prises en matière civile dans les causes d'une valeur ne dépassant pas deux cents lires, sont susceptibles d'appel, dans les trente jours de la signification du jugement, devant le *tribunal charaïtique supérieur*, qui est composé, en Tripolitaine, du cadi de Tripoli et d'un nombre convenable d'autres juges choisis parmi les cadi et les uléma, et en Cyrénaïque, d'un cadi, président, élu par les cadi de la Colonie, dans leur sein, et de deux uléma.

Les différends entre citoyens italiens de la Libye de religion israélite, qui sont analogues aux causes appartenant à la compétence de la juridiction charaïtique lorsqu'il s'agit de Musulmans, sont jugés par le *tribunal rabbinique*, de même que les causes qui sont éventuellement renvoyées à ce dernier par la juridiction ordinaire. Contre les décisions rendues en première instance par le tribunal rabbinique, le recours est admis, pour réexamen de la question, devant ce même tribunal; il juge alors définitivement après avoir entendu, au sujet de l'interprétation des règles talmudiques, en Tripolitaine le grand rabbin de Tripoli et, en Cyrénaïque, le tribunal rabbinique de Tripoli.

La différence de juridiction, suivant que les intéressés sont des citoyens italiens métropolitains et des étrangers ou bien des citoyens italiens libyens et des étrangers de religion musulmane, s'atténue jusqu'à disparaître presque complètement, quand on passe dans le domaine de la justice pénale, administrée — suivant la nature et l'importance du délit ou du crime — par le tribunal régional, par la Cour d'appel, par la Cour d'assises ou par la Cour de cassation de Rome. Même alors, lorsque l'un des prévenus est de religion islamique, un au moins des deux assesseurs du tribunal, jugeant avec voix délibérative, et deux des quatre assesseurs de la Cour d'assises doivent être Musulmans.

IV.

Conservation du statut réel et plus particulièrement du droit foncier indigène dans les différentes colonies italiennes.

La politique coloniale italienne de respect pour les coutumes indigènes, telles que l'étude les avait révélées jusqu'à présent en ce qui concerne le *statut personnel* et même le *droit pénal* (politique pratiquée d'une manière compatible, cela va de soi, avec les principes supérieurs de l'humanité et avec les exigences de la sécurité poli-

tique et de l'ordre public) et les organes juridictionnels
compétents en ces matières, ne s'est pas démentie même
dans ce domaine plus délicat de la colonisation qu'est le
statut réel et plus particulièrement le *droit foncier indigène*, si fréquemment violé par les dominateurs coloniaux
au profit de la colonisation européenne, lorsque ce n'est
pas en faveur de la spéculation foncière pure et simple,
d'importation occidentale.

Et cela, non seulement dans les colonies libyennes, —
où le statut juridique des terres antérieur à la domination
italienne, basé principalement sur la « Charia » et qui a
subi sa dernière évolution, laquelle n'est pas négligeable,
en vertu des « *canùn* » impériaux ottomans, a été scru-
puleusement respecté dans les dispositions adoptées par
le Gouvernement italien dans le décret royal du 26 janvier 1913, n° 48, pris en vue de la détermination et de la
conservation des droits fonciers et dans les décrets successifs, y compris le texte unique sur la matière, approuvé
par décret royal du 3 juillet 1921, n° 1207, admettant les
quatre catégories juridiques préexistantes de biens : biens
domaniaux, biens *collectifs*, des tribus ou des villages,
biens de propriété privée ou libre (« *mulk* ») et biens *auqaf*,
sur la base de l'état de fait, des dispositions légales, des
coutumes indigènes antérieures à la domination italienne,
— mais même dans les colonies beaucoup plus arriérées
de l'Afrique orientale.

C'est ainsi que dans la Somalie italienne, le décret
royal du 8 juin 1911, n° 695, tendant à déterminer
quelles sont les terres se trouvant à la libre disposition
de l'État, déclarait, à l'article 1er « être à la libre disposition de l'État » les terres qui ne constituent pas l'objet
de droits valables ou reconnus de citoyens italiens
ou étrangers, et qui actuellement ne sont pas effectivement cultivées ou utilisées d'une manière permanente
par des indigènes ou des collectivités indigènes » et
à l'article 2 accordait en outre au Gouverneur la faculté
d'autoriser, en faveur des « cabilas » ou fractions de
celles-ci, même en dehors des zones régulièrement exclues
du domaine disponible de la colonie, « l'usage de nouvelles
terres qui deviendraient nécessaires aux populations
en tenant compte des exigences de leur développement
normal ». -

Et tandis que le règlement intérieur de 1912, arrêté pour l'application du décret précité, excluait de la constitution du domaine disponible les terres qui faisaient l'objet de droits valables ou reconnus ou qui étaient effectivement cultivées ou utilisées de quelque façon d'une manière permanente par des indigènes, il retranchait de ce même domaine ainsi constitué les zones à réserver à l'usage des « cabilas » ou fractions de celles-ci, en vue des exigences de leur développement ultérieur, ethnique et économique, bien que ces zones ne fussent pas effectivement cultivées ou utilisées. On obtenait ainsi une « *constitution de zones de réserve indigènes* », qui ne se substituaient pas à la propriété indigène, dans ses formes coutumières et dans ses manifestations économiques sur tout le reste du territoire, mais s'ajoutaient aux terres régulièrement reconnues aux indigènes, à titre de réserve pour leurs besoins futurs.

De même dans la colonie Érythrée, si l'organisation foncière approuvée par décret royal du 31 janvier 1909, n° 378, déclarait dans son article 1er, que la propriété du sol de la Colonie appartenait à l'État italien, elle ajoutait cependant dans son article 2 « sauf les droits des populations indigènes sur les terres dont elles avaient la jouissance conformément aux anciennes coutumes locales », indépendamment des droits appartenant naturellement à des tiers en vertu d'un titre émanant du gouvernement italien lui-même ou reconnu par lui. Et, théoriquement du moins, le respect des coutumes indigènes et des droits indigènes en matière foncière s'affirmait, dans l'organisation même, par une distinction nette entre les *terres de droit indigène* et les *terres de droit italien*. Etaient laissées sous l'empire du régime juridique coutumier du lieu les terres, soit de droit islamique ou islamisant, soit de droit abyssin, dont les populations indigènes jouissaient conformément aux anciennes coutumes; étaient soumis, au contraire, au régime juridique italien les terres et les autres immeubles, ainsi que les droits y relatifs appartenant au Domaine ou à des citoyens italiens ou étrangers; c'est uniquement dans les zones urbaines que le régime juridique italien est exclusivement en vigueur, peu importe à qui appartiennent les terres et les autres immeubles avec les droits

y relatifs. En outre, à titre de garantie supplémentaire
en faveur des indigènes et de la société indigène, la loi
foncière érythréenne interdit la constitution et le trans-
fert d'un droit quel qu'il soit, relatif aux immeubles,
entre indigènes et non-indigènes, exception faite pour
les propriétés urbaines.

Que la pratique foncière, chose plus importante,
n'ait pas été en contradiction, dans la généralité des cas,
avec le respect théorique de la propriété indigène, affirmé par le législateur italien dans la charte coloniale,
cela est prouvé précisément par les annales cadastrales
de la plus ancienne colonie italienne, l'Erythrée, où
l'incorporation même au domaine de terres susceptibles
d'y être incorporées en vertu des lois, et leur utilisation
consécutive à des concessions agricoles, après une première erreur inévitable et bien vite réparée, furent
organisées par la volonté délibérée du gouvernement
central et colonial dans une mesure qui était inférieure
aux possibilités légales elles-mêmes au point d'empêcher
la formation d'un domaine important disponible pour
la colonisation blanche.

Cette honnête ligne de conduite correspondait d'ailleurs aux premiers actes accomplis en cette matière par
le dominateur italien; celui-ci, en montant sur le plateau
érythréen, déclarait immédiatement, par décret du
22 octobre 1889 du général Baldissera, commandant en
chef des troupes d'occupation, « nulles et sans effet les
ventes de terrains faites par des indigènes à des Européens, antérieurement à la fixation de la propriété
foncière et après le 2 juin 1889 »; et, débarquant en
Libye vingt-deux ans plus tard, il s'empressait, par décret
du général Caneva, gouverneur, en date du 24 octobre 1911, approuvé par le décret royal consécutif du
20 novembre 1911, nº 1248, d'interdire, d'une manière
absolue, la vente et l'achat de terrains en Tripolitaine
et en Cyrénaïque, et d'interdire les spéculations sur les
terrains, ainsi que les accaparements des terres, réalisés
à des moments favorables.

V.

L'évolution spontanée du droit indigène et l'œuvre réservée à la jurisprudence.

De tout ce que nous avons exposé jusqu'à présent, il résulte clairement que le législateur colonial italien a toujours eu horreur d'imposer son droit métropolitain aux populations indigènes; il en est plutôt arrivé, dans la Colonie Érythrée, à suspendre pour un temps indéfini (c'est-à-dire à y renoncer pratiquement) l'application de codes spéciaux pour les Italiens et les étrangers (code civil, commercial, pénal, de procédure civile et de procédure pénale) qui étaient déjà approuvés et même promulgués (pendant les années 1908 et 1909) par des décrets royaux particuliers, et cela pour des considérations de politique indigène du gouvernement colonial de l'époque, qui jugeait inopportun d'appliquer aux populations indigènes les dispositions contenues dans ces codes, pour régler leurs rapports de droits avec les citoyens italiens et les étrangers de civilisation occidentale. Ce sont là, comme on voit, des scrupules excessifs de la part du gouvernement colonial et qui sont même si on veut une preuve de faiblesse de la part du gouvernement central; il y a là une contradiction jusque dans les termes, puisque — étant donné l'absence de loi italienne spéciale pour régler les rapports mixtes entre indigènes et Européens — on devait nécessairement continuer à leur appliquer la loi italienne générale, c'est à-dire justement une loi occidentale métropolitaine encore moins adaptée à l'indigène: c'est néanmoins un témoignage indubitable de la psychologie coloniale du peuple et du législateur italien en matière de respect des coutumes indigènes.

Et même en présence des formes de la constitution sociale indigène qui sont en opposition avec les principes fondamentaux de la civilisation occidentale, le dominateur italien, bien qu'il se soit rendu compte de sa responsabilité morale et juridique d'organisateur de pays barbares devant le monde civilisé, et obéissant à la lettre et à l'esprit des engagements internationaux sur la matière, a agi de manière à rendre le plus doux

possible le passage des anciennes aux nouvelles formes
de la vie. Un exemple typique de cette politique est
l'action antiesclavagiste de l'Italie dans la Somalie
italienne méridionale qui a consisté non seulement
dans la lutte contre la traite et l'esclavage, abolis en
droit et en fait dans les limites de la domination directe
et effective de l'Italie, mais dans les mesures économiques,
juridiques et sociales destinées à transformer l'esclavage qui était une institution juridique fondamentale
de la société indigène, en une simple forme de travail,
c'est-à-dire en une servitude domestique et à miner
cette dernière elle-même dans ses bases, en favorisant
l'affranchissement des serfs liés par des obligations de
travail à leurs anciens maîtres (à cette fin, dès 1904,
une ordonnance spéciale du gouverneur instituait une
caisse pour l'affranchissement des serfs domestiques)
et davantage encore en créant les « *jugements de libération* ». En vertu de cette institution judiciaire, le serf
qui avait été maltraité, ou à l'égard duquel les stipu-
lations du contrat de travail n'avaient pas été respec-
tées, pouvait réclamer et obtenir sa libération en dé-
nonçant son patron à l'autorité locale; en cas d'affranchissement du serf, son maître recevait en compensation
une indemnité à charge du budget de la colonie.

* * *

Le respect du droit indigène se manifeste en outre
par les efforts faits par le dominateur colonial italien
pour le connaître, pour en pénétrer l'esprit, pour s'y
conformer dans l'œuvre d'organisation et de gouvernement de la colonie, et surtout dans l'administration
de la justice. Ce fait est prouvé par l'existence des tra-
ductions officielles en langue italienne des lois écrites
des colonies, et des recueils officiels ou officieux de coutumes indigènes, à l'usage des fonctionnaires et surtout
des magistrats coloniaux.
C'est ainsi qu'en Libye, peu d'années seulement
après l'instauration de la domination italienne, et au
milieu des orages de la politique libyenne et internationale de l'époque, on vit paraître la splendide traduction italienne, avec des commentaires historico-
philologiques et juridiques, du « *Muhtasar* », ou sommaire

10.

du droit malékite de Khalîl, le fameux recueil de jurisprudence malékite dû à Khalîl Ibn Ishàq (professeur
de droit malékite en Égypte vers l'année 1355 de notre
ère); ce recueil a acquis, en pratique, comme on le sait.
la valeur d'une codification effective du droit malékite.
à raison de sa grande diffusion et de son autorité dans
l'Afrique du Nord; la traduction et les commentaires
qui sont d'une grande valeur scientifique sont dus aux
célèbres islamistes, les professeurs Guidi et Santillana
de l'université royale de Rome; ce dernier est en outre
bien connu dans ce domaine pour ses travaux prépara-
toires du Code civil de la Tunisie (1).

Pour l'Érythrée, outre la traduction italienne du
« *Fetha Nagast* » prérappelé ou « Législation des Rois ».
le seul code écrit, écclésiastique et civil, bien qu'il soit
plus nominal qu'effectif, de l'Abyssinie et en même temps
de la zone éthiopienne de la Colonie Erythrée, traduction faite par le professeur Ignace Guidi, rappelé ci-
dessus (2), avec l'appui et l'encouragement du gouvernement italien, nous avons une série de recueils partiels
de maximes de jurisprudences concernant le droit coutumier des populations érythréennes, insérés dans le
Bulletin officiel de la Colonie, et publiés dans le recueil
officieux de la Colonie Érythrée sous le titre : *Colonie
Érythrée : Législation, notes et études sur l'Érythrée.*
recueils empiriques, il est vrai, et parfois incomplets
ou inexacts, qui constituent cependant un témoignage
des efforts accomplis pour conformer le plus possible
la justice pour les indigènes à leur conception juridique
particulière et aux exigences morales et matérielles
de leur existence. Parmi ces recueils, rappelons les pu-

(1) Ministère des Colonies. Le « Muhtasar » ou sommaire du droit
malékite de Khalil Ibn Ishàq, Tome I : Jurisprudence religieuse (« Iba-
dàt ») traduit par le professeur Ignace Guidi. — Tome II : Droit civil.
pénal et judiciaire, traduit par le professeur David Santillana (Milan.
Editeur Hoepli, 1919).
Avant la publication de cette traduction italienne commentée, on
avait recours, officiellement, pour les besoins judiciaires des colonies
libyennes, à la traduction française de Seignette (Sidi Khelil : Code
musulman — Rite malékite. Paris, 1878).
(2) Le « *Fetha Nagast* », « Legislazione dei Re » code ecclésiastique
et civil de l'Abyssinie, traduit et annoté par Ignace Guidi (Publications
scientifiques de l'Institut royal oriental de Naples--Tome III. Rome.
Casa Editrice Italiana, 1899).

blications nº 18 (*Droit coutumier. Recueil de maximes de jurisprudence concernant le droit coutumier des populations de l'Erythrée*); nº 22 (*Droit civil indigène musulman. Recueil des règles de droit hanéfite et malékite*); nº 27 (*Le droit coutumier de l'Acchele Guzai*); nº 72 (*Le droit pénal coutumier actuel du Hamasien*); etc...

Le législateur italien semble réellement avoir réservé à la jurisprudence la fonction de modifier petit à petit, par un procédé lent et pacifique d'érosion et d'assimilation juridique, les coutumes indigènes, suivant les directives d'une civilisation supérieure, plutôt que d'imposer par la loi le passage brusque et désastreux d'une forme de vie juridique indigène concordant avec le sol, la race, avec le climat et avec le degré de civilisation des populations indigènes, à une forme exotique ne correspondant pas au milieu physique, ethnique et social de la colonie.

L'organisation judiciaire de l'Érythrée de 1908, entièrement en harmonie avec l'esprit de la loi fondamentale de 1903, stipulait, en effet, à l'article 10, dans le but de mieux déterminer le droit en vigueur dans la colonie, ce qui suit : « Toute autorité qui administre la justice à l'égard des sujets coloniaux ou assimilés, doit envoyer au gouverneur une copie de la sentence rendue. Si celle-ci comporte une décision qui peut contribuer à mieux faire connaître les coutumes et traditions indigènes, ou qui, pour une raison quelconque, peut avoir une importance de principe ou une valeur scientifique, le magistrat doit transmettre deux copies du jugement, l'une au Gouverneur, l'autre au juge de la colonie qui est chargé du soin de former annuellement le recueil de la jurisprudence établie sur les différents droits indigènes ».

En ce qui concerne le droit traditionnel indigène, les commissaires régionaux de l'Érythrée doivent, en vertu de l'article 56 du règlement qui les concerne, approuvé par décret du gouverneur nº 213 du 30 mai 1903, en recueillir, coordonner et commenter les maximes; il leur appartient aussi, en vertu du même règlement (article 57) de rendre exécutives, après approbation du gouvernement dans les cas de grande importance, les décisions arrêtées par les assemblées coutumières indigènes (*mohaber, rachbe*, etc.) en vue de l'établissement de règles de droit, de contrats, de reconnaissance de parenté, de pacification, etc.

Pendant la domination italienne elle-même, s'est poursuivi dans l'Érythrée, ce développement spontané du droit indigène qui avait été le processus constitutif de celui-ci pendant des siècles, et qui avait donné naissance, notamment dans le passé, à ces lois coutumières, dites (d'après les localités où se sont tenues les assemblées qui ont arrêté ces lois) de *Mehem Mahaza*, de *Mai Adghi* et d'*Enda Fegrai*, transmises verbalement de génération en génération et qui s'inspirent de l'ensemble des principes du droit indigène en vigueur dans la zone abyssine de l'Erythrée constituée par l'Acchele Guzai et le Scimezana. En effet, encore en 1904, les tribus de la province d'Adecti ont apporté à la loi de *Mehem Mahaza* (qui remonte à l'époque des « Mesafinti » ou des « juges », 1750-1770), des modifications locales (ultérieures aux modifications précédentes de 1873). Encore en 1902, l'assemblée traditionnelle tenue à Mai Adghi par les *Scium Egghelà* (Chefs de l'Egghelà) a modifié la loi de Mai Adghi; mais ces modifications n'ont été admises par les représentants d'aucune partie de la région, lesquels ont remis en vigueur pour leurs territoires l'ancienne loi au cours d'une assemblée subséquente. En 1905, les anciens de l'*Egghelà Atzin* ont modifié dans le village d'Addi Goddo la loi de *Enda Fegrai*, qui remontait suivant la tradition à une époque fort reculée, mais non déterminée.

En outre, ce fut au cours de la grande «Rachbe» ou assemblée de toutes les tribus Saho de l'Assaorte, tenue en juin 1902, pour régler à nouveau le droit de cette région — région très intéressante parce que, par suite de sa situation géographique entre l'Abyssinie et la zone islamique de la Colonie Erythrée, elle se ressent de l'influence de ces deux pays — que les indigènes décidèrent de soumettre aux lois du gouvernement, c'est-à-dire au droit italien, des délits qui étaient jugés jusqu'alors suivant les lois indigènes locales, au lieu de procéder à la modification de la partie de ces dernières lois qui était relative à ces délits (la publication des décisions de cette Rachbe a paru dans le bulletin officiel de la Colonie Erythrée du 14 novembre 1903, n° 46).

Plus récemment, pour la Libye, l'article 5 du décret royal du 3 novembre 1921, n° 1691, et l'article 26 du décret royal du 27 août 1923, n° 2484, ordonnèrent respectivement pour la Tripolitaine et la Cyrénaïque, que la jurisprudence des autorités qui administrent la justice, en appliquant le droit coutumier en vigueur, pouvait, là où c'était nécessaire, être recueillie et coordonnée par décret du Gouverneur, après avoir entendu les chefs des juridictions (1).

Le législateur colonial italien poursuit donc, à travers l'œuvre du juge et la jurisprudence plutôt que de la loi, le but élevé d'injecter une nouvelle lymphe juridique dans le tronc social indigène afin d'améliorer la qualité de ses produits sans en détruire les fibres constitutives, soit en rendant la participation du juge au développement de la procédure plus active et plus libre d'entraves possible, soit en reconnaissant l'empire d'un droit non basé sur des lois et en admettent, par conséquent, dans la fonction juridictionnelle, une activité créatrice de la règle juridique elle-même : en d'autres termes, c'est l'antique *préteur* romain qui réapparaît dans le juge actuel, lequel s'inspire de l'esprit des règlements judiciaires coloniaux italiens.

VI.

Utilisation de l'élément indigène dans l'administration coloniale italienne.

Ce n'est pas seulement à la préférence pour la procédure lente et pacifique de la juridiction au lieu de la procédure immédiate et violente de la législaton euro-

---

(1) Nous possédons de tels recueils de jurisprudence, officiels ou officieux :

pour l'Érythrée, dans la collection intitulée *Colonie Érythrée*, rappelée ci-dessus (n°s 10,23, 32, etc., intitulés *Jurisprudence Coloniale*);

pour la Somalie italienne, dans la collection de *Ciamarra*, qui fut juge de la Somalie (Recueil de jurisprudence coloniale; avec une préface de Giacomo Agnesa — Naples, Giannini et Frères, 1914);

pour la Libye dans la collection de *Caffarel*, président de la Cour d'appel de Tripoli (Jurisprudence coloniale de la Cour d'appel pour la Libye, 1915-1919 : droit colonial; droit islamique; coutumes libyennes; organisation des services judiciaires. Tripoli, Typo-lithographie du gouvernement de la Tripolitaine, 1920).

péenne, laquelle est éversive du droit indigène qu'il faut attribuer dans la législation et dans la pratique coloniale italienne, le respect de la coutume indigène, le maintien, dans la mesure du possible, de celle-ci dans les nouvelles conditions de vie indigène créées par la domination occidentale et par la transformation économique de la colonie et sa graduelle évolution tendant à satisfaire les nouvelles exigences et les nouveaux besoins de l'agrégat social indigène lui-même. Ces résultats ont été amenés plutôt dans les anciennes colonies de l'Afrique orientale et dans les nouvelles colonies libyennes par le maintien et l'utilisation dans une mesure plus ou moins grande de ces chefs indigènes qui sont les véritables représentants naturels de la vie et de la constitution sociale indigène et les dépositaires des anciennes traditions et coutumes de leurs populations.

En effet, encore aujourd'hui, après plus de quarante ans de domination italienne, l'utilisation des chefs indigènes dans l'organisation administrative, judiciaire et économique de la colonie Érythrée elle-même est très grande; en Somalie italienne elle est encore plus importante; et dans les colonies libyennes plus récentes, de civilisation islamique, elle est devenue absolument la base du gouvernement et de la législation, mais dans la forme représentative occidentale plutôt que dans la forme primitive locale. Si, dans l'organisation administrative de la colonie Érythrée, le commissaire régional constitue, conformément au règlement en vigueur pour les commissariats régionaux le véritable pilier de l'administration, les chefs indigènes (de district, de tribu, de région) nommés par le gouverneur sur la proposition du commissaire lui-même et rétribués par le gouvernement colonial, constituent, pour le commissaire, des organes exécutifs très précieux dans les rapports entre le dominateur colonial et les populations indigènes, pour l'accomplissement de toutes les fonctions administratives de caractère local prévues par le règlement lui-même et surtout pour la répartition et la perception de l'*impôt indigène*, qui se font par le commissaire après avis préalable et avec l'aide des chefs locaux (*mesleniè, scium, cicca, nabarà, cheiks*) et des anciens suivant les coutumes locales. Et les *mesleniè* ou *scium* et les *cicca* ou *nabarà* ou *cheiks* dépendant de ceux-ci perçoivent un pourcentage déterminé sur le montant payé.

De même, dans la Somalie méridionale italienne, les chefs indigènes, conformément au *Règlement pour les chefs, les cadis et les notables indigènes*, approuvé par décret du gouverneur en date du 5 juin 1920, n° 2492 (comme antérieurement déjà en vertu du règlement pour l'administration régionale locale approuvé par le décret du gouverneur en date du 15 janvier 1912, n° 814), sont largement utilisés pour l'administration locale sous le contrôle technique et l'autorité politique du dominateur blanc, bien que celui-ci tende naturellement à substituer par degrés, avec l'occupation effective du pays, l'organisation territoriale à l'organisation gentilice de la société indigène, en réduisant le nombre des chefs indigènes, en étendant leur compétence territoriale et leurs attributions administratives, mais d'autre part en restreignant l'ancienne base politique de leur autorité. Il y a actuellement cinq catégories de chefs, cadis et notables par ordre hiérarchique de grade et traitement ou allocation pécuniaire, payés par le gouvernement colonial : 1) les sultans et notables indigènes importants; 2) les cadis, califes, cheiks et katibs; 3) les chefs de tribus et chefs religieux (en somali : *iman, ugaz, ueber, islan*, etc.); 4) les chefs de cabila et notables (en somali : *malac, gobuen, islan, garad*, etc.); 5) les chefs de *rer* — villages et anciens (en somali : *beldagg, gob*, etc.).

Ces chefs sont chargés de la représentation officielle auprès de l'administration gouvernementale de leurs groupes ethniques respectifs, de la transmission et de l'exécution par les indigènes des ordres de l'autorité italienne et ont la responsabilité de leur observation; ils sont chargés, comme on l'a vu, de l'administration de la justice, dans les limites établies, pour les indigènes et enfin et surtout de la répartition entre les indigènes des contributions en numéraire, en bétail ou en travail collectif, ainsi que de l'imposition des amendes collectives infligées aux cabilas ou groupes de moindre importance pour des délits commis par ces groupes ou survenus dans leur territoire.

Mais c'est dans les colonies libyennes, comme il était logique, que l'utilisation des chefs naturels de la société indigène et des institutions de celle-ci a atteint le plus grand développement. Très étendue déjà avant la promulgation des deux lois fondamentales de la Libye (les décrets-lois royaux du 1er juin 1919, n° 931, et du 31 octobre 1919, n° 2401, approuvant respectivement les *Règles fondamentales* relatives à l'organisation de la Tripolitaine et de la Cyrénaïque), cette utilisation s'est depuis et à cause de ces lois tranformée de manière à constituer, sous le contrôle il est vrai et avec l'assistance des fonctionnaires coloniaux, non seulement l'ossature de l'organisation administrative des deux colonies libyennes, mais même — grâce au Parlement local institué dans chacune de ces deux colonies par ces lois — la représentation politique et en partie législative des populations intéressées.

L'organisation administrative actuelle, basée sur ces deux lois, est en effet la suivante :

En Tripolitaine, la Colonie est divisée en régions (*Liua*), arrondissements (*Caza*) et districts (*Nâhia*); à la tête de ces divisions sont placés respectivement un commissaire régional (*Mutasarrif*), un délégué d'arrondissement (*Caimacan*) et un agent de district (*Mudir*), fonctionnaires politico-administratifs qui peuvent aussi être des indigènes et sont nommés par décret du gouverneur, sur avis du *Conseil de gouvernement*. Celui-ci est une commission de deux membres nommés par le gouverneur et de huit membres élus par le parlement colonial en dehors de celui-ci est présidée par le gouverneur lui-même, dont elle est l'organe consultatif, et se renouvelle à chaque nouvelle élection du Parlement local (1).

A côté des autorités politico-administratives préposées à la gestion des affaires de la région et de l'arrondissement et, éventuellement aussi, du district, il est institué respectivement un conseil régional (*Madjlis Liua*), un conseil d'arrondissement (*Madjlis Caza*), un conseil de district (*Madjlis Nalia*). Ces conseils sont élus par les

(1) L'article 24 du décret-loi précité, relatif à la Tripolitaine, disposait cependant qu'à titre de mesure transitoire et pour toute la première période de vie du parlement local, les huit membres électifs du conseil de gouvernement devaient également être nommés, avant l'élection du parlement local, par décret du gouverneur, conformément aux indications données de commun accord par les chefs des diverses régions de la Colonie.

populations des circonscriptions respectives parmi les citoyens qui y résident; ils sont convoqués en session ordinaire deux fois par année, aux mois de février et d'août, et extraordinairement chaque fois que c'est nécessaire ou que leur réunion est demandée par la moitié au moins des membres composants; ils sont présidés par les chefs des administrations respectives et sont compétents pour délibérer sur les questions d'administration ordinaire; les districts qui doivent être dotés d'un conseil de district sont désignés, pour chaque circonscription, par décret du gouverneur, entendu au préalable le conseil de gouvernement. Les conseils sont renouvelés totalement tous les trois ans, et le gouverneur a toujours la faculté de les dissoudre, sous réserve toutefois de convoquer les nouveaux comices dans les quatre mois de la date du décret de dissolution. Le gouverneur a le droit de faire intervenir un délégué aux séances des conseils; pendant les vacances des conseils, leurs pouvoirs sont exercés respectivement par les commissaires régionaux, par les délégués des arrondissements, ou par les agents des districts.

Les décisions des conseils sont communiquées par les soins du commissaire régional au gouverneur, qui a la faculté de les annuler lorsqu'elles sont contraires aux lois ou à l'ordre public, ou lorsqu'elles sont étrangères aux matières pour lesquelles les conseils sont compétents.

Outre les administrations des régions, des arrondissements et des districts, il y a des administrations locales *municipales* en principe dans les chefs-lieux d'arrondissement ou de district, et en général dans toutes les localités où existe un centre d'intérêts possédant les moyens financiers pour pourvoir aux services locaux les plus essentiels. Un décret du gouverneur, sur l'avis du conseil de gouvernement, érige le centre habité en municipe (*Beladia*), en délimite le territoire, et le divise au besoin en quartiers et éventuellement en fractions. Les chefs de quartier (*Muhtar*) exercent leurs fonctions conformément aux termes d'un règlement spécial; le gouverneur peut conférer aux chefs de cabila, la totalité ou une partie, suivant le cas, des attributions qui sont propres aux chefs de quartier.

Un *intendant du gouvernement* peut être attaché à

l'administration municipale. Les municipes gèrent leurs propres affaires, appliquent et recouvrent les taxes et les droits qui leur reviennent, administrent l'état civil, l'hygiène publique, la voirie, les bâtiments civils, la police urbaine et mortuaire, l'approvisionnement d'eau, la tenue des foires et marchés, l'éclairage, la bienfaisance, la surveillance de l'emploi des terres et des eaux, etc. Les organes de l'administration municipale sont le maire ou syndic (*Raïs el Beladia*) et le conseil (*Magelis el Beladia*). Les fonctions de syndic sont exercées par le conseiller qui a été élu par le plus grand nombre de voix et qui sait lire et écrire. Il peut être suspendu ou démis de sa charge par décret du gouverneur. Le nombre des conseillers est fixé, pour chaque municipe, par le gouverneur; les conseillers restent en charge pendant trois ans et sont rééligibles. L'intendant du gouvernement peut intervenir dans les séances du conseil et participer à ses discussions. Cet intendant est nommé par le gouverneur, parmi les fonctionnaires civils, et il est attaché aux municipes les plus importants; c'est à lui que sont confiées la surveillance de la marche de tous les services municipaux et l'inspection des petits municipes du voisinage, au besoin par l'intermédiaire de délégués; il exerce en outre, soit personnellement, soit par l'intermédiaire d'un délégué, les fonctions d'officier de l'état-civil pour les citoyens métropolitains ou étrangers.

Dans les localités où il n'existe pas de municipe, les services d'un caractère municipal jugés nécessaires sont assurés par les districts, lesquels observent — dans la mesure où elles sont applicables, — les mêmes règles que celles qui sont fixées pour les municipes.

Enfin, dans les localités où des circonstances spéciales de fait rendent la chose opportune, des fonctions administratives déterminées peuvent être confiées aux chefs des cabilas, dans les limites et dans les formes établies par le gouverneur.

En ce qui concerne la Cyrénaïque, la loi fondamentale de 1919 et le règlement qui s'y rapporte, approuvé par décret du gouverneur de 1920, divisent la Cyrénaïque en *districts*, lesquels ont à leur tête un *agent de district* nommé par le gouverneur, sur l'avis préalable du Conseil de gouvernement (la commission spéciale portant ce nom est semblable par sa composition et par ses attributions à celle existant en Tripolitaine). A côté de l'agent de district doit fonctionner un conseil électif composé de citoyens cyrénaïciens de la circonscription; ce conseil délibère sur toutes les questions d'intérêt local que les lois ou les règlements n'ont pas déjà rattachées à la compétence d'autres autorités. Tout district dont le chef-lieu se trouve dans un centre bâti peut cependant être érigé, par décret du gouverneur, en *district urbain* ou en *municipe* et être doté d'une administration municipale composée du syndic (devient syndic le conseiller qui a eu le plus grand nombre de voix et qui sait lire et écrire) et d'un conseil élu par les citoyens, tous les trois ans, s'occupant de toutes les questions d'intérêt local qui ne sont pas rattachées à la compétence d'autres autorités par les lois ou par les règlements. Aux municipes importants peut être adjoint un *intendant du gouvernement* qui surveille la marche de tous les services municipaux.

Bien que le décret-loi pour la Cyrénaïque ait pourvu à une division administrative du territoire sur les bases topographiques, spécialement pour les centres urbains et les zones de grande pénétration coloniale, il a laissé subsister la division traditionnelle du pays suivant les tribus, et il s'en est servi pour des fins administratives, spécialement dans l'intérieur. En effet la répartition des populations en tribus, sous-tribus et subdivisions de celles-ci est reconnue, et la direction de chaque sous-tribu est confiée à un chef, et celle de chaque tribu entière à un chef des chefs; les chefs indigènes sont désignés dans chaque tribu suivant les règles traditionnelles de celles-ci, mais ils doivent être reconnus par le gouvernement, en vertu d'un décret spécial, pour pouvoir exercer leurs fonctions, que celles-ci soient les fonctions traditionnelles du groupe gentilice auquel ils appartiennent, ou les fonctions administratives et juridictionnelles dont ils sont chargés en vertu des règlements de la colonie. Le chef des chefs de la tribu, assisté du *Conseil des Anciens* (élu parmi les ressortissants du groupe ethnique en question) a la haute surveillance de l'ordre et de la sécurité du territoire où la tribu séjourne d'une façon stable ou de la zone qui lui est réservée par les coutumes, et il en répond personnellement devant le gouverneur; les chefs des sous-tribus agissent sous sa surveillance directe et sous sa responsabilité. Un Conseil des Anciens peut éventuellement fonctionner, non seulement auprès des chefs des tribus, mais encore auprès des chefs des principales sous-tribus. En cas de réclamation au sujet de la régularité de la désignation d'un chef, on consulte le *Conseil de gouvernement,* dont il est question plus haut.

Le représentant du gouvernement colonial dans le territoire de la circonscription qui lui est assignée, et qui sert d'intermédiaire entre ce gouvernement d'une part et les agents de district, les chefs des chefs de tribu et les municipes d'autre part est le *Commissaire du gouvernement,* nommé par le gouverneur; il réside au chef-lieu de la circonscription et a, outre la haute surveillance de l'exécution des attributions respectivement déléguées aux chefs des chefs, aux agents de district et aux municipes dans le territoire de sa circonscription, outre la disposition des forces publiques, la charge de pourvoir à l'affectation des fonds prévus dans la partie extraordinaire du budget et de surveiller la perception et l'utilisation des impôts. Intermédiaire entre le gouvernement et les autorités locales, il remplit en outre, vu le rôle d'inspecteur des finances qu'il joue, les fonctions d'organe de liaison entre les deux systèmes administratifs du pays, le système à base territoriale et le système à base gentilice.

Ce simple exposé de l'organisation administrative locale des colonies libyennes suffit pour comprendre la part que l'élément indigène prend aussi dans la vie administrative locale; d'autre part nous avons vu combien il participe à l'organisation judiciaire du pays.

VII.

Les parlements libyens dans l'évolution politique et juridique de la société indigène de l'Afrique septentrionale italienne.

Mais l'institution des parlements de la Tripolitaine et de la Cyrénaïque fut une reconnaissance beaucoup plus importante de la vie et de la société indigènes, en même temps qu'une garantie de leur développement ultérieur sur la base des tendances naturelles du pays.

Il est certain que la création de pareilles institutions représentatives du type occidental dans des pays islamiques au développement arriéré, peut prêter à de vives critiques de la part de celui qui voit dans ces institutions une lacération violente du tissu social indigène, un dissolvant puissant de l'ancienne constitution sociale du pays reposant sur des bases ethnico-religieuses. Mais à part le fait que la Libye, déjà à l'époque de la domination (islamique, il est vrai) de la Turquie, envoyait ses représentants au Parlement ottoman de Constantinople, et à part les engagements solennels de liberté politique et d'autonomie administrative donnés aux populations libyennes par l'Italie au moment de l'occupation et consacrés ensuite par des accords internationaux dans les préliminaires de paix de Lausanne avec la Turquie en octobre 1912, il est certain que l'élément indigène — c'est-à-dire la presque totalité de la population de la colonie — d'une assemblée politique coloniale peut toujours faire de ses coutumes traditionnelles à la fois un boulevard et une forge où ces mêmes coutumes sont soumises à des transformations violentes ou graduelles, mais toujours par l'élément indigène lui-même plutôt qu'imposées par le dominateur occidental étranger.

Et cela d'autant plus que, si le parlement local de la Tripolitaine, colonie de la région de la côte beaucoup plus avancée et plus en contact avec la civilisation occidentale, est constitué sur une base exclusivement territoriale, celui de la Cyrénaïque, colonie plus arriérée, où les anciennes coutumes sont plus pures et l'organisation essentiellement indigène des Sénoussis est plus étendue et plus efficace, repose sur des principes en grande partie gentilices.

Le Parlement tripolitain se compose en effet de membres élus à raison d'un député par vingt mille habitants et en outre de membres de droit représentant le gouvernement colonial et d'autres membres éventuellement nommés par le gouverneur; le nombre total de ces membres de droit et membres nommés par le gouverneur ne peut pas dépasser le sixième des membres élus. En Cyrénaïque par contre, le Parlement, se composant d'« environ cinquante représentants », est constitué (outre les membres de droit et les membres désignés éventuellement par le gouverneur, dans la même proportion d'un sixième au maximum des membres élus) par les « représentants des tribus du territoire et des centres urbains de celui-ci, comme expression (dit l'art. 13 du décret-loi susdit) de la fédération amicale de toutes les tribus et populations du pays». Ceux-ci sont élus par les membres des tribus et par les populations des centres urbains, dans la proportion d'un député par 4,000 membres des tribus ou habitants ou fraction de 4,000 à condition toutefois que cette fraction ne soit pas inférieure à 1,500 pour chaque tribu ou centre urbain. La loi fondamentale cyrénaîcienne prévoit les formes spéciales dans lesquelles s'effectuera la désignation des représentants des oasis de l'intérieur, le nombre de cinquante membres, respectivement élus, de droit ou nommés par le gouverneur restant toutefois le même. Certes, les pouvoirs des parlements libyens sont beaucoup plus restreints que ceux du Parlèment métropolitain, puisque les parlements libyens ne peuvent délibérer que sur les impôts du fisc et sur les principes dont doivent s'inspirer les services publics civils, gérés avec les fonds imputés sur la partie ordinaire du budget colonial et dans les limites de ceux-ci. Mais puisque, outre la nomination directe ou indirecte des cadis, il leur incombe d'approuver avant qu'ils ne soient édictés par décret royal, tous les règlements nécessaires en vue de l'application des principes contenus dans la loi constitutionnelle fondamentale de la colonie, on comprend sans peine l'importance qu'ils peuvent prendre en peu de temps dans la vie de la colonie et en particulier l'influence qu'ils peuvent excercer en faveur du maintien ou de la transformation de l'organisation sociale indigène, dont l'évolution se trouve ainsi placée sous l'égide des représentants directs de la population indigène elle-même. Le maintien du statut personnel et successoral particulier au pays; les garanties de la liberté individuelle et du respect de la religion et des principes et coutumes locaux; l'inviolabilité du domicile et de la propriété: le droit de postuler les emplois civils et même militaires dont il est question dans les règlements locaux; le droit de voter et d'être élu; l'exercice des professions libérales; les droits de pétition au Parlement national, de séjour, d'émigration; la liberté de la presse et de réunion; l'exemption du service militaire obligatoire; les garanties scolaires pour l'enseignement public et la liberté de l'enseignement privé sous la surveillance du gouvernement; l'emploi de la langue locale assimilée officiellement à la langue italienne; l'exemption de tout impôt direct qui ne soit pas consenti par le parlement local lui-même; voilà quels sont dans les grandes lignes les droits fondamentaux et en même temps les matières dont le traitement législatif doit être approuvé par le Parlement local avant de faire l'objet d'un décret royal.

Si donc ce Parlement est loin d'avoir les pouvoirs d'initiative, de délibération, de ratification des parlements occidentaux propres aux États indépendants ainsi qu'aux colonies autonomes, ou loin d'être (théoriquement du moins) le représentant et l'interprète de la souveraineté populaire, pour les lois fondamentales de la Libye il est certainement l'organe législatif suprême de la société indigène en ce qui concerne sa constitution intime et l'arbitre de son évolution sur le terrain juridique. Et l'expérience, bien que courte et jusqu'à présent limitée à la seule Cyrénaïque (en Tripolitaine la situation politique de la colonie a jusqu'à l'heure actuelle empêché la convocation du Parlement), a confirmé ce fait.

Inauguré solennellement à Benghasi le 30 avril 1921 par S. A. R. le Prince d'Udine, représentant S. M. le Roi d'Italie, le Parlement local de la Cyrénaïque a fonctionné depuis lors tout aussi bien et même mieux que beaucoup de parlements occidentaux, en répondant pleinement aux fins pour lesquelles il a été institué.

Même la procédure électorale qui, pour le Parlement tout comme pour les autres conseils électifs de la Cyrénaïque a été établie par décret royal du 25 avril 1920, nᵒ 570, modifié par décret royal ultérieur du 14 août 1920, nᵒ 1191, bien que représentant dans ses modalités d'application certains inconvénients (fait très naturel même dans des pays beaucoup plus évolués au point de vue constitutionnel) a dans l'ensemble donné des résultats si satisfaisants qu'ils dépassent les plus légitimes espérances.

Le système électoral, fort complexe, a fonctionné

d'une manière si parfaite et répondant si pleinement aux exigences et aux conditions spéciales de la Colonie qu'on est autorisé à affirmer avec certitude que les populations de la Cyrénaïque ont eu, dès le début de son application, au Parlement et dans les autres conseils électifs, une représentation vraiment conforme à leur volonté. Pareil résultat n'eût pas été atteint si, en formulant les règles en question, on n'avait pas même dans les petits détails, tenu compte des us et coutumes locaux.

Il suffit de songer aux difficultés que présente la constitution de corps et collèges électoraux homogènes avec la représentation d'éléments aussi hétérogènes et dissemblables que le sont, par la religion, par la civiliation, par la constitution sociales, par le caractère psychologique, par les traditions politiques, les métropolitains et les bédouins, les arabes avancés des villes et ceux des lointaines oasis désertiques, les musulmans, les chrétiens et les israélites, les nomades et les propriétaires de maisons et de jardins des villes de la côte, pour s'apercevoir que l'élaboration et l'application des lois fondamentales réalisées en Cyrénaïque, dans des conditions particulièrement difficiles à cause des éléments perturbateurs de nature politique, tels que les Sénoussis, constituent un succès d'une portée historique dans la politique de collaboration des États occidentaux avec les populations islamiques des colonies.

Les circonscriptions électorales ne pouvaient pas être du même type pour les populations des centres de la côte et pour celles de l'intérieur; de là la nécessité de faire également en cette matière une distinction entre les groupes à base territoriale et les groupes à base personnelle.

Pour ces dernières le collège, plurinominal ou uninominal, correspond avec la tribu et avec les sous-tribus et est constitué par le Gouverneur, sur avis préalable du Conseil du gouvernement.

Dans la formation des listes on suit une procédure parfaitement adaptée aux coutumes, dans laquelle le chef des chefs et les chefs ont une haute mission de responsabilité et de contrôle; les autorités gouvernementale et judiciaire n'interviennent que pour statuer dans des recours et pour la légalisation des listes elles-mêmes.

La procédure électorale est parfaitement accessible à la compréhension des indigènes les moins avancés. L'on a adopté le système de la *mazbata* tournante. Pendant une période de dix jours, les commissions électorales se transportent de campement en campement et reçoivent les votes de la main à la main en les inscrivant et en les certifiant authentiques sur des feuilles d'un modèle spécial sur lesquelles sont portés dans l'ordre où ils ont été émis les votes publics de chacun et sur lesquelles le procès-verbal des opérations est clos journellement. Le dépouillement est fait par les commissions elles-mêmes, assistées par les autorités régionales.

Le Parlement exerce ses fonctions suivant un règlement intérieur qui a fait l'objet d'une des premières délibérations de l'assemblée élue de la Cyrénaïque; tout en laissant une place aux règles dictées par l'expérience acquise par le fonctionnement des parlements européens, on a veillé toutefois à tenir compte des usages traditionnels en matière de discussions et de délibérations.

Les discussions qui ont surgi, parfois passionnées, mais toujours dignes, ont donné la preuve du succès véritable de la politique libérale. L'Arabe, même celui de l'intérieur, est tellement orgueilleux et en même temps tellement conscient de sa propre compétence et de son sens pratique des affaires qui le regardent, qu'il n'a pas voulu se prêter dans les travaux parlementaires, à ce que des groupes peu avancés soient assujettis à des chefs de parti, étrangers à la représentation dont il est investi. De même, les Bédouins, qui sont la grande majorité du Parlement (et celui-ci fut l'un des principaux avantages politiques des statuts fondamentaux, par comparaison avec les régimes précédents) n'ont pas accepté aveuglément la direction et la volonté des éléments des villes, lesquels depuis le temps de la domination ottomane jusqu aux premières années de notre occupation, avaient fait croire qu'ils tenaient en main, comme une masse amorphe, les populations de l'intérieur.

Habitués, au contraire, à la solennité et à l'importance de leurs réunions traditionnelles, ils apportèrent dans l'exercice de leur mandat une indépendance absolue.

Chaque discours au Parlement. chaque discussion

dans les commissions spéciales a toujours eu un ton austère d'objectivité et de déférence envers le gouvernement, dont les intentions libérales et bienfaisantes ont été comprises universellement.

Aucune violence de Senoussis déçus dans leurs ambitions temporelles, aucune ambition personnelle de chefs qui voient s'évanouir leurs espérances de tyrans devant un retour bienfaisant aux traditions démocratiques du pays, n'ont pu ébranler la solide unité du Parlement, qui a continué ses travaux avec sérénité et ferveur.

Au cours des cinq sessions, tenues jusqu'à présent par le Parlement de la Cyrénaïque, son œuvre s'est manifestée dans tous les domaines. Ses discussions ont abouti à l'approbation de règlements très importants et ont souvent montré au gouvernement la bonne voie à suivre, même en matière économique, comme par exemple pour le régime de l'exportation des produits de la Cyrénaïque.

Parmi les travaux du Parlement, sont particulièrement dignes d'être mentionnés ceux relatifs à l'organisation judiciaire, qui eurent pour but de mettre le règlement de 1913 et ses modifications subséquentes en rapport avec les principes de la loi statutaire de 1919 sur l'administration de la justice. Les discussions parlementaires à ce sujet, qui durèrent pendant trois sessions et qui eurent pour base le projet présenté par le gouvernement et le rapport d'une commission nommée par le Parlement lui-même pour l'examen de questions particulières déterminées, aboutirent à l'élaboration et à l'application du règlement sanctionné par le décret royal du 27 août 1923, n° 2484 cité plus haut. Une question fort débattue dans ce domaine fut celle des *awâf*, dans laquelle le Parlement, après avoir défendu pendant longtemps son point de vue tendant à rattacher à la compétence du tribunal chiaraïtique indistinctement tous les différends relatifs aux *awâf* à raison du caractère religieux de cette institution, adopta une solution conciliatrice intermédiaire, en faisant une distinction entre les actes constitutifs des *awâf* et les contrats juridiques conclus par eux, en leur qualité de personnes juridiques, et en rattachant les premiers à la juridiction spéciale chiaraïtique et les seconds à la juridiction ordinaire.

De même le Parlement de la Cyrénaïque a basé sur des conceptions traditionnelles, d'une nature non religieuse mais économico-sociale, la dévolution aux tribunaux chiaraïtiques des différends relatifs au bétail. Le critère prépondérant dans la coutume indigène et spécialement dans la coutume bédouine, en matière de bétail est, à raison des conditions spéciales de la vie nomade des populations, celui de la protection absolue des droits du propriétaire même contre tout droit de l'acquéreur ou du possesseur, de bonne foi. Il n'aurait dès lors pas été conforme à la conscience juridique locale d'admettre, par exemple, la prescription triennale; celle-ci, outre qu'elle ne correspondrait nullement au droit chiaraïtique, entraînerait une très grande perturbation dans les traditions locales relatives à la propriété et à la possession du bétail. La formule adoptée exclut naturellement toutes les causes qui ont un certain caractère pénal.

De même enfin le Parlement de la Cyrénaïque a combattu avec ténacité pour que toutes les causes relatives aux droits de *chefa* (1) soient rattachées à la compétence des tribunaux chiaraïtiques, en insistant sur les fins éthico-religieuses de cette institution et en laissant entrevoir la crainte que la magistrature pût appliquer à ces matières le droit malékite qui n'est pas conforme aux coutumes des populations, plutôt que le droit hanéfite qui, à la différence du premier, admet des délais abrégés et fixe de sévères règles de procédure pour le droit de préférence. La discussion parlementaire et les travaux de la commission tendaient à convaincre le Parlement que cette institution n'a aucun caractère religieux et qu'en conséquence la juridiction spéciale ne pouvait pas se justifier en ce qui la concerne. Néanmoins, comme il a été reconnu qu'il s'agissait de matières strictement islamiques et ne pouvant souffrir la procédure compliquée des lois italiennes, il fut décidé de faire juger ces questions par les tribunaux ordinaires, mais conformément aux coutumes locales, avec obligation expresse de recourir aux textes hanéfites. Ce n'est que lorsque les parties y

(1) N. du trad. : Le texte italien porte *scefa*, qui se prononce chefa. De même plus loin, nous avons transposé ruscedia en rouchdia.

consentent que ces matières sont jugées par le tribunal chiaraïtique. D'autres sujets qui ont fort passionné le Parlement de la Cyrénaïque furent la réglementation de la nomination et de la révocation des cadis (sanctionnée par les décrets royaux du 18 mars 1923, n° 651 et du 7 jiun 1923); la réglementation de la distribution des tribunaux chiaraïtiques et de la nomination des *naïb el cadi*; l'organisation scolaire pour les Musulmans, qui a passionné non seulement le Parlement mais encore la population musulmane tout entière, et en particulier celle des centres urbains (1), et ainsi de suite.

Le fonctionnement du premier Parlement local en Libye a donc démontré expérimentalement, contre toute conception a priori, que loin d'étouffer les coutumes indigènes, l'introduction d'un système représentatif de

(1) La loi fondamentale de la Cyrénaïque établit à l'article 10 les degrés d'enseignement qui doivent être institués pour les Musulmans (élémentaire, moyen, supérieur), et à l'article 11 les cours qui doivent être donnés en langue arabe et ceux qui doivent l'être en italien.

Le premier projet élaboré par la commission parlementaire introduisait, à l'exemple des règlements ottomans, une distinction entre le degré élémentaire inférieur (*ibtidaia*) et le degré élémentaire supérieur (*rouchdia*), et contrairement à ce qui était prévu à l'article 11 du statut, il excluait du degré élémentaire inférieur tout enseignement en langue italienne.

La commission mixte reconnut le bien-fondé de la thèse développée par les représentants du parlement cyrénaïcien, disant qu'une période préparatoire de trois ans, où l'enseignement serait entièrement donné en langue arabe était nécessaire; mais étant néanmoins tenue d'appliquer la loi fondamentale, elle emprunta à la pratique scolaire locale un type d'école qui existait déjà dans de nombreuses localités grâce à l'initiative privée, le *Kuttâb*, et elle en fit une institution pré-élémentaire après l'avoir étendu et perfectionné.

La *rouchdia* devint ainsi l'école pure et simple prévue par le statut.

Evidemment on ne pouvait mieux harmoniser les traditions et les exigences scolaires locales avec la loi fondamentale et éviter le passage trop brusque des systèmes d'écoles coutumières du pays à ceux d'écoles du type italien.

L'institution du *Kuttâb* fut rendue obligatoire dans 19 localités et facultative dans 15 autres, où elle fut subordonnée à l'existence d'une population scolaire suffisante.

Comme les écoles susdites n'étaient ouvertes qu'aux populations à résidence fixe, on créa un organe scolaire absolument nouveau, en prévoyant l'institution d'écoles ambulantes, ayant un programme analogue à celui du *Kuttâb*, pour les populations nomades de l'intérieur.

De nombreuses autres dispositions du règlement concernant les écoles moyennes, l'école supérieure, l'école des arts et métiers, le choix du personnel enseignant, les programmes, etc., sont également inspirées des critères d'une assimilation bien comprise des coutumes et de l'esprit des populations, auxquelles le règlement est destiné.

type occidental pouvait, même dans des colonies islamiques, favoriser le développement autonome ultérieur de celles-ci, sur la base de l'assimilation spontanée
des éléments de la civilisation occidentale les plus propres au développement civil et économique du pays.
Cette fonction assimilatrice ne fut d'ailleurs pas seulement
remplie par le Parlement local, mais encore par les conseils électifs inférieurs (régionaux et municipaux, dont
il a été question plus haut), et par les syndics musulmans,
lesquels apportèrent à l'administration italienne une
contribution précieuse de connaissances locales dans les
domaines les plus variés (police et assistance sani-
taire, marchés, bienfaisance et cultes, police urbaine, etc.);
ils furent d'accord avec les chefs, les magistrats et les
fonctionnaires indigènes (les *mudir* cyrénaïciens en particulier), organes et facteurs principaux d'une collaboration italo-arabe effective fondée sur la double base
du respect de la vie juridique indigène, et de l'assimilation spontanée et progressive par celle-ci de l'élément
juridique occidental.

La colonisation libyenne est donc, malgré la situation
politique, qui fut tourmentée dans mainte partie des
nouveaux domaines pendant la dernière décade, le couronnement de la politique indigène de l'Italie, politique
qui ne s'est jamais démentie depuis l'occupation d'Assab
en 1882 jusqu'à l'élaboration des statuts de 1919, politique que le prince d'Udine, en inaugurant le premier
Parlement local libyen, a heureusement synthétisée
dans les paroles suivantes : « en concédant à la Libye
la loi fondamentale et les institutions parlementaires,
l'Italie a montré une fois de plus que sa mission dans
le monde n'est pas d'imposer à d'autres peuples sa
propre coutume, sa propre loi et sa propre foi, mais
d'harmoniser les croyances, les coutumes et les lois
dans un but de progrès commun ».

GENNARO MONDAINI,
Professeur de politique coloniale
à l'Université royale de Rome.

LE RÉGIME DE LA PRESSE
AUX COLONIES

RAPPORT GÉNÉRAL.

Ce n'est pas un rapport général sur cette question : c'est un essai que je devrais dire. C'est réellement la présentation pure et simple des premiers rapports et documents qui sont parvenus à l'Institut. Il paraît indispensable de reporter à une autre session, au moment où auront été reçus — du moins je l'espère — tous les travaux sollicités de nos collègues, un travail d'ensemble, qui doit en somme dégager les principes déjà acquis, suivant lesquels la presse, dans toutes les possessions des puissances colonisatrices, se comporte, se dirige, ou se trouve aussi dirigée.

C'est pourquoi je prie l'Institut de vouloir bien me permettre de reprendre une autre année, cette charge de rapporteur général, qui ne m'est d'ailleurs advenue qu'au commencement de novembre 1923, un peu tard pour que je puisse prendre toutes les précautions utiles afin d'aboutir à temps.

Les contributions de la Grande-Bretagne, des États-Unis, de l'Italie, sans parler d'autres, ne sont point encore parvenues à l'heure où j'écris; et c'est là une contribution que je ne puis, de propos délibéré, négliger dans les conclusions d'un rapport.

Aussi bien dois-je me contenter, à cette session, de présenter les méthodes et les divisions du travail que j'ai cru pouvoir adopter, et aussi les conclusions qui semblent ressortir des rapports reçus, lesquels, par une coïncidence singulière, appartiennent presque tous au groupe européen des races latines (France, Belgique, Portugal). Et je dois ici signaler le très clair et complet et excellent rapport de notre collègue belge, M. le docteur Dryepondt.

* * *

Cette question de la *presse* n'est pas tant une question de législation ou de documentation, ou même de *fait*, qu'une question de sentiment et même de passion; et de ce fait, elle emprunte aux passions humaines — comme le fit à la dernière session la question des métis — ces caractères ardents, parfois extrêmes et paradoxaux, mais toujours protéiformes et sensibles aux moindres incidences de la vie.

C'est pourquoi, dans le questionnaire qui a été adressé à ceux de nos collègues — ou des professionnels dont fut sollicitée la collaboration — je passai résolûment sous silence tout ce qui pouvait avoir un rapport quelconque avec le sentiment, et je me tins exclusivement dans le domaine de la réglementation et de l'historique sociale.

Je reproduis ici les termes de ce questionnaire, puisqu'il servira encore aux rapports qui pourront être, d'ici à la session prochaine, remis à l'Institut :

Le régime de la presse aux colonies.

QUESTIONNAIRE.

I. — La presse aux colonies. Comment elle s'est créée et constituée. Par quelles conditions successives elle a passé. Son régime actuel.

II. — Forme de la propagande coloniale par la presse. Le quotidien. La revue. L'illustré.

III. — La presse coloniale locale de langue métropolitaine. Son action. Ses moyens d'action. Peut-elle vivre financièrement indépendante? Doit-elle être l'auxiliaire continuel du gouvernement?

IV. — La presse coloniale indigène. Son régime : son action sur les sujets ou protégés. Doit-elle être encouragée? Ses rapports avec les représentants de l'autorité métropolitaine, avec les colons, avec ses confrères.

V. — La presse coloniale dans la métropole. Sa documentation. Organes de liaison avec la presse coloniale locale.

VI. — Situation matérielle et morale du journaliste dans les colonies. Des Fédérations. Y a-t-il des organisations corporatives?

VII. — . . . .

Bien entendu, je n'avais pas, en rédigeant ce court questionnaire, la prétention de diriger, encore moins de limiter les rapports qu'il sollicitait. Je désirais seulement, par cette énumération, obtenir plus d'homogénéité dans les réponses, et il me semble, du moins dans celles que j'ai reçues, avoir atteint le but visé. Cette sorte d'unité était mon seul souci.

Puisque j'étais à Paris, à la source même d'une documentation importante et variée — cette importance et cette variété étant précisément celles du domaine colonial français, — j'ai tenté de donner comme suit le plan d'ensemble du travail: Un représentant de chaque nation colonisatrice fait un rapport sur la presse nationale coloniale, ce qui est, à dire vrai, un rapport métropolitain. A côté de ce rapport, *sous* ce rapport, chaque colonie — ou chaque groupe de colonies — présente un rapport local, particulièrement suivi; et c'est là que nous pouvons trouver les incidents sentimentaux et passionnels de la vie professionnelle. Le même labeur partiel s'exécutant à l'intérieur de chaque puissance colonisatrice, le rapport général vient couronner le tout, et mettre en lumière les idées, tant théoriques que pratiques, qui sont communes à tous ces travaux.

Prenons l'exemple français : la presse coloniale métropolitaine a fait l'objet de deux rapports : l'un au point de vue législatif et historique, par notre collègue M. Camille Fidel; l'autre, au point de vue syndicaliste, par M. Paul Y. Sébillot, syndic de la presse coloniale française. Et les colonies françaises, rangées par groupements géographiques, ont donné lieu aux rapports suivants :

L'Algérie-Tunisie, par M. Laffite, rédacteur en chef de l'*Echo d'Alger* :

Le Maroc, par M. Mareau, avocat à la Cour d'appel

de Paris, vice-président du Syndicat de la presse Marocaine;

L'Indochine et le groupe dit « du Pacifique », par M. de Lansalut, avocat à Hanoï, président du Conseil d'administration du *Courrier d'Haïphong*;

L'Afrique occidentale, l'Afrique équatoriale et le groupe africain français en général, par M. H. Beaurain, délégué du Togo au Conseil supérieur des colonies, rédacteur en chef de la *Dépêche coloniale*;

Madagascar et son groupe, par M. Francis Mury, délégué-élu des Comores-Madagascar au Conseil supérieur des colonies, directeur du *Courrier colonial*;

Les colonies d'Amérique et des Antilles, par M. Robert Chauvelot, avocat à la Cour d'appel de Paris, membre du Conseil supérieur des colonies.

Une très grave et très longue maladie a empêché les célèbres écrivains, Marius et Ary Leblond, de nous apporter leur travail sur la presse à la Réunion. Et le temps a manqué pour recevoir les rapports des Établissements français de l'Océanie.

Enfin, en ce qui concerne la presse indigène de langue française, qui est bien la plus neuve et la plus passionnée des thèses qui nous occupent ici, j'ai pensé que mon très long séjour en Extrême-Orient, parmi la plus civilisée et la plus élevée des races dont la France a assumé la charge d'assurer les destins, m'autorisait à rapporter moi-même cette question. J'ai conscience de l'avoir tenté avec la meilleure volonté du monde et avec l'affection expérimentée que j'ai conservée pour un peuple dont j'ai vécu longtemps la vie et parlé couramment la langue.

Et ce n'était qu'après que chaque nation colonisatrice eût exposé un travail analogue et des rapports du même genre et de même source, que le rapport général pouvait être établi avec certitude et profit. A l'heure où j'écris, nous en sommes loin encore.

* * *

Je ne puis donc faire ressortir aujourd'hui qu'une caractéristique générale, qui me semble affecter la figure de la presse de toutes les colonies. C'est que le régime de la presse, d'une part, et que, d'autre part, la façon dont les animateurs et les écrivains de cette presse comprennent leur devoir et exécutent leur tâche quotidienne, sont des fonctions immédiates du tempérament national métropolitain.

Il est donc possible — il m'est agréable — et personne ne sera surpris — de tirer, des documents reçus jusqu'ici et qui ne concernent guère que le groupe latin de la grande famille blanche, cette consolation que notre devise sociale : *Ordre et Liberté* subsiste dans la presse, et en dirige toutes les manifestations : dans la liberté, l'ordre; et grâce à l'ordre, la liberté.

Les rapports qui émanent de la métropole et des colonies françaises forment un ensemble complet et définitif pour ce pays : les textes officiels français, belges, portugais (et nous savons que les textes italiens et espagnols révèlent les mêmes tendances) : tout cela est si homogène, si parallèle d'inspiration, si semblable de conséquences, que tout semble, sinon être sorti de la même plume, du moins être dicté par le même cerveau.

La liberté d'écrire est, comme la liberté de penser, un dogme fondamental qui, mieux encore qu'au fronton de nos édifices, est écrit au fond de nous-mêmes. C'est donc cette liberté qui est à la base de toutes nos législations coloniales.

Et parmi toutes les libertés, la liberté de la presse, qui est à la fois celle de penser, de parler et d'écrire, demeure le don intangible de nos premiers régimes démocratiques. Et elle règne, aussi vite que notre puissance et tout de suite après nos victoires, dans les pays qui viennent à l'instant d'être conquis ou protégés par nous.

Seulement, si nous admettons ce principe *a priori* — encore qu'il ait parfois besoin de démonstrations, — à savoir que le citoyen français doit et sait user de cette liberté avec la mesure qui est la marque de sa civilisation, nous ne sommes pas assurés de la même discipline morale chez les peuples qui possédaient leurs lumières et leurs libertés propres, et qui viennent seulement de participer aux nôtres. Et nous entendons bien que les droits reconnus à chaque particulier ne puissent jamais être préjudiciables à l'état de la collectivité. C'est pourquoi nous armons d'un pouvoir très strict les représentants lointains de l'autorité française. Et, tandis que la liberté de la presse reste un dogme primordial, les gouverneurs généraux et les chefs des colonies sont investis d'un pouvoir exécutif leur permettant, sans en appeler à la métropole, de suspendre ou de supprimer cette liberté, mais temporairement et dans des cas individuels particulièrement désignés: le *Salus populi* tenant lieu, dans telles extrémités déterminées, de toute autre loi. Ce n'est pas là même une procédure exceptionnelle, c'est simplement la soupape de sûreté, qui, dans toute machine bien construite, doit garantir le mécanisme contre la tension imprévue de la vapeur.

Tel est le double signe sous lequel se développe la presse aux colonies des races latines : la confiance de la patrie, en tous les cas, aux citoyens, aux sujets, aux protégés, pour le sain exercice d'un droit presque souverain; et la confiance, en des cas spéciaux, dans les représentants de la patrie, pour n'atténuer ou ne supprimer que dans des circonstances exceptionnelles, temporaires et politiquement graves, l'exercice de ce droit.

J'ai rapidement signalé — pour montrer la concordance des sentiments, des traditions et des lois dans les races latines — le rapport du Dr Dryepondt sur la presse au Congo belge. On voudra bien me permettre d'y revenir pour en mieux marquer les caractéristiques.

La principale est la suivante : le Congo belge est une colonie récente, d'administration dans sa région océane occidentale, d'exploitation dans sa région centrale et continentale, et n'est nulle part une colonie de peuplement : en conséquence de quoi la presse est forcément limitée, et a, d'une part, une allure officieuse, et d'autre part, obéit à des inspirations privées.

On peut penser, sans crainte de se tromper beaucoup, que ces deux tendances ne sont pas souvent parallèles, et que la seconde tendance, si elle est moins agréable à lire, est probablement plus utile à consulter.

Les autochtones ne sont pas assez évolués pour qu'il existe une presse indigène.

A ce sujet, la charte coloniale belge ne reconnaît pas la liberté absolue de la presse : le décret du 6 juillet 1922, qui régit la matière, a ordonné des restrictions, en vue d'arrêter la propapande pan-nègre. Aux termes de ce rapport, que M. le Dr Dryepondt a judicieusement reproduit, on peut croire que le but, poursuivi et atteint par le législateur belge, est le même que celui qui fut poursuivi et atteint par le gouvernement français, mais par des moyens un peu différents.

En passant à l'étude des diverses formes de la propagande par la presse, le rapporteur donne un souvenir à la mémoire d'un grand publiciste belge, M. A.-J. Wauters, souvenir auquel nous devons ici joindre l'hommage qui est dû à tous ceux qui ont défendu leurs convictions avec l'ardeur que donnent la foi et l'honnêteté.

Enfin, avec une discrétion qu'approuveront tous les professionnels, M. le Dr Dryepondt marque rapidement que la presse coloniale n'offre d'intérêt que si elle est indépendante : que les subventions du Gouvernement ou des particuliers portent inévitablement atteinte à cette indépendance; que, néanmoins, il est impossible aux journaux locaux de vivre par les seules ressources de leurs abonnements ou ventes; qu'il est donc nécessaire pour eux d'étendre leur publicité et leurs services d'annonces. Me permette donc de dire tout bas que, pour tout publiciste de métier, il apparaît que l annonce se transforme presque inévitablement en une subvention plus ou moins déguisée?

* * *

Le rapport de M. le professeur D.-G. Stibbe, sur la presse aux Indes-Néerlandaises sera, pour beaucoup de professionnels européens, une véritable révélation, non seulement à cause de l'époque de la naissance de la presse locale (1744) mais à cause de l'excessive floraison des organes de presse, tant européens qu'indigènee, ces derniers ne datant réellement que du commencement du mouvement nationaliste (1908).

Aujourd'hui les Indes - Néerlandaises possèdent 120 journaux ou périodiques européens et 175 organes de l'opinion indigène.

Cependant, et malgré l'évidente difficulté d'un contrôle sérieux sur une semblable masse documentaire, le règlement général d la presse locale s'inspire de ce principe que la seule restriction à apporter à l'admission des publications n'est que celle que peut exiger le maintien de l'ordre public.

Cette largeur de vues — dans le pays qui a vu opérer Multatuli — est d'autant plus remarquable que la presse indigène est plus nombreuse, plus probéiforme, est sujette à plus d'influences, et se développe au long des ambitions les plus diverses et panachées. Le mouvement nationaliste des îles de la Sonde met des aspirations multiples au service d'un même idéal, et semble tendre, à un but nuique, par des moyens nombreux. Toutes les unités ethniques qui composent la population des îles ont leur organisation spéciale et leur presse particulière. Ainsi l'action javanaise possède autant d'organes de presse qu'il peut y avoir de nuances dans une politique autochtone, y compris la nuance féministe et la communiste : les organes d'unions professionnelles ne sont pas, en ce sens, les moins nombreux non plus que les moins ardents.

·Mais il a aussi la presse de langue chinoise, représentée par 25 périodiques environ : il y a la presse islamique, qui obéit surtout à des préoccupations de prosélytisme; il y a la presse arabe ; il y a la presse malaise : il y a la presse hindoue. Et l'administration locale sait que l'influence de tous ces journaux va beaucoup plus loin que le cercle des abonnés ou des lecteurs, attendu que leur contenu est transporté verbalement — avec toutes les inexactitudes et les erreurs d'un semblable truchement — parmi les peuplades les plus éloignées, n'ayant ni expérience, ni esprit critique, et enclines à la totale crédulité.

Cet organisme touffu se développe sans relations avec les autorités européennes, sans rapport même avec les colons. L'administration s'en tient, toujours et quand même, aux principes liberaux plus haut énoncés, et ne possède comme moyen d'action que des publications d'allure officieuse, plaidant la contre-partie, et répandues autant que possible par les moyens administratifs.

On voit que, outre ses autres mérites, ce rapport met en lumière une situation peu connue en dehors des Iles elles-mêmes, et que cette situation appelle une surveillance de tous les instants, surveillance que le Gouvernement ne manque pas d'exercer, et dans l'expérience duquel les puissances colonisatrices peuvent trouver les plus fructueuses leçons.

* * *

En ce qui concerne la Grande-Bretagne, son empire colonial et ses Dominions, M. H.-Z. Turner, secrétaire de l'*Empire-Press-Union*, en faisant part de quelques documents statistiques, expose d'un mot la formidable organisation de la presse aux Colonies anglaises et dans tous les domaines de la Couronne.

Et, tout de suite, la chose capitale saute aux yeux : il n'y a pas, dans la métropole, de presse coloniale spéciale ; cette proposition manque de sens auprès de la nation qui a conçu et exécuté le plus formidable programme d'expansion extérieure. Tout bon Anglais est un colonial-né. Tout journal anglais est un journal colonial ; et il n'y a pas là de distinction possible à faire.

Et quant à la presse britannique dans les colonies, et quant à la *Native-Press*, chaque Dominion possède un organisme complet de propagande, soit par quotidiens, soit par périodiques. Les membres des presses locales font partie des deux grandes associations de presse anglaise ayant leur siège à Londres ; et les grands organes des possessions britanniques se comportent, se composent et vivent exactement comme les grands organes métropolitains.

Ce court exposé nous conduit immédiatement à cette conclusion, à savoir que : pour être complète, l'enquête sur la presse aux colonies anglaises doit être menée dans chacune des grandes possessions et des Dominions : Indes, Canada, Australie, Afrique du Sud, etc. Nous trouverions là, avec des matériaux normaux, l'occasion d'une documentation du plus haut intérêt. Mais c'est-là, si nous ajoutons, à tant d'autres motifs, celui de la distance, une œuvre d'assez longue haleine, que je propose à l'Institut de reporter à sa prochaine session.

Nous aurions ainsi l'agréable plaisir de recevoir les rapports des autres puissances colonisatrices, qui n'ont pas encore répondu à notre appel.

Paris, février, 1924.

Marquis de POUVOURVILLE,
membre associé.

La presse coloniale en France.

RAPPORT de M. Camille Fidel.

I. — La propagande coloniale par la presse.

Puisque la plupart des colonies et pays de protectorat de la France possèdent, comme la métropole, leurs journaux, il est permis de se demander quelle est la raison d'être d'une presse coloniale dans la métropole. Et si l'on admet que les journaux des possessions d'outre-mer sont peu répandus en France, n'appartient-il pas à la grande presse de celle-ci, quotidienne et périodique, de renseigner l'opinion publique sur la situation politique et économique dans les colonies et pays de protectorat, d'éveiller son intérêt pour ces terres lontaines, leurs ressources, leurs possibilités d'avenir, en un mot d'entreprendre en leur faveur la propagande nécessaire?

Sans aucun doute, et il semble qu'en Grande-Bretagne, c'est-à-dire dans la métropole du plus grand empire colonial du monde, les choses se passent ainsi. Là en effet, les journaux quotidiens, politiques et financiers, renseignent abondamment le public sur tout ce qui concerne les faits d'ordre politique et le développement économique des colonies, sur les occasions d'établissement et de placement qu'elles procurent, etc. Et les questions coloniales dont l'exposé demande plus de détails sont traitées dans les revues périodiques d'ordre général ou d'un caractère économique, ou encore dans les suppléments périodiques de grands quotidiens, tels que le *Times Trade Supplement*, véritable modèle du genre. Mais si l'on excepte certaines publications spéciales telles que le Bulletin de l'*Imperial Institute*, l'organe mensuel du *Royal Colonial Institute (United Empire)*, quelques revues africaines et asiatiques, on ne peut pas prétendre qu'il y ait en Grande-Bretagne une presse coloniale d'une importance comparable à celle de la France.

Il est exact qu'en Grande-Bretagne le besoin ne se faisait pas sentir de convaincre la masse de la population, depuis longtemps pénétrée de l'idée impériale, tandis qu'en France une propagande intense s'imposait pour créer une conscience coloniale. Mais alors, objectera-t-on, la grande presse française ne pouvait-elle pas, en consacrant aux questions coloniales autant de place que la grande presse britannique, jouer ce rôle?

Loin de moi la pensée de prétendre que la grande presse française ne s'acquitte pas, *aujourd'hui*, de cette partie si importante de sa tâche; mais il faut bien avouer qu'elle n'est parvenue que tardivement à la compréhension de la mission de propagande qui lui incombe en faveur de nos colonies. Aussi, pendant longtemps ce rôle a-t-il été joué presque exclusivement par des organes spécialisés dans les questions coloniales, et si actuellement la grande presse française consacre à ces problèmes une place de plus en plus large, on peut dire que cette heureuse évolution est due en grande partie à l'exemple de la presse coloniale métropolitaine et à la nécessité enfin reconnue de donner une plus large diffusion aux idées répandues par cette dernière dans des cercles forcément restreints.

Une conséquence de cette évolution est de transformer le rôle de la presse coloniale spécialisée, comme j'essaierai de le démontrer, après avoir donné une idée de son importance, par une énumération de ses organes (1), et indiqué les initiatives de la grande presse en matière coloniale.

II. — Journaux coloniaux.

Il n'est pas sans intérêt de constater que les questions coloniales ont pu alimenter, depuis de longues années, un journal colonial quotidien, fait unique non seulement en France mais dans l'ensemble des métropoles coloniales: c'est la *Dépêche Coloniale et Maritime*, fondée par le regretté J. P. Trouillet, dirigée actuellement par MM. Talabaud et Beaurain. Elle se distingue par son caractère

---

(1) L'auteur du présent rapport s'excuse des omissions de son travail, omissions que de longues recherches ou enquêtes auraient à peine permis d'éviter. D'autre part, parmi les publications dont l'existence lui est connue, il a cru ne devoir mentionner que celles qui paraissent actuellement.

12.

essentiellement objectif, est un porte-parole qualifié de l'opinion coloniale, et sa lecture permet de se tenir très au courant du mouvement colonial en France.

De périodicité bi-hebdomadaire sont les *Annales Coloniales*, dirigées par MM. Ruedel et Thibault, organe bien renseigné, ayant une importante collaboration parlementaire.

On arrive ensuite aux journaux coloniaux hebdomadaires. Tels sont : le *Courrier Colonial*, organe très vivant et indépendant dirigé par M. Francis Mury; la *Presse Coloniale*, que dirige avec compétence M. Georges Boussenot, député; le *Midi Coloial*, organe où le plaisant est agréablement mêlé au sérieux, dont le directeur politique est Ernest M. Outrey, député, et qui a pour directeur parisien M. Paul Vivien et pour directeur marseillais M. Marius Boyer. A signaler aussi *Bordeaux-Colonial*, devenu récemment hebdomadaire.

Ne quittons pas les hebdomadaires coloniaux sans mentionner l'*Economiste Colonial*, journal économique et financier qu'a fondé avec beaucoup d'opportunité M. Francis Mury.

De périodicité bi-mensuelle sont : l'*Action Coloniale*, organe de combat fondé par M. Maurice Boufsaud; l'*Avenir du Maroc*, paraissant à Marseille.

Enfin, paraissent mensuellement l'*Autre France*, et un journal colonial de création récente, la *Voix Coloniale*, publié à Nice.

III. — Revues coloniales.

Les revues coloniales françaises étant nombreuses, il convient de distinguer entre celles qui s'occupent des questions coloniales en général et de l'ensemble des possessions françaises d'outre-mer, et celles qui sont spécialisées soit géographiquement soit par ordre de questions.

1º REVUES COLONIALES DE CARACTÈRE GÉNÉRAL. — Les plus importantes sont mensuelles. Tels sont les deux organes officiels : le *Bulletin Officiel du Ministère des Colonies*, et le *Bulletin de l'Agence Générale des Colonies*, importante publication d'ordre à la fois scientifique, documentaire et économique, renfermant les rapports et les statistiques annuelles des différentes colonies. Un rôle utile, que précise son titre même, est joué par la *Revue Indigène*, organe des indigènes des colonies et pays de protectorat, dont le directeur est M. Paul Bourdarie. Signalons ensuite : le *Journal des Coloniaux*, qui malgré son nom a le format d'une revue, dirigé par M. Georges Barthélemy, député; les *Carnets Coloniaux Français et Etrangers*, nouvelle publication dont le Directeur est M. L. Ferdinand Lop; *Lyon-Colonial*, organe de l'Association des anciens élèves de l'enseignement colonial de la Chambre de Commerce de Lyon; le *Bulletin de la Société des anciens élèves de l'Ecole Coloniale* de Paris.

Dans cette catégorie rentrent aussi les organes des groupements coloniaux : *Mer et Colonies*, l'organe illustré, de grande vulgarisation, de la Ligue Maritime et Coloniale Française, la puissante association de propagande maritime et coloniale de plus de 500,000 membres, présidée par M. Charles Chaumet, sénateur, ancien ministre, et dirigée avec une infatigable activité par M. Maurice Rondet-Saint; le *Bulletin de l'Union Coloniale Française*, de ce grand centre d'études et de travail, de représentation et de défense du commerce colonial français, à la tête duquel sont les autorités les plus incontestées en matière coloniale, MM. Julien Le Cesne et Joseph Chailley; la *Chronique Mensuelle de l'Institut Colonial Français*, organe du plus récent des groupements coloniaux; la *Revue des Questions Coloniales et Maritimes*, dirigée par l'auteur du présent rapport, organe de la très ancienne Société des Études Coloniales et Maritimes, présidée par M. le vice-amiral Besson.

Une place très honorable est occupée, dans la même série, par les organes des groupements coloniaux de province : les *Cahiers Coloniaux de l'Institut Colonial de Marseille* (hebdomadaires), le *Annales du Musée Colonial de Marseille*, dirigées par M. Henri Jumelle, les *Annales de l'Institut Colonial de Bordeaux*, le *Bulletin de l'Institut Agricole et Colonial de Nancy*.

A signaler aussi le *Mois Colonial et Maritime*, organe de la Banque Coloniale d'Études et d'Entreprises mutuelles.

D'une grande utilité sont, au point de vue de la propagande, les organes coloniaux illustrés, car les illustrations permettent de rendre attrayantes les questions les plus ardues. Remplaçant *Colonies et Marine*, qui a paru de 1917 à 1922 et dont les études documentées étaient très appréciées, le *Monde Colonial Illustré*, grande revue mensuelle luxueusement éditée et abondamment illustrée, paraissant depuis la fin de 1923, ambitionne avec juste raison de jouer, au point de vue colonial, le rôle de vulgarisation des grandes revues illustrées au point de vue général.

D'un caractère plus documentaire est une autre revue illustrée — partiellement coloniale d'ailleurs — la *Vie Technique, Industrielle, Agricole et Coloniale*, qui a publié des numéros spéciaux illustrés sur plusieurs grandes colonies et pays de protectorat français. Et à propos de numéros spéciaux illustrés, il convient de mentionner ceux que publient à des intervalles irréguliers, sur des colonies ou questions spéciales, certains des journaux coloniaux précédemment mentionnés, tels que la *Dépêche Coloniale*, les *Annales Coloniales*, le *Courrier Colonial*, la *Presse Coloniale*.

Il serait facile d'allonger cette énumération en y comprenant les Bulletins des nombreuses Sociétés de Géographie, qui font généralement une large place aux colonies et aux questions coloniales; au moins convient-il de citer : la *Géographie*, organe mensuel de la Société de Géographie de Paris, que dirige M. Grandidier; la *Revue Economique Française*, organe de la Société de Géographie Commerciale de Paris, publiée sous la direction de M. Henri Lorin, député, vice-président du groupe colonial de la Chambre; le *Bulletin de la Société de Géographie et d'Etudes Coloniales de Marseille*, que rédige M. Jacques Léotard; le *Bulletin de la Société de Géographie Commerciale de Bordeaux*, les Bulletins des Sociétés de Géographie de Lille, de Toulouse, etc. On peut ajouter à cette série une importante publication mensuelle, les *Annales de Géographie*.

Enfin, certaines publications essentiellement maritimes consacrent une place aux questions coloniales: on peut citer *La Vie Maritime et la Navigation Aérienne (voir fluviales, tourisme, colonies)*.

2º **Revues coloniales spécialisées géographiquement.** — Ces revues sont consacrées soit à une possession
particulière, soit à un groupe de colonies. Elles sont en
général mensuelles.

La plus importante publication de cette nature est
l'*Afrique Française*, organe considérable, d'une documentation sans égale, du Comité de l'Afrique Française,
dirigée par M. Auguste Terrier. Assez comparables à la
précédente, sans toutefois l'égaler en importance, sont
l'*Asie Française* et l'*Océanie Française*, organes des
Comités du même nom, dirigées respectivement par
MM. Henri Froidevaux et Froment-Guieysse, la *Revue
du Pacifique*, dirigée par M. le député Archimbaud.
On peut citer encore : le *Bulletin de la Réunion d'Etudes
Algériennes*, la *Revue des Valeurs de l'Afrique du Nord*
la *Revue Financière et Economique de l'Afrique Occidentale*, etc.

On rattachera aux précédentes les revues s'occupant,
uniquement ou pour partie, de la Syrie, pays placé sous
le mandat de la France : la *Correspondance d'Orient*
dirigée par M. le Dʳ George-Samné; l'*Union Economique
de Syrie*; le *Bulletin Officiel du Comité France-Orient*. La
revue illustrée *France-Islam* a succédé à *France-
Maroc* lorsque cette dernière a transféré son siège à
Casablanca.

Dans cette catégorie rentrent aussi les organes des
Offices et Agences Economiques de nos principales colonies et pays de protectorat : *Bulletin de l'Office du Gouvernement Général de l'Algérie*, *Bulletin de l'Office du
Protectorat français en Tunisie*, *Bulletin de l'Agence Economique de l'Afrique Occidentale Française*, *Informations
de l'Agence Economique de Madagascar*. L'Agence Economique de l'Indochine, sans avoir un organe particulier,
distribue mensuellement un *Bulletin de la Presse indochinoise*.

3º **Revues coloniales spécialisées par leur objet.**
— Au premier rang de celles-ci se classent les revues
traitant de l'agriculture coloniale : l'*Agronomie Coloniale*,
organe mensuel de l'Insitut Supérieur d'Agriculture
Coloniale de Nogent-sur-Marne; la *Revue de Botanique
appliquée et d'Agriculture coloniale*, dirigée par M. Auguste

Chevalier, organe mensuel du Laboratoire d'agronomie coloniale; le *Bulletin de la Société Nationale d'Acclimatation de France*; le *Bulletin de l'Association Cotonnière Coloniale*; les publications spécialisées de l'Institut Colonial de Marseille, telles que le *Bulletin des matières grasses*, le *Bulletin des céréales et plantes à fécule*, le *Bulletin des caoutchoucs*, etc.

Puis les revues de médecine coloniale : le *Bulletin de la Société de Pathologie exotique*, ayant son siège à l'Institut Pasteur ; la *Revue de Médecine et d'Hygiène tropicales*.

Les revues juridiques : le *Recueil de législation, de doctrine et de jurisprudence coloniales*, dirigé par MM. Dareste, Appert, Rotureau-Launay et Maroille; le *Recueil général de jurisprudence et de législation coloniales* et le *Recueil de législation et de jurisprudence marocaines*, dirigés par M. Penant.

Les revues militaires : l'*Armée Coloniale*, dirigée par M. Louis Béraud, organe de défense des intérêts des troupes coloniales; la *Revue des Troupes Coloniales*.

Les revues techniques et de travaux publics : l'*Outillage Colonial*, organe trimestriel du Congrès permanent de l'Outillage Colonial, survivance du Congrès du même nom, tenu lors de l'Exposition Coloniale de Marseille de 1922; le *Bulletin de la Société Française des Ingénieurs coloniaux*.

On peut citer encore, comme ayant un objet spécial: la *Colonisation Française*, organe mensuel de la Société civile de coopération et de mutualité coloniales; la *Revue de l'Histoire des Colonies Françaises* (trimestrielle); le *Journal officiel de la Fédération Nationale des Associations de fonctionnaires et agents coloniaux*; le *Bulletin de l'Union des Chambres de Commerce françaises à l'étranger, aux colonies et pays de protectorat*.

IV. — Agences coloniales et organes de documentation.

La tâche de documenter la presse coloniale et surtout la grande presse sur les faits intéressant les colonies, sur les possibilités qu'elles offrent aux initiatives privées, et sur les questions coloniales d'actualité, a été entreprise à Paris par deux agences qui publient chacune une feuille quotidienne. La plus ancienne est l'*Agence Afrique et Levant*, devenue *Agence Extérieure et Coloniale*. L'autre est l'*Agence Coloniale Française*, excellent organe de documentation que dirige M. René-Leclerc.

A l'intention spéciale de la documentation de la presse a été fondé en 1883, par notre regretté confrère Gaston Laforest, le *Bulletin des Renseignements Coloniaux*, organe mensuel dirigé par M. Ernest Outrey, député, et dont la rédaction est confiée à l'auteur du présent rapport.

Toutefois, depuis un certain temps se manifeste le besoin d'une documentation plus importante et plus directe, puisée aux sources mêmes. Au Congrès de la Presse coloniale qui s'est tenu en octobre 1922 à Marseille, à l'occasion de l'Exposition Coloniale, un vœu a été adopté demandant au ministre des colonies d'organiser un service complet d'informations qui centraliserait, à l'usage de la presse métropolitaine et coloniale, les nouvelles arrivant des colonies. Ce désir a été exprimé de nouveau à M. Albert Sarraut, le 8 décembre 1923, au cours d'une réception donnée en son honneur par le Syndicat de la Presse Coloniale; à cette occasion, un de nos confrères de la grande presse métropolitaine a déclaré que celle-ci puisait surtout ses renseignements dans la presse coloniale. Le ministre a annoncé la création d'un bureau d'informations coloniales au ministère des colonies pour le début de 1924. Cette promesse a été tenue.

De son côté, l'Union Coloniale Française a organisé un service de presse à l'usage des grands journaux métropolitains.

V. — Organes de liaison.

Le *Syndicat de la Presse Coloniale Française et des journaux français publiés à l'étranger*, fondé en 1885 et ayant pris sa forme définitive en 1896, présidé depuis cette date par M. Paul Vivien, a toujours brillamment rempli le rôle qui lui a été assigné par ses fondateurs : rallier en vue d'une action commune les membres de la presse coloniale dispersés dans le monde entier, offrir un centre de collaboration constant aux publicistes coloniaux habitant la métropole, assurer à tous les journalistes coloniaux la protection et la défense de leurs intérêts professionnels.

On peut dire qu'actuellement le Syndicat de la Presse Coloniale, qui a su s'affirmer en maintes circonstances et se créer une place très honorable à côté des Syndicats de la grande presse métropolitaine, groupe en une action commune et efficace tous les journalistes coloniaux de la métropole et constitue l'organe de liaison indispensable entre ces derniers et leurs confrères des colonies.

Sous le patronage du Syndicat de la Presse Coloniale de Paris a été fondé en 1905 le *Syndicat de la Presse Coloniale marseillaise*, présidé par M. Marius Boyer. Il a pour but de créer un lien entre les publicistes coloniaux marseillais et leurs confrères de la métropole et des colonies.

Un rôle analogue est joué, en ce qui concerne les journalistes et publicistes s'occupant du Maroc, par le *Syndicat de la Presse Marocaine*, que préside M. Léon Baréty, député, et que dirige M. Fernand Mareau.

VI. — La grande presse et les questions coloniales.

Après avoir, jusqu'à une époque récente, presque complètement négligé de renseigner le public sur le domaine d'outre-mer de la France, se bornant à reléguer de temps à autre, à la 3me ou à la 4me page, après les faits divers, quelques maigres informations coloniales qui échappaient la plupart du temps aux lecteurs, la grande presse métropolitaine, depuis la fin de la guerre mondiale et surtout depuis le grand mouvement en faveur des colonies créé par l'Exposition Coloniale de Marseille de 1922, comprend mieux son devoir, et nombreux sont les grands journaux et revues qui consacrent aux colonies et aux questions coloniales des articles en bonne place; d'autres, plus rares, ont introduit la rubrique coloniale périodique, la page coloniale ou même le supplément colonial.

Mais on comprendra aisément qu'il n'est pas possible de donner ici une liste complète des journaux et revues qui font aux colonies une place plus ou moins grande, ni, à plus forte raison, d'indiquer exactement de quelle manière chaque organe s'acquitte de cette tâche; d'autant plus que les directives suivies en cette matière par tel journal ou revue ne sont pas immuables.

Je me bornerai donc à donner l'énumération suivante

des principaux journaux et revues qui traitent fréquemment ou périodiquement des questions coloniales sous une des formes indiquées ci-dessus :

1º Journaux : *Journal*, *Petit Journal*, *Gaulois*, *Figaro*, *Temps*, *Echo de Paris*, *Journal des Débats*, *Petit Parisien*, *République Française*, *Excelsior*, *Eclair*, *Œuvre*, *Presse*, *Patrie*, tous à Paris; *Petit Marseillais*, *Petit Provençal*, *Sémaphore*, à Marseille; *France du Sud-Ouest*, *Petite Gironde*, à Bordeaux; *Journal de Rouen*, *Nouvelliste de Bretagne*, à Rennes; *Phare de la Loire*, à Nantes, etc.

2º Revues : *Revue Politique et Parlementaire*, *Mercure de France*, *Revue des Deux-Mondes*, *Revue de France*, *Action Nationale*, *Economiste Européen*, *Monde Nouveau*, *Exportateur Français*, *Revue des Sciences Politiques*, etc.

Quelque incomplète que soit cette liste, elle permet du moins de faire cette constatation intéressante, que les plus grands organes de la presse française s'occupent maintenant des questions coloniales.

VII. — La grande presse et la presse coloniale.

Ayant ainsi donné une idée succincte de la presse coloniale métropolitaine et de l'effort colonial de la grande presse, il me reste à préciser les attributions respectives de l'une et de l'autre.

De ce que la grande presse française commence à s'acquitter d'une manière satisfaisante du rôle qui lui incombe de vulgariser dans le public les notions les plus indispensables sur les colonies et de hausser les questions coloniales au rang de véritables questions nationales, s'ensuit-il que le rôle de la presse coloniale en France soit terminé ?

En réalité, la grande presse et la presse coloniale ne remplissent pas les mêmes fonctions, parce qu'elles ne s'adressent pas, en général, au même public; en conséquence, leurs articles, pour atteindre leur but respectif, doivent être rédigés d'une manière toute différente.

La tâche de la grande presse consiste surtout à éveiller l'attention et à provoquer l'intérêt pour les colonies et leurs ressources chez l'homme de culture moyenne. Or, pour y arriver, il faut commencer par ne pas le rebuter par des articles trop techniques ou trop spécialisés que son absence totale de préparation en la matière ne lui permet pas d'apprécier. Autrement, il les passera purement et simplement, après avoir lu dans son journal quotidien ce qui l'intéresse le plus. Il n'en sera pas de même si, en traitant une question générale d'actualité qui intéresse tout le monde, le rédacteur amène habilement son lecteur à comprendre le concours que les colonies peuvent apporter à sa solution, si par exemple, à propos de la vie chère, il lui explique que la métropole, en demandant à ses colonies une grande partie des matières premières qu'elle importe des pays étrangers, améliorera son change, ce qui fera baisser le coût de la vie.

D'ailleurs, l'espace très restreint dont dispose, en France, la grande presse dite « d'information » ne lui permet guère de traiter les questions coloniales d'une manière plus approfondie. Il y a maintenant, il est vrai, des journaux considérables qui font à cette règle une exception qu'il est permis de considérer comme un progrès : s'adressant à une clientèle d'élite que son niveau intellectuel prépare mieux à approfondir les questions coloniales, leurs articles coloniaux, déjà empreints d'une certaine technicité, réalisent une propagande efficace en propageant la connaissance de ces problèmes dans des milieux plus étendus que ne peut le faire la presse coloniale, à tirage forcément limité.

Convient-il d'aller plus loin dans cette voie et d'approuver le nouveau pas en avant qu'ont franchi quelques grands organes en créant soit une page coloniale périodique, soit un supplément colonial? A première vue, la formule paraît séduisante : ne réalise-t-elle pas la propagande idéale en répandant largement, grâce au tirage élevé de l'organe qui l'accueille, une documentation aussi abondante, grâce à l'espace qui lui est réservé, que celle de la presse coloniale spécialisée? Et dès lors, cette dernière ne perd-elle pas sa raison d'être?

La réalité paraît assez éloignée de cette anticipation optimiste. Il me revient de divers côtés que l'article colonial bien rédigé porte beaucoup plus que la page ou le supplément, ... parce qu'on le lit jusqu'au bout. Tel journal a cru devoir abandonner sa page coloniale, parce qu'aucun résultat tangible n'en compensait le coût élevé, et il convient de féliciter sans réserves nos amis italiens d'avoir pu maintenir pendant cinq années la *Tribuna Coloniale* hebdomadaire, cette circonstance étant due surtout au très grand intérêt que présentait cet organe si parfaitement rédigé par notre distingué confrère Giuseppe Piazza.

L'élite du grand public, quelle que puisse être son initiation graduelle aux problèmes coloniaux, ne consacrera pas à leur exposé approfondi la même attention que le font les personnes en relations avec les colonies professionnellement ou commercialement, et tous ceux qui veulent s'y établir ou sont disposés à contribuer à leur développement, à quelque titre que ce soit. Or, la documentation coloniale dont ces derniers ont besoin, ils la trouveront beaucoup moins dans les pages coloniales des grands quotidiens que dans la presse coloniale, dont le présent rapport indique très imparfaitement les multiples aspects et la grande richesse documentaire. D'autre part, il est souvent utile de discuter, dans la presse coloniale, des questions sur lesquelles il y a divergence de vues entre coloniaux.

Vulgarisation et propagande coloniales au moyen d'articles bien appropriés au public auquel ils s'adressent, tel est le rôle indispensable de la grande presse métropolitaine; documentation coloniale et discussion à l'usage d'éléments déjà initiés et par suite plus exigeants, tel est le rôle, tout différent, de la presse coloniale, dont l'utilité reste entière et qui, en France, ne semble pas, de longtemps, devoir perdre de son importance.

Paris, janvier 1924.

Camille FIDEL,
membre associé.

La presse coloniale métropolitaine
et son syndicat

par

Paul Y. Sébillot.

La Presse coloniale française, si l'on se reporte à la liste que publie « l'Annuaire illustré du Midi Colonial et Maritime » comprend à Paris 8 journaux quotidiens tri-hebdomadaires ou hebdomadaires, 50 revues ou publications consacrées spécialement aux questions coloniales, à la défense d'intérêts coloniaux et, dans les départements, 13 journaux ou publications exclusivement coloniales.

Il est entendu que nous donnons, dans tout le cours de cette étude, au mot « colonial » son sens le plus large et que nous comprenons également sous ce vocable l'Afrique du Nord et les publications qui lui sont consacrées.

La plus grande partie de ces publications sont représentées dans le Syndicat de la Presse Coloniale. C'est une des plus nombreuses et des plus puissantes Associations de Presse françaises, et elle a pris, sous la Présidence de M. Paul Vivien, un développement considérable qui s'est affirmé en 1922 par l'éclatant succès que remporta le Congrès de la Presse Coloniale à Marseille, pendant l'Exposition.

En dehors de la Presse Coloniale proprement dite, plusieurs grands journaux Parisiens consacrent chaque semaine soit une page, soit plusieurs colonnes aux questions coloniales. *Le Figaro*, *Le Gaulois*, l'*Echo de Paris*, l'*Œuvre*, *Le Journal*, le *Petit Journal*, *La République Française*, *La Presse*, sont dans ce cas. Il en est de même de plusieurs journaux des départements tels que *La Petite Gironde* et *Le Cri de Marseille*.

Pour la plupart, la publication de ces pages coloniales constitue une innovation très récente et postérieure à l'armistice. La guerre est venue montrer à la France quel parti elle pouvait tirer de son Empire colonial. Les difficultés de l'après-guerre, compliquées de l'élévation des changes, la forcent de plus en plus à chercher à se procurer à un prix abordable dans ses propres colonies ce qu'elle achetait, par habitude, et relativement à bon compte, à divers pays étrangers.

Cette entrée en ligne de la grande presse pour la vulgarisation des questions coloniales est fort heureuse.

En effet, les 70 journaux et revues consacrés exclusivement aux Colonies ne sont pas, en général, des organes de propagande. Ils visent une clientèle spéciale. Ils s'adressent, non au grand public, mais à des lecteurs et à des abonnés ayant déjà été aux Colonies ou y ayant des intérêts. Ce sont plutôt des feuilles de renseignements que des organes de propagande, et la plupart prêchent des convertis.

Ils en font cependant, soit par l'envoi de numéros spéciaux, soit parce que là où ils sont en vente, leur sommaire attire un acheteur jusque là indifférent à ces questions. Par les services qu'ils font aux autres journaux et par leurs échanges, ils fournissent aussi une documentation éventuelle au journaliste à la recherche d'un sujet d'article et au secrétaire de rédaction à court de copie.

Certaines de ces publications ont toutefois un but presque exclusif de propagande. Il en est ainsi des Bulletins que publient les Agences Économiques de l'Afrique du Nord et de plusieurs autres Grandes Colonies.

La Revue et les Tracts de l'*Institut Colonial Français* sont aussi destinés à faire une utile propagande, de même qu'une récente et superbe revue illustrée, *Le Monde Colonial.*

Leur influence se limite toutefois à l'effort de diffusion qu'elles peuvent accomplir ou à la curiosité qu'elles peuvent susciter, afin de recruter des membres ou des abonnés.

Les pages coloniales périodiques des grands journaux présentent, au point de vue de la propagande coloniale, l'avantage considérable de toucher directement le grand public. Elles atteignent le lecteur qui n'achète qu'un journal par jour, et toujours le même; et comme il le lit en général en entier, il lit la page coloniale comme les autres.

C'est donc, plusieurs dizaines ou centaines de milliers ou même des millions de lecteurs que ces pages touchent chaque fois.

Un des grands quotidiens de Paris, le *Petit Journal* avait même, en 1923, doublé sa propagande par l'article d'une propagande par le film. Il avait installé dans son hôtel une salle de cinéma où chaque semaine, au cours de plusieurs représentations gratuites, défilaient sur l'écran des vues et des scènes de la vie coloniale.

De grandes revues aussi ont commencé à se montrer accueillant pour l'idée coloniale. Au premier rang, il convient de citer le *Monde Nouveau* qui, en dehors de sa rubrique permanente coloniale, publie de longues études sur les possessions françaises d'outre-mer, dans des numéros spéciaux comme celui qu'elle a consacré au projet de mise en valeur des Colonies françaises de M. Albert Sarraut. En même temps, elle a organisé à plusieurs reprises des banquets qui groupaient autour de ses collaborateurs d'éminentes personnalités coloniales, ou avaient pour but de rendre hommage à de grands écrivains, comme M. Albert de Pouvourville, dont l'œuvre considérable est un acte de foi dans la mission colonisatrice de la France, et est presque tout entière consacrée à son empire colonial.

* * *

Quant à la documentation de la presse métropolitaine elle est de source variée.

Elle émane de correspondants particuliers, mais surtout de renseignements fournis par les bulletins des Agences Économiques ou par les feuilles des Agences d'Informations de Presse.

Ajoutons qu'il n'existe aucune organisation officielle indépendante ayant pour but exclusif de fournir aux journalistes et publicistes, soit d'office, soit sur demande, la documentation dont ils auraient ou pourraient avoir besoin sur les questions coloniales.

Une autre source d'information, pour les feuilles métropolitaines, consiste à prendre des nouvelles dans les journaux Nord-africains et coloniaux avec lesquels elles font l'échange.

Toutefois, outre que cet échange n'est pas très fréquent, les nouvelles qui parviennent ainsi sont vieilles de plusieurs jours ou même de plusieurs semaines, suivant la distance plus ou moins considérable qui sépare, de la Métropole, la Colonie où se publient ces journaux.

Beaucoup de leurs nouvelles ont, d'autre part, un caractère trop local pour intéresser le public colonial de France et à plus forte raison le grand public.

D'autre part cet échange entre journaux métropolitains et coloniaux présente des inconvénients.

Tout est parfait quand il s'agit, de part et d'autre de feuilles d'information; mais toutes ne se bornent pas à ce rôle. En France, comme aux Colonies, de nombreux journaux ont des partis-pris et n'ont d'autre but que de dénigrer systématiquement, et d'une façon souvent injuste, les pouvoirs publics.

Certes, Ministres et Gouverneurs, Administration métropolitaine ou Coloniale ne méritent pas que des louanges.

Mais, sur place, le lecteur ordinaire fait la part de l'exagération et du parti-pris, et même souvent hausse les épaules, si le journal ne représente pas son opinion. Il est à même de lire les autres feuilles qui soutiennent la thèse adverse et de se faire ainsi une opinion.

L'échange, à moins d'être très généralisé, aboutirait à renseigner très inexactement et avec un seul son de cloche, l'opinion coloniale sur ce qui se passe dans cette France dont le prestige, et celui de ceux qui gouvernent en son nom, ne doivent pas être atteints aux yeux du public colonial.

De même, la lecture en France de certains journaux coloniaux est très sujette à caution quand on ignore leurs dessous financiers, et il est bon de ne pas accepter de prime abord comme sincères et véridiques les articles consacrés à vanter aussi bien qu'à dénigrer, l'œuvre ou les actes des Gouvernements locaux.

Paul-Yves SÉBILLOT.

La Presse indigène locale de langue française

Note préliminaire.

Cette presse existe dans plusieurs colonies françaises. Dans les vieilles colonies — ici l'élément créole est l'élément natif prépondérant — il n'y a guère d'autre genre de presse. Mais celle-là ne peut être appelée *indigène*. Car elle est, en somme, tenue et inspirée par des Français *d'origine*.

La presse indigène existe en Algérie et à Madagascar. Mais on reconnaît, dans ces domaines, que son influence est tout-à-fait négligeable. En effet, une telle presse suppose certainement des ambitions immédiates : mais elle nécessite surtout une civilisation ancienne, en tout cas *antérieure* à celle que nous avons pu importer, civilisation qui a affiné les esprits et surtout constitué des nations et une opinion publique.

Peut-on dire que, soit dans la Grande Ile, soit dans l'Afrique du Nord, il y ait eu une civilisation propre, qui ait été une et continue, et qui ait aggloméré des peuples? Non; il y a eu la civilisation première des Arabes conquérants, et la civilisation coranique. Ni en Algérie, ni en Tunisie, ces lumières à éclipses n'ont éclairé la conscience d'une nation. Nous avons trouvé, en fait d'indigènes, des Berbères, des gens de grande tente, des nomades, des transhumants. — Rien en dehors des Zaouias et des mosquées. Rien de populaire et de général.

A Madagascar, les Hovas, qui prédominaient, n'ont pas fait *une* civilisation dans la Grande Ile; en tout cas, nous n'en avons pas trouvé.

Donc la pensée publique n'a pas de base réelle, ni pour s'exprimer, ni même pour exister. Et ce n'est qu'exceptionnellement, à certaines époques et dans certains milieux restreints, qu'on a pu déterminer une opinion publique embryonnaire, et les penchants politiques ou sociaux d'une collectivité.

Ce n'est qu'en Indo-Chine française — grâce à l'hégémonie intellectuelle de la tradition chinoise — qu'il y a eu, autour du trône d'Annam, une civilisation, un peuple, des conceptions politiques et un bagage d'idées héréditaires.

C'est pourquoi, aussitôt que le régime théocratique et autocratique des Jaunes a fait place au régime libéral et démocratique des Blancs, il s'est trouvé des esprits capable de fonder une presse indigène, et une population capable, de lire et de créer une opinion publique.

La presse indigène en Indo-Chine est beaucoup plus solide, plus logique, plus normale que partout ailleurs; elle présente aujourd'hui un état presque définitif et intéressant, que nos autres domaines coloniaux ne présenteront que beaucoup plus tard. Aussi nous nous sommes restreints à l'étude de la presse indigène de langue française dans notre empire Asiatique, convaincus que les principes qui lui servent de base, et que les leçons qu'elle peut donner, aux protecteurs comme aux protégés, sont exactement les principes et les leçons que nous trouverons dans nos autres possessions, quand elles auront suffisamment évolué.

L'exemple Indo-Chinois

La liberté de la presse existe en Indo-Chine de droit et de fait. Elle existe de droit pour les citoyens français, quelle que soit leur race d'origine : elle existe de fait pour tout le monde. Cependant, il n'est pas douteux que, légalement, la liberté de la presse fut, pour les sujets protégés de la France, pour tous les hommes de race jaune non naturalisés, une tolérance que l'usage et la loi ont transformée en droit. Ce droit, qui serait intangible dans une métropole, peut être, dans un pays soumis au régime des décrets, à chaque instant modifié ou restreint et même, en certains cas, supprimé.

La naissance effective de la presse indigène de langue française est de date récente, et se réfère à deux causes principales :

1°) Avant 1920 il y avait, sur autorisation du Gouvernement local, des journaux en caractères et des journaux en quocngu. Ces derniers n'ont jamais été que des organes administratifs ou annonciers, s'adressant naturellement à un public fort restreint et n'ont jamais eu d'influence. Il n'en est pas de même du journal en caractères.

On sait comment il est compliqué d'écrire et de traduire les caractères; on sait moins que, dans chaque série de caractères, il y a pour ainsi dire un sens extérieur et un sens occulte.

Le sens occulte, qui est souvent opposé au sens extérieur, se détermine par la place des caractères dans la phrase, par la juxtaposition de tels ou tels signes dont la valeur change du fait de cette juxtaposition, par l'élévation ou l'abaissement de la colonne de caractères par rapport au niveau supérieur du manuscrit. Toutes ces difficultés rendent presque impossible la tâche de l'interprète de bonne volonté chargé de traduire le journal en caractères; de plus, la bonne volonté de l'interprète n'est pas toujours évidente.

Dans ces conditions, l'Administration française n'est jamais certaine de connaître le sens réel des articles en caractères. Il est arrivé souvent que celui-ci, tandis que l'expression du sens extérieur semblait parfaitement anodine, contenait, entre les lignes si j'ose dire, les plus violentes critiques et même des appels à la révolte.

Or dans les villes et sur les marchés, des lettrés ironiques et compliqués se trouvaient toujours à temps pour divulguer au peuple ce sens caché.

Il n'était guère possible de supporter de tels écarts dans un journal que l'Administration subventionnait, et dont elle portait, en dernier ressort, la responsabilité morale. Après de nombreux avertissements, le journal en caractères fut supprimé et, pour donner un exutoire nouveau à la pensée annamite, la presse indigène de langue française fut créée.

2°) Mais le peuple et les intellectuels qui le dirigent n'auraient pas réclamé et obtenu ce droit à l'écriture, si la guerre d'Europe n'avait pas changé brusquement leur mentalité et précipité l'évolution que la France préparait avec lenteur, sagesse et discrétion.

Les soldats et les travailleurs jaunes, venus volontairement sur le front et dans nos usines de guerre, en ont rapporté des idées toutes nouvelles, fruits de conversations insuffisamment digérées et d'exemples mal compris.

Toute la vieille tradition annamite en fut bousculée, et le goût de penser tout haut fit que l'indigène réclama le droit d'écrire publiquement tout ce qu'il pensait.

La masse populaire n'aurait peut-être pas discerné, dans le fatras assez obscur de ses penchants nouveaux, ce besoin précis. Il lui fut démontré par les intellectuels annamites, et surtout par les nouveaux naturalisés, qui sont ambitieux, éloquents, instruits et extraordinairement assimilateurs. Le journalisme apparaît à ceux-là comme un moyen, non seulement de faire progresser le peuple, mais de servir leurs propres goûts, et de favoriser leurs récentes ambitions. Les campagnes menées dans cette presse marquent fort bien, et dès le premier jour, ce double souci : procurer au peuple annamite une plus grande initiative dans le plan politique, économique et social; et profiter personnellement, et au plus tôt, de l'accession des indigènes à ces avantages.

* * *

L'événement peut seul justifier la bienveillance avec laquelle le gouvernement autorisa la naissance et accueillit le développement de la presse indigène de langue française. Théoriquement et *a priori* il était certain que cette mesure présentait des inconvénients et des avantages; et les uns et les autres immédiatement se manifestèrent.

La liberté de la presse est un cadeau dangereux à la fois pour ceux qui le font et pour ceux qui le reçoivent, si les bénéficiaires n'y sont pas préparés, soit par leur atavisme, soit par leur éducation propre. On pourrait arguer à ce sujet, que l'Annamite n'a rien dans son tempérament traditionnel qui l'autorise à réclamer et lui permette d'utiliser fructueusement cette liberté. On pourrait dire aussi, — et on l'a dit — que l'évolution que subit l'esprit populaire, du fait de notre présence et de nos réformes, n'était pas encore aussi avancée pour que l'indigène connût la valeur du don qui lui était ainsi fait, et l'employât sagement, sans passion et sans excès. On pouvait ajouter que, en droit, il n'était pas nécessaire de donner à des indigènes protégés français — ou même sujets français récents — les droits du citoyen français d'origine, de race et d'éducation, et que, en fait, il y avait une imprudence certaine à aller si vite en besogne, et à créer peut être, entre Français et indigènes, une nouvelle cause de friction, et, en ce qui concerne l'état de journaliste, un motif de rivalités professionnelles.

Par contre, il n'est pas douteux que nous devions consentir à nos protégés certains avantages, non seulement en récompense de leurs bons services pendant la grande guerre, mais aussi en concordance et en rapport avec les idées nouvelles et ardentes que leur inculqua la vie commune avec les citoyens français, et surtout avec les organisations sociales ouvrières (Celles-ci n'ont pas manqué l'occasion de faire une propagande ardente dans les milieux nouveaux que le destin offrait à leur prosélytisme).

La liberté d'écrire était certainement, aux yeux récemment ouverts de nos indigènes, le plus enviable et le plus flatteur des cadeaux. En le leur concédant, on satisfaisait pour longtemps leurs plus ardents désirs, et on coupait court à leurs réclamations sociales et politiques d'un ordre plus gênant.

Puis, sur cette presse de langue française, on exerçait un contrôle direct auquel avait échappé la presse en caractères idéographiques. Et c'est là un avantage tangible et précis, qui devait emporter les scrupules du donateur.

Mais cette liberté procure aux Français un autre avantage, celui-là immense et inespéré. Nous nous sommes toujours plaints — et à juste titre — de ne pas connaître grand' chose de l'âme indigène, d'ignorer les replis secrets et ténébreux où elle se complait. Ceux d'entre nous qui ont été au plus près de cette âme indigène, savent bien quel est ce tréfonds mystérieux où s'agitent les mécontentements, et où naissent les oppositions et les révoltes, mais savent aussi avec quel soin jaloux les indigènes ne nous y laissent pas pénétrer et nous cachent l'intime de leur pensée. Peu à peu, la liberté d'écrire nous dévoilera l'état d'esprit populaire, et nous apprendra, sans que l'indigène s'en aperçoive expressément, tout ce que nous ne savons pas.

C'est là un bénéfice inappréciable, que l'étude et le temps ne nous auraient peut-être jamais procuré, et que la liberté d'écrire nous vaut au jour le jour et pour ainsi

dire spontanément. Ce bénéfice à lui seul justifie l'octroi
de cette liberté.

* * *

Ce fait, que la presse indigène de langue française
opéra presque exclusivement d'abord en Cochinchine,
marque fortement quel est le milieu favorable à son
action, et dans quelles circonstances de la vie publique
elle trouve son aliment et les meilleures conditions de son
développement.

Au Tonkin, par exemple, la population, très dense dans
le Delta, plus clairsemée dans les hautes régions, est
moins homogène au point de vue ethnique (à côté des
Tonkinois, il y a des Méos, des Thôs, des gens des
« Muongs », et de la montagne, et des tribus croisées
avec les Chinois du Sud). Cette population se sent moins
unie au point de vue politique; et elle compose, au
point de vue économique, une véritable *marqueterie* d'intérêts et d'occupations (elle fait de l'agriculture, du
commerce, de la petite industrie.... et de la contrebande). Elle n'a donc ni le goût, ni le temps de « faire
de la politique ». Et, si elle en faisait, elle ferait *des
politiques*, différentes suivant les lieux et les milieux.

Il faut ajouter que, dans le Nord indo-chinois, la
France est souveraine depuis bien moins de temps, que sa
souveraineté emprunte les formes du Protectorat médiat,
et que la tranquillité absolue n'existe guère depuis plus
de trois lustres. Le peuple est donc encore et surtout
désireux d'avantages matériels précis, de paix, de travail
rémunérateur, de bien-être, et n'a pas reçu, et, jusqu'ici
du moins, ne désire pas les bénéfices politiques et sociaux
qui déterminent le besoin de parler et d'écrire en public.

L'indigène de Cochinchine, au contraire, est, depuis
plus de cinquante ans, assuré de son destin; il connaît
la France, ses habitudes généreuses et libérales; il est
prêt à les provoquer en sa faveur : il a, dès maintenant,
obtenu certains avantages politiques et sociaux qui lui
ont ouvert les yeux et l'appétit.

Tout le monde, dans la masse indigène, a les mêmes
occupations, et, partant, les mêmes préoccupations, les
mêmes intérêts, les mêmes goûts, les mêmes devoirs.
Enfin, le voisinage étroit et prolongé des Européens,
la stabilité du régime et des administrations, l'instruction

partout répandue, les naturalisations individuelles de nombreux notables, tout cela a créé une élite indigène intellectuelle ayant « l'indice » français; tout cela lui a donné le goût de réfléchir, la conscience de la puissance que possèdent la parole et l'écriture, et le désir ardent de parler et d'écrire en liberté, suivant l'usage français.

C'est donc en Cochinchine qu'il faut étudier, dans ses commencements, la presse indigène de langue française, ses répercussions sur l'opinion populaire, et les chocs en retour inévitables au regard des milieux français, et surtout du milieu professionnel de la presse saïgonaise.

* * *

Ces commencements se ressentent naturellement de la jeunesse des nouveaux-venus : jeunesse quant à la carrière, sinon quant à l'âge. Dans la tradition ancestrale non plus que dans l'éducation personnelle, nos indigènes n'ont trouvé ni guide, ni contrôle, ni barrière dans l'exercice d'une profession que les lois jaunes considérèrent toujours comme exceptionnelle et, pour la multitude, inexistante. Et l'on ne peut guère compter sur le *self-control* de ceux qui inaugurèrent une carrière, et surtout un nouveau statut moral.

Une floraison spontanée de qualités et de défauts était inévitable; elle se produisit tout naturellement, aidée de cette double circonstance, que l'époque prêtait à son développement rapide (arguments que les Annamites tiraient de la Grande guerre et du rôle qu'ils y ont joué), et que le voisinage immédiat des professionnels français poussait ceux-ci à une critique immédiate et sans indulgence.

Cette jeune presse fit preuve tout de suite d'une très grande ardeur; je dirai même d'une façon un peu désordonnée et d'une rhétorique sans bornes; elle se rattrapait ainsi, dans les délais les plus brefs, de longs siècles de silence imposé à la race par un régime théocratique. Elle témoigna un grand enthousiasme, qui revêtit, dans les premiers temps, une forme naïve et presque touchante, mais qui se mua promptement en un prosélytisme sans retenue. Elle s'enflamma aux feux passionnés de la politique, de la propagande et de l'apostolat : elle étudia et crut résoudre tous les problèmes de tous les plans, alors que, partout, elle manquait forcément d'expérience.

Les qualités certaines de ces commençants s'exacerbaient de leur propre exercice : ils semblaient courir gaiement au combat; ils eussent, du même air et du même cœur, couru au martyre. Nous connaissons cet emballement des débutants; la Sagesse des Nations l'a résumé dans un proverbe : Tout nouveau, tout beau. — Beaux défauts, et attirants et sympathiques, à tout prendre, de la jeunesse dans le métier; ils enfantaient malheureusement d'autres travers que les spectateurs de l'autre race n'étaient guère disposés à pardonner facilement.

* * *

Quand un homme de bonne volonté évidente, mais de maladresse insigne et, si j'ose dire, congénitale, touche à tout en s'imaginant bien faire, et offre, aux esprits avertis et plus mûrs, le naïf scandale de sa suffisance et de son insuffisance, on dit de lui qu'il entre dans les sujets qu'il traite, qu'il s'y agite et qu'il s'y cogne comme une hirondelle dans une cathédrale.

Dans la cathédrale du journalisme indo-chinois, les hirondelles indigènes ont trop vite donné ce spectacle. Leur agitation continuelle, leur insistance parfois hors de propos ont découragé leurs meilleurs amis. Il était évident qu'ils devaient se tromper quelquefois dans les discussions qu'ils menaient sur tous les sujets possibles; et il était impatientant de voir avec quelle fougue inconsidérée et dédaigneuse des avis les plus sages, ils se lançaient dans l'examen et dans la critique universels *de omni re scibili et quibusdam aliis*.

Quibus dam surtout. Ils subissaient là le genre d'ivresse particulier à ceux qui, ayant été toujours privés de liberté, sont tout d'un coup admis à en jouir sans réserves. Dans cette vie nouvelle, où ils galopèrent sans bride, sans œillères et sans cavalier, ils n'admettaient ni frein, ni précautions, ni critiques, et encore moins des reproches. Et, voulant atteindre du premier effort le but idéal qu'ils venaient de se proposer, ils rompirent toute barrière oublièrent toutes réserves et partirent, avec un seul éperon, contre les moulins à vent coloniaux, administratifs et métropolitains.

La partialité de ces critiques, leur insatiable répétition, l'amour propre chatouilleux des écrivains, les polémiques personnelles, les discussions fastidieuses sur des pointes d'aiguille, la flagrante injustice de certains partis pris, étaient bien de nature à aliéner toutes les sympathies.

Mais, il faut dire tout de suite que les Français de Cochinchine attachèrent trop d'importance à l'éclat de ces débuts. On ne doit pas morigéner les écarts d'un adolescent comme on ferait de ceux d'un homme fait. Et la générosité naturelle de nos compatriotes eut certainement évité de marquer trop durement ces premières erreurs, et eut fait volontiers crédit à l'élite intellectuelle annamite, si deux éléments de la vie publique du Protectorat n'avaient pas porté certains Français à exagérer les torts des publicistes indigènes pour les faire servir à leurs campagnes d'opposition politique, et si, d'autre part, les professionnels français n'avaient pas été saisi au regard de leurs nouveaux confrères, d'un mouvement d'humeur et de jalousie de métier.

* * *

La naissance de la nouvelle presse ne fut d'abord pas mal accueillie; elle reçut, des anciens journaux, le salut confraternel d'usage, et les aînés observèrent les gestes de leurs cadets avec une bienveillante impartialité. Mais les intérêts et la passion politique allaient mettre un terme prochain à cette bienveillance : les premières et enfantines erreurs des journaux indigènes, que je viens de déterminer, donnèrent, à cette volte-face, un prétexte plausible et précipité.

Les indigènes capables de la pensée et de l'écriture à la française étaient, comme je l'ai dit, portés à se servir de l'instrument de la presse, tel que la loi française le permet à chaque citoyen, à cause de l'évolution incroyable que la Grande Guerre a imprimée à l'Asie française, et surtout à cause de la pénétration, dans la masse populaire annamite, de l'idée française exportée, plus ou moins exactement, par les dizaines de milliers de volontaires indigènes venus en France.

Il est d'autre part avéré que le libéralisme de M. Sarraut alors Gouverneur général, et que la politique indigène par lui pratiquée ont favorisé et facilité cette évolution en la réglementant, ou mieux en régularisant ses phases. C'était là comme un exutoire à l'ardeur des convictions nouvelles des Annamites, comme un régulateur de leurs ambitions, comme un balancier utile dans la course de leurs passions. Sans les facilités accordées par M. Sarraut lors de son deuxième séjour, la presse indigène n'aurait pas si rapidement conquis sa place au soleil. Donc, (et l'on voit dès maintenant percer l'argument de l'opposition politique), M. Sarraut peut être tenu pour responsable, en tant que cause première, de ce que dit et fait la presse indigène, des erreurs qu'elle peut commettre, des exagérations auxquelles elle se laisse aller, et des embarras qu'elle peut causer à l'administration.

Les adversaires de M. Sarraut (et il en a, comme en a tout homme d'Etat ayant eu une action créatrice) ont donc tout intérêt politique à grossir les erreurs, les excès et les fautes de toute sorte des « clients de M. Sarraut ». Il n'ont pas manqué; c'est ici la cause profonde de l'animosité d'une certaine classe de colons et des campagnes menées dans la presse locale.

Ces campagnes constituent aujourd'hui l'histoire à peu près complète de la nouvelle presse indigène : *La Tribune Indigène*, *La Petite Tribune*, *l'Echo annamite*, la *Voix Annamite*, etc. On est donc éclairé touchant les exagérations de ces campagnes, et les mobiles et les méthodes de ceux qui les mènent.

On commença par reprocher aux publicistes annamites de s'occuper de questions délicates, qui ne les regardaient pas exclusivement, et de créer ainsi des embarras aux diverses autorités françaises.

Ce reproche était en partie fondé; mais il paraissait singulier sous la plume de publicistes français qui n'ont jamais été retenus, dans l'exercice de leur profession, par les scrupules qu'ils reprochaient à autrui de ne point éprouver.

Mais l'accusation capitale et cent fois répétée était que les publications indigènes manquaient de loyalisme et que leurs interventions avaient pour but, avéré ou occulte, de détacher l'Annam de la France, d'enlever au peuple annamite son sentiment de discipline et de respect, de le pousser secrètement à la révolte pour acquérir de haute lutte son autonomie, puis son indépendance totale.

C'est là une accusation capitale, dont la répétition entêtée faisait prendre corps et qui était de nature, non seulement à jeter un complet discrédit sur la presse indigène, mais encore à la faire, un jour ou l'autre, restreindre ou supprimer, par un de ces actes souverains que justifie « le salut du peuple ».

Cette accusation est-elle réellement fondée? La réponse, la seule réponse honnête à cette question, se trouve dans la revue et dans l'examen critique des journaux franco-annamites, de leur naissance jusqu'à ce jour.

* * *

J'ai passé la revue, j'ai fait l'examen de toute la presse indigène : je l'ai fait — et c'est une bonne sécurité pour ma conscience — avec l'esprit d'un Français d'Asie du temps de la conquête, c'est-à-dire avec un esprit extrêmement susceptible à tout ce qui touche la souveraineté française, et très soucieux de conserver, dans son intégrité, la possession que nous avons, chacun pour sa modeste part, donnée à notre pays. Je dois à la vérité de déclarer n'avoir jamais relevé, non pas un appel direct et trop naïf, à la rébellion, mais le moindre encouragement sous une forme plus hypocrite et détournée, à saper les prérogatives de la France, à détruire son empire ou seulement à discuter ses droits souverains. Partout, au contraire, et à chaque occasion, j'ai trouvé les déclarations les plus nettes d'une discipline et d'un loyalisme absolus, déterminés moins par la force que la France montre aux Annamites, que par la gratitude que les Annamites reconnaissent devoir à la France. Et je dois déclarer que, si certains organes de la presse française locale ont accusé la presse indigène de souffler un vent d'indépendance et de révolte, cette accusation n'a pu se faire que grâce à des citations erronées ou incomplètes des articles incriminés, ou grâce à des interprétations peu acceptables de textes qui, en réalité, ne contenaient rien de ce qu'on prétendait leur faire dire. Cette déclaration, qui ne sera peut-être pas du goût de tout le monde, est arrachée à mon expérience d'écrivain et à mon honnêteté de soldat.

Par contre, j'ai relevé, sous mille formes diverses, la volonté très arrêtée qu'a l'élite annamite de procurer à la masse du peuple, sous l'égide incontestée de la France, non seulement les avantages matériels du mieux-être, mais les bénéfices politiques et sociaux que peuvent réclamer les nations instruites et civilisées, au fur et à mesure de leur instruction et de leur civilisation, bénéfices qui tendent à faire participer les Annamites aux droits et aux libertés, en même temps qu'aux responsabilités et aux devoirs des citoyens français d'origine.

Les promoteurs de ces campagnes de presse connaissaient si bien les pièges du chemin où ils s'engageaient, qu'ils ne négligeaient pas une occasion de mettre la souveraineté de la métropole hors de cause et au-dessus de toute discussion, et qu'ils affirmaient d'autant plus haut leur loyalisme envers la Patrie lointaine, que les avantages qu'ils réclamaient d'elle étaient plus considérables.

Il faut préciser aussi que ces avantages, pour excessifs qu'ils dussent paraître à certains d'entre nous, demeurés fidèles aux méthodes et aux principes de la conquête et de la domination, ont été réclamés et presque toujours obtenus par les grandes colonies des puissances européennes, notamment de la Grande-Bretagne, et qu'ils constituent le statut normal des pays à autonomie relative.

Cette autonomie est le but ouvertement visé et loyalement avoué par les publicistes annamites; mais ils déclarent n'y vouloir atteindre qu'aux époques où la métropole sera convaincue de la bonté de ce régime, qu'à la suite des autres grandes colonies françaises, et qu'autant que le progrès intellectuel et moral de la race la rendra digne de cet état et capable d'en profiter pour elle-même et pour la mère patrie.

Enfin la presse indigène, poussant ses ambitions, déclare que la puissance matérielle et morale qu'elle désire pour l'Indo-Chine doit, en fin de compte, servir à la France, en ce sens que l'Indo-Chine, pourvue de son autonomie intérieure, est faite pour représenter la France en Asie, *pour conduire la politique française en Extrême-Orient*, et que, par suite, la France aura une place d'autant plus importante dans le monde asiatique, qu'elle aura consenti plus d'avantages et de libertés à la personnalité publique qui la représentera.

Il y a là une assez étroite ressemblance avec les anciennes vues de M. Paul Doumer, qui voulait que la politique indo-chinoise fût précisément la politique internationale de la France en Extrême-Orient, et qui prévoyait, pour assurer cette politique, une façon de personnalité acquise à l'Indo-Chine.

Seulement, si les idées de M. Doumer se retrouvent (1) ici et même ses moyens et ses méthodes, l'instrument n'est pas le même. M. Doumer faisait agir le seul instrument français. Ici la politique française serait faite par l'instrument indo-chinois local, rendu aussi souple, aussi solide et aussi fort que l'instrument français dans les affaires directes de la métropole.

* * *

On peut conclure justement de tout ce qui précède que la presse indigène réclame énergiquement la diffusion de l'instruction française à tous les degrés : le degré primaire, pour que tout le peuple soit à même de comprendre ce que la France lui demande et ce qu'il doit lui donner; le secondaire, pour créer une classe d'indigènes réellement industriels et commerçants ; le supérieur, pour renforcer l'élite intellectuelle, et pour donner à l'Indo-Chine cette « parure morale » où la France reconnaîtra sa fille adoptive.

Par des comparaisons et des statistiques, la même presse montre que la France sera d'autant mieux servie et aimée en Indo-Chine, qu'elle y sera mieux comprise et que sa civilisation aura plus profondément pénétré tous les milieux indigènes. Elle prouve que, déjà dans le passé et le présent, c'est la connaissance de la langue et des lettres françaises qui a fortifié le loyalisme indigène, et permis à la métropole de maintenir, avec moins de 4,000 soldats d'Europe, la paix et la sécurité sur une terre peuplée de plus de vingt millions d'autochtones asiatiques.

(1) Consulter, sur ce curieux rapprochement, la « Question d'Extrême-Orient », volume paru en 1903 chez Pedone, où les idées de M. Doumer sont largement exposées. A cette époque, une Indo-Chine, représentant la France en Asie et parlant au nom de la France en Extrême-Orient, paraissait une solution équitable et désirable de notre intervention en Annam; et elle paraissait telle à l'un des esprits les plus centralisateurs et à l'un des caractères le plus énergiquement autoritaires de la République Française.

Cet argument est reproduit tous les jours, sous mille formes variées, d'abord parce qu'il affirme, contre toutes objections théoriques, le patriotisme actuel des Annamites; ensuite parce qu'il détruit l'effet fâcheux des campagnes tendancieuses menées contre l'esprit public indigène par certains organes et par certaines personnalités : ensuite encore, parce que les protagonistes du mouvement sont fondés par là même à demander la continuation et le couronnement du mouvement indigène; enfin et surtout, parce que la diffusion de l'instruction française à tous les degrés conduit tout doucement le peuple protégé à ce stade de civilisation générale, grâce à laquelle il pourra réclamer, comprendre, obtenir et utiliser les droits politiques et sociaux des Français.

* * *

Au premier rang de ceux-là se trouvent les droits électoraux. Sous une forme qui reste à déterminer, l'Annamite souhaite exposer ses vœux, ses doléances et ses ambitions, *directement* devant la nation française. Il désire donc l'accès exprès de notre opinion publique, c'est-à-dire l'usage de la presse, l'accès à la tribune parlementaire, et une représentation *immédiate des Indochinois* dans les assemblées législatives de la métropole.

Il ne suffira pas, pour rejeter *a priori* et en bloc ces désirs, de les déclarer inconstitutionnels, illégaux ou seulement antiréglementaires et irréguliers. Nous serons obligés, tôt ou tard, et avec quelques tempéraments, de les satisfaire.

Car — et il faut le remarquer tout d'abord — l'Annamite ne prétend pas à la réalisation *immédiate* d'un tel vœu, mais à son acceptation en principe, la mise en pratique ne devant venir que lorsque le peuple en sera digne : digne par son instruction générale, digne par son accès progressif à la civilisation moderne de l'Occident, digne enfin par le sacrifice perpétuel du sang, librement consenti et même sollicité. (On prévoit, dans la future armée coloniale habitant la France ou telles provinces françaises comme la Syrie, des contingents indochinois et une conscription régulière et continue).

Enfin l'Annamite suit — de loin, mais avec une attention profonde — l'exemple et les évolutions des possessions des autres puissances colonisatrices. Et il ne s'agit pas seulement du vieil exemple des Indes et des Philippines. Il s'agit de l'autonomie particulière accordée à l'Egypte. (Les Annamites n'ignorent désormais pas grand chose des affaires de l'Europe en Afrique); et il s'agit des libertés et des droits accordés ou près d'être accordés aux peuples musulmans vivant sous la domination française ou britannique. L'évolution de notre Afrique du Nord est suivie de très près en Asie, grâce à une documentation précise et fort complète et, malgré tout, avec une pondération, un sang-froid et une patience de bon augure.

Tels sont les vœux de la presse indigène, *de l'élite*, comme l'insinuent les organes de l'opposition locale au développement politique et social de nos protégés. Car, maintenant que nous sommes convaincus que ces désirs, pour ardents et précipités qu'ils apparaissent, n'ont rien d'anormal, et ne peuvent dans l'esprit de nos indigènes ébranler en rien notre Protectorat, ou porter la moindre atteinte à la souveraineté française, il n'y a plus qu'à se poser une dernière et délicate question :

La presse indigène émet-elle vraiment les vœux du peuple? Ou sert-elle seulement les rêves de quelques uns? Chacun peut avoir là-dessus ses convictions personnelles. Mais l'ascension intellectuelle de l'Annam est trop récente, pour que ces convictions puissent vraiment être une certitude. Après quelque usage des libertés récemment octroyées, c'est l'avenir seul qui nous répondra.

Paris, janvier 1924.

Marquis DE POUVOURVILLE.

La presse dans l'Afrique du Nord

La Presse a joué et joue un rôle important dans le développement de l'Afrique française du Nord.

Elle y a connu elle-même toutes les phases de l'évolution. Les premiers journaux algériens naquirent, presque toujours, du besoin ou du désir de faire entendre une protestation soit collective, soit individuelle. Ils eurent, pour la plupart, un destin éphémère. Liés au sort d'une personnalité qui marqua un passage plus ou moins prolongé, plus ou moins brillant, plus ou moins heureux, dans le monde algérien, ils partagèrent ses vicissitudes.

Rechercher ces feuilles emportées par quelque souffle de simoun, serait une besogne d'érudition sans intérêt.

Peut-être, cependant, peut-on accorder un souvenir et une mention à des organes comme le *Fanal oranais*, le *Petit Colon*, l'*Antijuif* qui occupèrent une place éminente et diversement appréciable, à certaines heures de la vie algérienne.

Aujourd'hui, la presse algérienne n'a pas complètement dépouillé ce caractère individuel ou local; mais elle a aussi adopté les formules nouvelles qui président à l'existence des grands journaux du monde. Elle peut produire d'importants organes qui ne le cèdent en rien aux quotidiens les plus réputés, sinon de Paris, du moins des grandes villes de France.

Alger.

QUOTIDIENS. — A Alger, deux quotidiens du matin, dotés comme installation matérielle, comme organisation générale, de tout ce que possèdent les plus grands journaux, se disputent la prépondérance : la *Dépêche Algérienne* date de 1884. Elle s'est élevée peu à peu au premier rang, jusqu'au point d'exercer une sorte d'hégémonie que certains estimaient dangereuse.

Elle le devint d'autant plus que la *Dépêche Algérienne* forma, avec un sens incontestable des affaires, une association dans laquelle l'*Echo d'Oran*, la *Dépêche de Constantine*, et, plus tard la *Dépêche Tunisienne* prirent place et qui, sous prétexte de communauté de service télégraphique soumettait les principaux journaux de l'Afrique du Nord à une communauté d'inspiration dont la *Dépêche Algérienne* était le centre.

C'est de l'inquiétude causée par cette situation que naquit, en 1912, l'*Echo d'Alger* qui, organisé en grand journal dès sa fondation, est vite arrivé à réaliser la mission d'équilibre qu'il s'était proposée.

Alimentés par un service télégraphique assuré, de Paris, par les principales Agences et par des correspondants particuliers, ces deux organes répondent au type des journaux d'information de premier ordre. Ils ont une collaboration variée qui n'ignore aucune rubrique et qui ajoute aux questions générales des études et discussions intéressantes sur les problèmes algériens.

Deux quotidiens du soir apportent leur contingent appréciable au mouvement des idées, des affaires, des informations parmi la population algérienne. Les *Nouvelles*, datant de 1898, ont joué un rôle actif dans les fastes politiques du pays; l'autre, l'*Algérie*, est, au moins sous sa forme actuelle, d'existence récente : c'est l'intention à côté de la tradition.

HEBDOMADAIRES. — A l'étage inférieur, le *Radical d'Alger*, hebdomadaire, est l'organe militant du parti radical socialiste dans le département; le *Travailleur* s'inspire du dogme socialiste; l'*Evolution Nord-Africaine*, dans sa dix-neuvième année, défend, à sa façon, les intérêts français en Algérie, qu'elle oppose peut-être avec trop de parti-pris aux intérêts indigènes.

PÉRIODIQUES SPÉCIALISÉS. — Nombreux sont les périodiques créés pour expliquer, justifier, défendre les besoins, les revendications de certaines catégories de personnes.

La *Gazette des Colons*, trihebdomadaire, est l'organe officiel des Syndicats et Coopératives des trois départements algériens.

La *Voix des Colons*, hebdomadaire, est l'organe de la Confédération générale des Agriculteurs d'Algérie.

La *Revue agricole de l'Afrique du Nord* traite, du point de vue technique et scientifique, les questions que les précédentes publications envisagent plutôt sous le rapport économique, politique et social.

Le *Journal Financier de l'Afrique du Nord*, le *Sémaphore Algérien*, le *Mercure Africain*, se spécialisent dans les problèmes financiers, industriels, miniers, commerciaux, maritimes, qui tiennent une place notable dans l'activité économique de l'Algérie.

Le *Journal Général de l'Algérie, de la Tunisie et du Maroc* se consacre aux travaux publics dans l'Afrique du Nord.

Le *Mutilé de l'Algérie*, la *Revue automobile Nord Africaine*, le *Journal des Tribunaux algériens*, le *Bulletin Officiel du Syndicat des Médecins*, l'*Epicier Nord-Africain*, l'*Algérie sportive* indiquent, suffisamment, par leur titre même, l'objet de leur préoccupation.

Revues. — Parmi les publications à tendances littéraires, une mention spéciale est due aux *Annales africaines*.

Illustrés. — Les périodiques illustrés sont représentés d'une façon remarquable par l'*Afrique du Nord illustrée* et la *Terre d'Afrique illustrée*, qui ne le cèdent en rien aux grands magazine français et européens, trouvant, dans les beautés pittoresques de l'Algérie, un élément inépuisable.

Franco-Arabes. — *L'Akhbar* qui date de 1839, doyen des journaux algériens, connut des heures prospères dont il est quelque peu déchu. Le *Trait d'Union* dogmatise en faveur des indigènes.

Journaux locaux. — Quelques centres du département d'Alger ont leurs journaux particuliers. C'est même à Blida que paraît un des plus anciens journaux de l'Algérie, le *Tell*, bi-hebdomadaire.

L'*Avenir du Chéliff*, à Orléansville; la *Kabylie française*, à Tizi-Ouzou, défendent les intérêts régionaux.

14.

Constantine.

QUOTIDIENS. — La *Dépêche de Constantine*, membre du Consortium, est un quotidien d'information du matin, qui s'occupe aussi de la politique et des affaires du Département.

Le *Républicain*, quotidien du soir, est plus spécialement voué aux questions locales et même municipales.

HEBDOMADAIRES. — La *Tribune*, *Constantine-Echo*, hebdomadaires, s'occupent aussi des questions locales.

PRESSE ISRAÉLITE. — Il convient de signaler le caractère spécial des hebdomadaires : La *Vérité*, organe de défense du monde israélite, qui dépasse, à ce titre, le cadre local, et la revue *El Hikma* (La Philosophie), qui est éditée en judéo-arabe, publie des études religieuses et philosophiques des membres savants du rabbinat algérien et donne des nouvelles israélites du monde entier.

A Bône. — QUOTIDIENS. — La *Dépêche de l'Est*, quotidien d'information et de politique régionale, étend son action sur la partie nord du Département, qui se rattache à Bône plus qu'à Constantine.

Le *Réveil bônois*, quotidien du soir, a participé activement aux polémiques de certaines périodes agitées de l'histoire algérienne.

RÉGIONAUX. — L'*Avenir de l'Est*, bi-hebdomadaire, s'occupe des questions locales.

Philippeville compte deux bi-hebdomadaires : le *Zéramna*, qui s'enorgueillit de dater de 1851; l'*Union républicaine*, et un hebdomadaire, le *Philippevillois*.

A Bougie, deux hebdomadaires, *L'Echo de Bougie* et la *Kabylie*; enfin l'*Oued Sahel*, à périodicité moins précise. A Sétif, le *Progrès de Sétif* qui compte plus de quarante années d'existence, et l'*Union républicaine*, hebdomadaires.

Guelma voit paraître hebdomadairement : Le *Petit Guelma* et le *Progrès de Guelma*.

Djidjelli possède, depuis 1890, l'*Impartial*.

Oran.

QUOTIDIENS. — L'*Echo d'Oran*, membre du Consortium, est un organe d'information. Le *Petit Oranais*, depuis 1881, prend une part active à la discussion des questions oranaises. Le *Soir* ajoute à son service d'informations un contingent de doctrine politique.

NON QUOTIDIENS. — Le *Sémaphore de l'Ouest*, bi-hebdomadaire, est voué aux questions maritimes, commerciales et agricoles.

ILLUSTRÉ. — Une revue hebdomadaire illustrée, *Oran*, créée depuis un peu plus d'un an, s'est rapidement acquis la faveur du public par son caractère artistique et sa valeur littéraire.

PÉRIODIQUE ESPAGNOL. — L'existence du tri-hebdomadaire *El Correo Español* souligne l'importance de l'immigration ibérique dans toute l'Oranie.

RÉGIONAUX. — Sidi-bel-Abbès connaît le *Républicain*, bi-hebdomadaire, et le *Progrès de Bel Abbès*, hebdomadaire.

Le *Foyer agricole. bel Abbésien* est bi-mensuel.

A Mostaganem, paraît l'*Aïn-Sefra* qui date de 1860.

A Tlemcen, le *Petit Tlemcénien*.

Tunisie.

La presse est abondamment représentée, à Tunis, dans ses diverses variétés.

QUOTIDIENS. — La *Dépêche Tunisienne*, fondée en 1889, quotidien d'information, est mêlée à toute l'évolution moderne de la Tunisie. Elle adhère au Consortium algérien. La mort de son fondateur l'a mise entre les mains de quelques grosses firmes concessionnaires d'entreprises d'intérêt public en Tunisie, chemins de fer, ports.

De création récente, le *Petit Matin*, doté d'un important service d'information parisienne, ouvert à la discussion des problèmes tunisiens, a vite pris une place éminente auprès du public.

La *Tunisie française* et le *Courrier de Tunisie* sont des quotidiens du soir. *Tunis socialiste* ports son titre en cocarde rouge. Le *Journal de Tunis* paraît tous les deux jours.

JOURNAL ITALIEN. — Un journal italien *L'Unione*, date de 1886, c'est-à-dire des premières années du Protectorat. Il défend avec ardeur et talent les intérêts italiens qui sont, on le sait, fort importants dans la Régence.

HEBDOMADAIRES. — La *Petite Tunisie*, le *Colon français* sont des hebdomadaires existant, l'un et l'autre, depuis 1887.

La *Voix des Cheminots* est un organe corporatif.

PRESSE ILLUSTRÉE. — La presse illustrée est fort bien représentée par une publication de premier plan, *La Vie Tunisienne illustrée*.

RÉGIONAUX. — A Bizerte paraît le *Courrier de Bizerte*. Un journal qui eut quelque influenc , Le *Petit Bizertin*, est momentanément suspendu.

Sousse ne compte pas moins de trois hebdomadaires : *L'Avenir de Sousse*, 1888; le *Sahel*, 1889; l'*Avenir du Centre*.

A Sfax suffit la quotidienne *Dépêche Sfaxienne*.

Au Maroc. (1)

CASABLANCA. — C'est à Casablanca, ville du commerce, plus qu'à Rabat, capitale administrative, que la presse s'est développée.

La *Vigie Marocaine*, le *Petit Marocain*, la *Presse marocaine* sont quotidiens.

Le *Petit Casablancais*, bi-hebdomadaire; l'*Information marocaine*, hebdomadaire et son édition arabe *El Akbar Mogrebia*, le *Cri marocain*, le *Soleil du Maroc*, les *Sports au Maroc* apportent leur contribution à la vie casablancaise.

Le *Maroc catholique* et le *Maroc laïque* prouvent que les discussions métaphysiques sont, quoi qu'on en dise, des articles d'exportation.

RABAT. — A Rabat, le *Nord Marocain* et l'*Echo du Maroc* paraissent quotidiennement.

(1) *Note.* Un rapport spécial a été fait en outre, sur la presse française; voir page 188.

Journal arabe. — Le journal arabe *Es Saada*, tri-hebdomadaire, date de 1904. Son inspiration est officieuse.

Régionaux. — Notons encore : le *Meknès-Fèz*, le *Progrès de Fez*, le *Mazaganais* dont les titres indiquent le programme.

A Marrakech, le *Sud Marocain* et *El Djenoub el Moghrebi*.

A Oudjda, le *Maroc Oriental*.

Tanger. — Tanger occupe,. on le sait, une place toute spéciale dans l'organisation marocaine.

Sa presse, aussi, lui est particulière. Elle comprend :

La *Dépêche Marocaine*, créée, avant même le Protectorat, pour défendre, semi-officieusement, les intentions et les intérêts français.

El Cebah, journal arabe.

Journaux espagnols. — Deux journaux espagnols : le quotidien *El Porvenir*, et le bi-hebdomadaire *Eco Mauritano*.

Ensemble.

Mieux peut-être que la presse métropolitaine, la presse nord-africaine peut vivre financièrement indépendante, à condition que les journaux disposent, à leur création, des importants capitaux nécessaires pour arriver à la période de rendement.

La publicité commerciale, en effet, ne s'éparpille pas, comme en France, sur un grand nombre d'organes. Son apport suffit, non seulement pour assurer la vitalité des journaux de premier plan, mais pour en faire de fructueuses entreprises.

Des journaux comme l'*Echo d'Alger*, la *Dépêche Algérienne*, l'*Echo d'Oran*, la *Dépêche de Constantine*, la *Dépêche Tunisienne*, *Le Petit Matin de Tunis*, la *Vigie Marocaine* et autres peuvent vivre, et bien vivre, du produit de leurs abonnements, de leur vente et de leur publicité, en dépit des frais considérables qui leur incombent, notamment du fait des transmissions télégraphiques par câble.

La Presse indigène.

La presse indigène, dans le Nord-Afrique, n'a jamais compté et ne compte pas d'organe méritant d'être pris en grande considération.

En Algérie, en Tunisie, quelques exaltés ont essayé de publier des feuilles agressives, hostiles aux Français, sapant plus ou moins franchement l'œuvre du gouvernement.

L'administration a parfois suscité des publications indigènes, dans le but de répandre un esprit opposé aux précédentes; elle n'a guère eu la main heureuse dans le choix des artisans de cette besogne qui ont généralement fait preuve d'une servilité leur enlevant toute action sur l'opinion.

Le sens de la mesure, le tact ont toujours manqué aux uns et aux autres. Les premiers provoquaient rapidement des incidents particuliers ou des répressions officielles par leurs violences injurieuses; les seconds poussaient la courtisanerie au degré où elle inspire à tous, y compris à ceux qui en sont l'objet, un sentiment de répulsion.

Il semble, du reste, qu'une presse indigène normale ne puisse guère vivre.

A une presse, il faut un public. Or, la masse arabe est loin d'avoir la culture — si sommaire, soit-elle — nécessaire à un public de presse. A mesure qu'elle l'acquiert — très lentement — l'usage de la langue française faisant partie de cette culture, elle devient accessible à la presse française dont l'action sur sa mentalité sera toujours préférable à celle d'une presse indigène, quelle qu'elle soit.

Ce qui paraît mériter d'être encouragé, c'est la revue littéraire, technique, philosophique, rédigée en arabe littéraire par des professeurs des médersas ou des grandes mosquées de Fez, Tlemcen, Alger, Constantine, Tunis, Kairouan, qui constituerait un précieux élément pour suivre l'évolution de la mentalité du monde arabe cultivé.

Les journalistes.

Un petit nombre de journalistes, dignes de ce nom, trouvent dans la presse du Nord-Afrique une situation matérielle et morale à peu près satisfaisante; mais ils sont et ne peuvent que rester peu nombreux.

Ce qui relève le journaliste à ses propres yeux, c'est le sentiment de l'action qu'il exerce, dont il peut souvent constater les résultats.

En Tunisie, par exemple, la population française se fait volontiers représenter, dans les conseils élus, par des journalistes sachant exercer leur profession de façon à se faire estimer.

En Algérie, en Tunisie, le journaliste est aussi libre qu'en France d'exprimer sa pensée; comme en France, cette liberté a quelquefois voisiné de trop près avec la licence. Au Maroc, il l'est moins : la persistance de l'état de siège, le caractère militaire de l'administration comportent pour lui des restrictions qui se font plus ou moins impérieuses suivant les moments et les circonstances.

La concurrence directe des journaux entretient malheureusement chez le plus grand nombre des journalistes nord-africains un esprit particulariste qui nuit à la confraternité professionnelle.

Il n'existe qu'à Alger une organisation corporative établie sur des bases régulières et se proposant d'assurer à ses membres quelques garanties.

La presse métropolitaine ignore la presse coloniale locale. Les journalistes parisiens qui viennent fréquemment « découvrir » l'Algérie, la Tunisie, le Maroc, sont tout surpris d'y trouver des journaux souvent mieux installés, mieux organisés, mieux outillés, sinon mieux rédigés que ceux auxquels ils se font gloire d'appartenir.

Ils manifestent un loyal étonnement, passent quelques heures, parfois quelques jours, de cordialité avec leurs confrères exotiques; mais, revenus à Paris, ils reviennent aussi au dogme qu'il ne saurait y avoir de journaux et surtout de journalistes qu'entre l'Opéra et la Porte Saint-Denis, le Louvre et la Place Saint-Georges, et que le souvenir qui, malgré tout les hante quelquefois, est précisément ce qu'on appelle le mirage africain.

Janvier 1924.

P. LAFFITE.

La presse en Indochine.

Avant de résumer ici — à grands traits d'ailleurs — les origines et le statut de la presse en Indochine, d'apprécier l'action de cette presse, de rechercher quelle est la situation matérielle ou morale du journaliste indochinois, d'examiner la liaison qui peut exister entre la presse indochinoise et la presse coloniale de la Métropole, peut-être convient-il d'indiquer de suite que, des cinq grands pays qui constituent l'Indochine française, le Cambodge, le Laos et l'Annam n'ont jamais eu jusqu'à ce jour de presse locale, et que c'est seulement en Cochinchine et au Tonkin que se rédigent, se composent et s'impriment journaux et revues, pour se répandre ensuite dans toute l'Indochine.

La Cochinchine étant, dans cette partie de l'Extrême-Orient la plus ancienne des possessions françaises, c'est tout naturellement celle qui peut prétendre avoir la première édité en Extrême-Orient des journaux de langue française. C'est le 17 février 1859 que le corps expéditionnaire de l'amiral Rigault de Genouilly emportait d'assaut la ville de Saïgon, c'est le 24 février 1862 qu'est intervenu entre le roi d'Annam, Tu Duc, et la France lé traité par lequel le roi d'Annam cédait à la France, en toute propriété les trois provinces complètes de Bien Hoa, Gia Dinh, Dinh Thuong (Mytho), et dès 1865 paraissait à Saïgon un journal le *Courrier de Saïgon*, avant même par conséquent la constitution de l actuelle Cochinchine française sur laquelle la France tient ses droits de souveraineté du traité conclu avec le roi d'Annam, le 15 mars 1874.

A ses débuts le *Courrier de Saïgon*, en même temps qu'il avait le caractère d'un journal d'informations, servait aussi d'organe pour la publication des actes officiels de l'administration française, concurremment d'ailleurs avec le bulletin officiel de la Cochinchine. Au fur et à mesure que notre occupation de la Cochinchine perdait son caractère essentiellement militaire, l'indépendance du *Courrier de Saïgon*, au regard des représentants du Gouvernement français en Cochinchine, devenait plus grande et, dès l'institution d'une administration civile des affaires indigènes en Cochinchine (1873), voyaient le jour d'autres organes de presse dont l'existence n'était d'ailleurs qu'éphémère. De tous ces journaux des premières heures de la domination française en Cochinchine, un seul subsiste aujourd'hui : le journal l'*Opinion*, déjà vieux de vingt-huit années, et à côté de lui l'on trouve actuellement des journaux de fondation récente tels l'*Impartial*, le *Courrier Saïgonnais*, tous deux quotidiens comme l'*Opinion*, encore la *Cochinchine Libérale*, la *France d'Asie*, la *Voix Libre* qui sont bi-hebdomadaires et enfin la *Vérité* et le *Temps d'Asie* qui paraissent seulement une fois par semaine.

Aucun journal illustré ne se publie en Cochinchine qui ne compte qu'une seule revue, *Le Bulletin Financier et Economique de l'Indochine*, spécialisé dans les questions que résume son titre, lequel bulletin paraît une fois par semaine à Saïgon.

Bien que les Français en résidence au Tonkin soient plus nombreux que ceux établis en Cochinchine (6,976 au Tonkin, contre 3,928 en Cochinchine), la presse au Tonkin est moins largement représenté, qu'en Cochinchine.

Au Tonkin, comme en Cochinchine, la représentation de la presse de langue française est presque concomitante de la conquête.

Le traité, intervenu avec le roi d'Annam, qui place l'Annam et le Tonkin sous le protectorat de la France n'est en effet que du 6 juin 1884, ce n'est encore que par ordonnance royale du 3 octobre 1888 qu'ont été érigés en concessions françaises les territoires de Hanoï-Haïphong et Tourane et cependant dès 1883 un journal français était publié à Hanoï, l'*Avenir du Tonkin*.

Ce journal, que ses fondateurs MM. Chesnay et de Boisadan qualifiaient de journal de renseignements et d'études, a été lui aussi, à ses débuts, un journal quasi officiel, presque au même titre que le *Bulletin officiel du Protectorat*, mais il ne tardait pas à perdre complètement ce caractère pour n'être qu'un journal d'informations et de défense des intérêts français dès qu'a surgi la concurrence, sous les espèces du *Courrier de Haïphong*, fondé à Haïphong en 1885.

Ces vétérans de la presse tonkinoise demeurent et se sont fortifiés depuis, car, d'hebdomadaires, ils sont devenus successivement bi- puis tri- hebdomadaires, pour être aujourd'hui et depuis plusieurs années d'ailleurs, quotidiens.

Eux aussi, comme l'*Opinion* en Cochinchine, ont vu naître et mourir d'autres journaux dont l'existence au Tonkin a été plus ou moins brève et leurs cadets sont seulement aujourd'hui : l'*Indépendance Tonkinoise*, vieille cependant de trente-cinq années, *France Indo-Chine*, qui ne compte que sept années d'existence, ces deux derniers journaux également quotidiens, et un journal plus jeune l'*Argus Indochinois* dont le premier numéro remonte à deux ans et qui est bi-hebdomadaire.

Complétant l'action de ces journaux l'on rencontre encore au Tonkin, deux revues, spécialisées dans les questions économiques, revues comportant des illustrations, la première en date le *Moniteur Economique de l'Indochine* et l'*Eveil Economique de l'Indochine* qui depuis sept années paraît très régulièrement chaque semaine à Hanoï tout comme le *Moniteur*.

Pour clore cette énumération des journaux et revues de langue française et de direction française en Indochine, il nous resterait à citer *La Revue Indochinoise* et le *Bulletin Economique de l'Indochine* imprimés, sous le contrôle direct et aux frais du Gouvernement par l'Imprimerie Française d'Extrême-Orient qui édite encore un bulletin dit les *Amis du Vieux Hue*, bulletin d'études historiques et archéologiques spécial à l'Annam, et dont les divers numéros parus constituent autant d'œuvres d'art.

Pour très suffisamment représentée que soit en Indochine la presse de langue française, il est d'évidence que l'action de cette presse sera tout d'abord fonction de son indépendance au regard des pouvoirs publics dans la colonie.

La réglementation de la presse en France, antérieure à 1881, n'ayant jamais fait l'objet de la moindre promulgation en Cochinchine l'on doit considérer que, toujours dans la période antérieure à 1881, la presse en Cochinchine relevait du droit commun en matière pénale (les codes français y ont été promulgués en septembre 1864) et était pratiquement quelque peu à la discrétion des autorités constituées dans la Colonie.

Ce statut mal défini a pris fin par la promulgation en Cochinchine, le 12 septembre 1881 de la loi du 29 juillet 1881, organique du régime de la presse en France, loi dont l'article 1er dispose : « l'imprimerie et la librairie sont libres » et dont l'article 5 stipule que tout journal ou écrit périodique peut être publié sans autorisation préalable et sans dépôt de cautionnement, à charge seulement de la déclaration préalable d'existence prescrite par l'article 7 de la même loi.

Au Tonkin même situation mal définie des droits du journaliste, et aussi de ses devoirs, pendant les premières années de la conquête et c'est ainsi que, dans cette période, l'on pourrait citer un journal frappé d'interdiction de paraître pour articles jugés contraires au respect dû aux représentants de la France et dont le directeur en même temps était purement et simplement expulsé de la Colonie.

Mais ce régime exceptionnel a pris fin avec le décret du 8 septembre 1888 dont l'article 13 porte que les tribunaux du Tonkin se conformeront à la législation civile et criminelle en vigueur en Cochinchine déclarée applicable au Tonkin.

Depuis 1881 pour la Cochinchine, 1888 pour le Tonkin, le régime de la presse de langue française en ces pays est donc identique à celui de la Métropole et toutes les lois métropolitaines qui sont venues modifier la loi de 1881 ont été pareillement rendues applicables en Indochine, où chacun jouit donc de la liberté d'écrire, d'imprimer ou de publier ses pensées en langue française dans les mêmes conditions qu'en France, sous les seules restrictions des articles 5 et 6 du décret du 30 décembre 1898.

Aux termes de l'article 5 dudit décret, toute excitation des asiatiques étrangers à la révolte contre l'autorité française commise par des européens ou assimilés, à l'aide de l'un des moyens énoncés en l'article 23 de la loi du 29 juillet 1881 (journaux notamment) est punie des peines portées en l'article 25 de ladite loi.

Aux termes de l'article 6 du décret précité, la mise en vente, la distribution ou l'exposition par les européens ou asiatiques de dessins, de gravures, peintures, emblèmes ou ouvrages susceptibles de porter atteinte au respect dû à l'autorité française sont punies des peines portées en l'article 28 de la loi du 29 juillet 1881 (un mois à deux ans de prison, amende de 16 à 2,000 francs).

C'est ici le moment d'indiquer que dans les termes encore du même décret que dessus, la circulation des journaux étrangers en Indochine peut être interdite par le gouvernement.

Pratiquement par conséquent, et en définitive, le régime de la presse de langue française en Indochine et sous les seules réserves qui viennent d'être exposées, est celui de la liberté.

L'on doit dire de suite à son éloge, et pour ne pas remonter plus loin, qu'au cours des vingt-cinq dernières années, les cas où l'Administration a estimé devoir se prévaloir des textes restrictifs sus-énoncés ont été extrêmement rares — trois ou quatre tout au plus — sans que même ces poursuites aient été toujours consacrées par une décision de justice, et encore s'agissait-il, en réalité, d'articles simplement irrévérencieux pour les représentants de la France en Indochine.

En fait, et c'est simplement rendre hommage à la vérité, la note dominante de la presse de direction française en Indochine dans ses rapports avec les Pouvoirs Publics est la déférence, mais il faut ajouter immédiatement une déférence de bon aloi, exclusive de tout esprit de servilité.

Financièrement d'ailleurs tous les journaux indochinois, à l'exception d'un ou deux au plus, sont absolument indépendants de l'Administration. Quelques-uns trouvent dans leurs recettes normales (abonnements, ventes au numéro, publicité), des ressources suffisantes pour faire face à leurs charges d'exploitation; parmi ceux-ci, il en est même qui bouclent leur budget avec un solde bénéficiaire. Les autres, solidement commandités par des particuliers, eux-mêmes affranchis de tout lien de dépendance vis-à-vis du Gouvernement, n'ont pas, du point de vue envisagé, à se préoccuper de plaire ou de déplaire aux maîtres du jour en Indochine.

La déférence que témoignent les journalistes indochinois pour les représentants qualifiés de la France dans cette partie de l'Extrême-Orient, est si peu faite de servilité, que sur presque toutes les grandes questions qui intéressent le présent et l'avenir de la Colonie, ces journalistes n'hésitent jamais, s'il y a lieu, à prendre parti et de la façon la plus nette, critiquant, avec courtoisie, mais sans autre ménagement, les mesures prises par l'Administration, en préconisant d'autres.

A cet égard, il y a en Indochine des journaux qui ont une doctrine coloniale très affirmée, qu'il s'agisse des rapports de la France vis-à-vis de ses protégés, des questions d'enseignement, de justice, de travaux publics, et en général de toute autre question d'intérêt indochinois, doctrine qui se traduit communément en une forme qui ne déparerait pas les plus grands journaux de la *Métropole*.

Pour mieux apprécier l'influence acquise par la presse indochinoise, il faut maintenant se rendre compte des conditions spéciales dans lesquelles elle est appelée à se manifester.

Encore que l'Indochine soit le plus beau fleuron de la couronne coloniale de la France, que ses budgets atteignent en dépenses près d'un milliard de francs, que les intérêts français investis dans le commerce, l'industrie et l'agriculture soient considérable, cette colonie n'est cependant dotée d'aucune constitution, d'aucune véritable représentation locale de la colonisation française, et le *Gouverneur général* jouit en fait de pouvoirs presque régaliens.

En cet état, la presse indochinoise se trouve donc seule en position d'exercer dans la colonie la censure des actes de l'*Administration*, seule, aussi, en mesure de se faire d'une façon continue l'interprète et l'avocat des aspirations et des revendications des administrés.

Dans de telles conditions, une presse, libre en son principe, indépendante dans ses directions générales, servie par des professionnels avertis et que viennent renforcer des collaborateurs bénévoles, disséminés dans toute la colonie où ils sont aux prises avec toutes les difficultés de la vie du colon, personnellement intéressés au complet développement de l'Indochine, doit nécessairement constituer une force. Cette force se trouve encore accrue de la. diffusion dans toute la colonie des journaux indochinois, car il n'est pas en Indochine un seul Français qui ne lise au moins un journal de Saïgon, d'Hanoï ou d'Haïphong, de ce fait que la moyenne intellectuelle de ces lecteurs est supérieure à la moyenne de France, que ces Indochinois ne sont pas sans relations en France, qu'aussi bien les journaux indochinois pénètrent directement dans les milieux de la *Métropole*, de plus en plus nombreux d'ailleurs, qui se préoccupent des questions coloniales.

Cette situation de la presse indochinoise n'est pas méconnue par l'*Administration* et le temps est loin où un *Gouverneur général* se targuait de ne pas lire les journaux indochinois qui, il convient de le reconnaître, se sont avantageusement transformés depuis. Aujourd'hui, l'Administration Indochinoise, à tous les degrés, recherche volontiers le concours de la presse indochinose, collabore fréquemment avec elle sous forme de communiqués ou de renseignements, par elle souvent aussi elle prépare l'opinion publique à certaines mesures qui, au premier abord, pourraient irriter; presque toujours elle redoute ses critiques et en tient compte dans une large mesure.

Non pas, certes, que la presse indochinoise échappe à toute critique, mais avant de formuler celle-ci, ou tout au moins à titre de circonstances atténuantes, il faut tenir largement compte des conditions spéciales dans lesquelles se rédigent, se composent et s'impriment les journaux indochinois.

C'est aux heures les plus chaudes de la journée, dans des pays cependant tropicaux, que doit s'effectuer tout ce travail; et cette tâche est quotidienne, d'un bout de l'année à l'autre. Peut-être eut-il été préférable pour la presse indochinoise de s'en tenir, comme à ses débuts, à des éditions tri-hebdomadaires, ce qui donnait plus de fini aux articles de fond et permettait de « nourrir » davantage chaque numéro. Ce système se justifiait d'autant plus que l'Indochine est en dehors de toutes les grandes routes commerciales de l'*Extrême-Orient*, routes qui passent seulement à proximité de ses côtes, que les relations télégraphiques avec la *Chine, Singapour* et les *Indes* et, *à fortiori*, avec l'*Europe* et l'*Amérique* sont assez lentes et en tout cas très onéreuses même aux tarifs de presse. Mais, puisque la concurrence a fait presque tous les journaux indochinois quotidiens, tous ces facteurs qui paralysent quelque peu l'essor complet de la presse indochinoise, doivent être retenus à sa décharge. L'ouverture toute récente de la grande station radiotélégraphique de *Saïgon* est d'ailleurs susceptible de faire sortir l'*Indochine* de son isolement et permettra, en même temps, aux journaux indochinois de se tenir, eux et leurs lecteurs, plus régulièrement informés du mouvement politique, social et économique dans tout l'*Extrême-Orient*. Il reste cependant que même dans le passé, l'on peut assez justement faire grief aux journaux indochinois d'être trop exclusivement indochinois, de ne pas suivre suffisamment, au moins par le moyen des journaux et périodiques étrangers, les problèmes de plus en plus importants qui se posent dans cette partie du monde. Il convient cependant de reconnaître que, déjà, dans la limite des moyens, restreints pour les causes ci-dessus dont ils disposent, les périodiques indochinois tels le *Bulletin Economique de l'Indochine*, le *Bulletin Financier de l'Indochine*, et tout particulièrement *l'Eveil Economique de l'Indochine* font la part de plus en plus grande aux questions économiques spéciales au *Siam*, aux *Indes néerlandaises*, à la *Chine* du sud, au *Japon*, et publient sur ces sujets des notes tout à fait intéressantes.

Après ce trop succinct exposé des origines et de l'action de la presse de direction française en Indochine, la question se pose tout naturellement de savoir quelle est la situation matérielle et aussi la situation morale du journaliste indochinois.

De journalistes professionnels, il faut entendre par là des journalistes expressément attachés à un journal, le nombre en Indochine est en définitive très limité : une trentaine de Français environ. Parmi ceux-ci, il faut distinguer entre les directeurs, rédacteurs en chef de journaux et les simples reporters ou rédacteurs.

Parmi les premiers, il importe encore de faire un départ entre ceux qui sont propriétaires de leurs journaux et ceux qui en assument la direction pour le compte de sociétés quelconques. Les rédacteurs ou reporters ordinaires n'ont en général qu'un traitement leur permettant de s'assurer une existence assez confortable mais sans luxe aucun. Des directeurs-propriétaires de journaux, l'un d'entre eux parait réaliser des bénéfices non négligeables, les autres ne parviennent qu'à assurer leur existence, honorablement, confortablement, mais sans plus. Plus avantageuse du point de vue pécuniaire est en définitive la situation des directeurs de journaux préposés à ce mandat par des sociétés, anonymes ou autres, sans que cependant la situation de ces directeurs soit telle qu'elle puisse les conduire, dans un délai raisonnable, à une aisance bien dorée.

Il semblerait que dans des conditions, en somme assez peu intéressantes, rares devraient être les postulants aux fonctions de directeur ou de rédacteur d'un journal indochinois. Le recrutement de ce personnel spécial est cependant assez aisé.

Ceci procède en partie des satisfactions qu'un journaliste de tempérament trouve à exercer sa profession dans un pays neuf, au développement duquel lui aussi contribue chaque jour dans une certaine mesure et encore de l'autorité qui s'attache à la situation de directeur d'un journal, lorsque ce directeur, et c'est le cas le plus général, sait la conquérir par son talent, la courtoisie de ses manières, la correction générale de sa vie.

Est-il permis cependant d'observer que la considération, non contestable, dont jouissent en Indochine presque tous les directeurs de journaux, serait encore plus grande si certains d'entre eux savaient s'abstraire des polémiques trop fréquentes qui se poursuivent de journal à journal pour des questions trop strictement personnelles, observation qui s'applique surtout à la presse de Cochinchine, celle du Tonkin montrant à cet égard infiniment plus de réserve.

Les journalistes intéressés sont d'ailleurs trop avertis, trop intelligents, pour n'avoir pas senti, les premiers, combien il y aurait avantage pour tous à ne pas faire le public juge de leurs différends professionnels. Dans cet esprit et à cette fin notamment, des syndicats de presse ont été constitués, tant à Saïgon qu'à Hanoï, syndicats auxquels adhèrent respectivement les journalistes de profession et correspondants ordinaires des journaux de Saïgon et d'Hanoï. Mais, jusqu'à ce jour, l'action de ces syndicats sur ou au profit de ses membres, semble avoir été assez faible et, *ergo omnes*, le journaliste indochinois continue à chérir par dessus tout son indépendance.

Est ce dans ce même esprit, et d'ailleurs dans un état d'esprit réciproque, qu'il n'y a guère de liens entre la presse coloniale de l'Indochine et la presse coloniale de la Métropole? Le certain c'est que ces deux presses se développent à très peu près dans l'ignorance l'une de l'autre. En fait, la presse coloniale de la Métropole est cependant assez fortement constituée puisqu'à ce jour elle ne compte pas moins de quatorze journaux paraissant régulièrement, soit tous les jours, soit une ou deux fois par semaine.

Journalistes indochinois, comme journalistes coloniaux de la Métropole auraient cependant le plus grand intérêt et leurs lecteurs après eux, à coordonner leur action réciproque, la presse de la Métropole reprenant l'étude des grandes questions abordées par les journaux indochinois, puisant dans ceux-ci toute la documentation de fait qui, nécessairement, leur fait défaut en France, les journalistes indochinois se trouvant informés par leurs confrères de France du mouvement réel des esprits dans la Métropole en ce qui concerne les problèmes coloniaux, de la vie des grands groupements coloniaux de Paris, du Havre, Lyon, Marseille et Bordeaux.

En l'état de l'inorganisation constitutionnelle de l'Indochine, ces efforts communs des deux presses sont indispensables, pour le triomphe des intérêts indochinois et ce serait hâter, assurer ce dernier que de combiner les efforts de la presse coloniale à la fois en France et dans notre grand empire d'Extrême Orient.

Il semble d'ailleurs que ce point de vue n'est plus méconnu par la presse coloniale de la Métropole, et, si la part réservée dans les colonnes de cette presse aux questions africaines ou à celles intéressant nos vieilles colonies est encore très dominante, les journaux coloniaux de la Métropole s'ouvrent de plus en plus, non pas seulement aux faits divers de la vie indochinoise, mais encore aux problèmes fondamentaux de notre domi-

15.

nation en Indochine et du développement de cette colonie.

Les observations qui précèdent sont d'ailleurs d'ordre très général, et sans entrer dans l'analyse de la politique et des informations de chaque journal colonial de la Métropole, il est au moins permis de noter spécialement qu'en sus du *Midi Colonial* qui, organe en France du député actuel de la Cochinchine, M. Outrey, est presque exclusivement un journal indochinois édité en France, le doyen des journaux coloniaux de Paris, *La Dépêche Coloniale*, dont la fondation remonte à trente-deux ans, publie tous les jours une page indochinoise et fait autorité aussi bien dans les milieux indochinois de la Métropole qu'en Indochine.

Pas davantage les observations ci-dessus formulées ne s'appliquent à *La Revue du Pacifique*, qui, très largement soutenue d'ailleurs par le Gouvernement général de l'Indochine, constitue en France un organe de propagande des questions indochinoises en particulier et en général des problèmes extrêmes orientaux des plus sérieusement informé.

Pour en terminer avec cette étude — brossée à grands traits — de la presse indochinoise, il reste à traiter des journaux annamites, étant entendu qu'ils sont considérés comme tels, aussi bien les journaux en langue française dirigés et rédigés par des annamites que les journaux de langue annamite.

Les premiers sont à l'heure actuelle au nombre de deux et ils paraissent à Saïgon. Juridiquement, ils doivent être considérés comme bénéficiant de la législation métropolitaine sur la presse, leurs directeurs ou rédacteurs restant toutefois, parce que annamites, soumis à la législation annamite pour tous les délits qui pourraient être relevés à leur charge par des annamites ou asiatiques étrangers, Japonais exceptés.

Les journaux de langue annamite, tous rédigés par des annamites, propriété aussi d'annamites exclusivement, sont au contraire soumis au régime de l'autorisation préalable, autorisation révocable à tout moment. De ce seul fait leur indépendance est très relative et aussi bien est-il préférable qu'il en soit ainsi, tant dans l'intérêt de la France que des indigènes eux-mêmes aussi long-

temps que ceux-ci ne seront pas parvenus à un stade
plus élevé d'instruction générale. Si la lecture assidue des
journaux rédigés en Français par des annamites, propriété à nouveau d'annamites, force la considération pour
la perfection générale, l'élégance même de la forme, trop
souvent en effet ces articles témoignent-ils d'un manque
du sens des réalités, d'un jugement faux, surtout d'un
orgueil de race et d'un esprit d'hostilité à la France,
qu'il est impossible de nier et qu'il serait puéril de mécon-
naître. N'ayant qu'une clientèle de lecteurs très limitée —
même pas un millier — aucunement représentatifs des
véritables aspirations des sujets ou protégés annamites
de la France, ces articles, pour regrettables qu'ils soient,
sont à tout prendre négligeables. Toutes autres pourraient
être les conséquences d'articles en langue annamite
conçus dans le même esprit que les précédents et répandus
dans une masse indigène essentiellement crédule et tout
naturellement portée, ataviquement portée devrait-on
dire, à vénérer tout ce qui a les apparences d'une culture
intellectuelle supérieure.

Si contrôlés que soient les journaux de langue annamite, ce contrôle par l'Administration n'est pas tellement
étroit qu'il fasse obstacle à la discussion dans ces journaux
des vœux des annamites, à la critique des actes de l'administration. Ainsi, une fois de plus, la France qui a déjà
pourvu nos sujets et protégés indochinois d'organismes
représentatifs de leurs intérêts, fait montre de cet esprit
libéral et paternel qui est l'essence de sa politique
coloniale.

Cette presse de langue annamite est d'ailleurs appelée
à prendre de l'extension au fur et à mesure que s'accroîtra
davantage l'enseignement du *quoc ngu* dans les écoles
de village.

Plus assuré encore peut-être doit être le développement
en Indochine de la presse de langue française.

Au cours de ces dernières années, le Gouvernement
général de l'Indochine, conformément aux directions
imprimées par M. Albert Sarraut, actuel ministre des
colonies, à l'époque Gouverneur général de l'Indochine,
a édifié tout un système d'enseignement qui, prenant
l'enfant annamite dans son école de village, peut le
conduire jusqu'à l'enseignement supérieur avec comme

paliers, l'enseignement franco-indigène, l'enseignement complémentaire, l'enseignement secondaire, sans oublier les diverses écoles professionnelles. De tous les établissements ainsi ouverts en *Indochine* à l'enseignement du français, sortent déjà annuellement près de trente-cinq mille élèves, et c'est un fait que le mouvement en faveur de l'enseignement du français s'accentue à ce point chez nos protégés, que des souscriptions se sont spontanément ouvertes en plusieurs régions pour la construction d'écoles sous la condition formellement exprimé qu'on y enseignerait notre langue.

De toute évidence pour tous ceux qui ont quelque expérience de l'esprit de nios protégés, c'est aux journaux français de préférence que s'adresseront ces générations nouvelles d'annamites pour se tenir informés des grands événements du monde, et, plus spécialement, pour suivre, au jour le jour, la vie de leurs propres pays; partant la presse en *Indochine* ne peut que gagner encore en autorité et en prestige.

En attendant que se réalisent les perspectives ainsi évoquées, il demeure qu'en l'état la presse en *Indochine* y exerce une action dont il importe d'être pénétré, action qu'elle a toujours mise d'ailleurs au service de l'œuvre de progrès et de civilisation que poursuit la *France* dans cette partie de l'*Extrême-Orient*.

DE LANSALUT.

ancien président de la Chambre de discipline des
avocats défenseurs de l'*Annam-Tonkin*,
Administrateur du « *Courrier de Haïphong* »

La presse locale en Afrique française et à La Réunion

par M. H. BEAURAIN

délégué du Togo au conseil supérieur

des colonies françaises

La presse dans nos colonies d'Afrique est réduite à un état embryonnaire.

Dans nos vieilles colonies, elle présente le caractère des petits journaux de province de la métropole. Même tendance à la polémique personnelle, encore exacerbée par la violence des passions, résultat d'une question de couleur qui vient se superposer, pour les aggraver, aux questions politiques.

Là où la politique ne fournit pas aux journalistes la copie, la presse est surtout représentée — en dehors des journaux officiels qu'éditent les gouvernements de chaque colonie — par des périodiques, revues où sont étudiées des questions scientifiques et des questions d'enseignement.

La Réunion, rattachée à la France depuis de très longues années, est à peu près assimilée à un département français.

Elle élit des députés, des conseillers généraux, des conseillers municipaux.

Chacun des partis politiques possède son organe.

A la Réunion, il y a la *Dépêche*, le *Nouveau Journal*, la *Patrie Créole*, le *Peuple*.

Chacun de ces journaux représente un groupement politique, et sans ménagement attaque le parti adverse.

Des polémiques s'engagent, dont la violence parfois étonne.

Même situation au Sénégal. où l'*Ouest Africain*, l'*A. O. F.*, *Le Démocrate* représentent des personnalités politiques qui se livrent à des luttes parfois très âpres.

D'autres journaux étudient la situation de la colonie et font montre dans leurs articles d'une réelle pondération.

Chaque colonie possède aussi un journal officiel édité par les soins du gouvernement de la colonie; il publie les actes du pouvoir central — lois, décrets s'appliquant à la colonie; actes des pouvoirs locaux — arrêtés, circulaires, et aussi les renseignements commerciaux intéressant les colons et les indigènes.

La presse en *Afrique équatoriale* est à peu près uniquement représentée par le *Journal officiel*.

Signalons deux publications éditées par les soins du gouvernement général et qui méritent de retenit particulièrement l'attention : le *Bulletin de l'Enseignement* et surtout le *Bulletin du Comité d'Etudes historiques et scientifiques*, qui constitue une brochure de très réelle valeur.

La presse à Madagascar

Nier l'énorme influence de la parole écrite sur l'indigène serait nier l'évidence.

Un grand nombre de nos ressortissants indigènes lisent couramment le français et pour qui connaît les mœurs et les coutumes des peuples habitant notre domaine colonial, il est hors de doute qu'il suffit d'un seul homme dans ce cas par village ou agglomération, pour que celui-ci traduise et commente à ses voisins le texte qu'il aura lu.

La presse coloniale française peut avoir une excellente influence dans le domaine matériel et moral, en matière d'hygiène et d'éducation sociale, ses conseils pratiques au point de vue de l'agriculture et de l'élevage sont précieux. Tels sont les champs qui s'ouvrent à son action et qu'elle ne saurait trop largement exploiter.

La presse coloniale malgache a vécu jusqu'à ce jour de ses propres ressources : abonnements, publicité, publicité légale.

Le grand nombre de journaux qui se sont succédés dans la Colonie semble indiquer que ces entreprises ont été généralement peu productives par suite du nombre restreint des lecteurs, de la cherté des matières premières, et des difficultés de rédaction. La plupart d'entre eux n'ont pu subsister que grâce à des ressources particulières.

Ny Gazety Malagasy fut le premier journal officiel du Gouvernement malgache. Le numéro un porte la date du 23 juin 1885. Il paraissait encore en octobre 1894, on en trouve même quelques numéros en 1895.

Créé peu après, le *Progrès de l'Imerina*, organe de la Résidence générale, qui parut du 8 mai 1887 au 17 octobre 1894, fut le premier journal français. La Résidence générale fit également éditer un journal malgache *Ny Malagasy* (de 1889 à 1894).

Avant la guerre franco-malgache plusieurs journaux s'éditaient à Tananarive : *La Cloche, L'Opinion publique, La France Orientale;* tous disparurent au moment de l'occupation.

Le 8 décembre 1891 fut imprimé le premier numéro du *Courrier de Madagascar* qui parut jusqu'en avril 1897.

Le *Madagascar* vécut du 10 juillet 1892 au 22 janv. 1895.

L'*Avenir de Madagascar* vécut du 4 décembre 1895 au 31 décembre 1898.

Le *Tamatavien* n'eut que 43 numéros dont le 1er fut imprimé le 19 avril 1895.

Puis, il y eut successivement : le *Journal de Madagascar*, imprimé d'abord à Majunga, en décembre 1895, puis à Tananarive. Il disparut en juillet, 1896, n'ayant tiré que 40 numéros.

Le *Journal officiel de Madagascar* date du 20 mars 1896.

Le *Vaovao Frantsay Malagasy*, journal officiel en langue malgache, naquit le 1er janvier 1897.

L'*Echo de Madagascar* parut du 8 février 1900 au 28 août 1908.

Le *Petit Courrier de Tananarive*, hebdomadaire comme l'*Echo*, du 1er février 1904 au 21 mai 1908.

Le *Réveil de Madagascar* ne vécut que quelques mois, du 7 juin 1907 au 11 avril 1908.

Le *Réveil* (ex *Réveil de Madagascar*), du 1er juillet au 16 décembre 1908.

Le *Progrès du Plateau Central*, du 21 août 1908 au 23 octobre de la même année.

Le *Progrès de Madagascar*, du 12 septembre 1908 au 7 mai 1913.

L'*Indépendant*, le premier du nom, ne parut que durant quatre mois à la même époque.

La *Presse de Madagascar*, du 5 mai 1915 au 19 août 1915.

L'*Action*, du 31 janvier 1918 au 30 janvier 1920.

Le *Cri de Tananarive* et l'*Indépendant du Centre* virent le jour et moururent en 1913.

On vit apparaitre et disparaitre presque aussitôt : L'*Indépendant de Madagascar*, la *Dépêche de Madagascar* (6 avril 1901 au 20 avril 1910), *La Vérité*, du 26 décembre 1901 au 2 avril 1903, Le *Petit Malgache*, du 6 juin 1905 au 18 décembre 1906; ce dernier était consacré surtout à la publicité.

Le Signal parut le 17 mars 1906; ce fut le premier quotidien édité dans la Colonie. Notre confrère, M. de Buschère, actuellement conseiller général et directeur d'un journal à la Réunion, le dirigea jusqu'au 15 septembre 1909.

N'oublions pas les journaux autographiés : *Le Colonial*, *Le Journal de Tamatave* et le *Petit Journal* qui cessèrent de paraître en 1921.

Mentionnons encore un journal illustré, le *Caïman*, auquel succède l'*Indiscret Caïman*.

Le premier journal imprimé à Diego-Suarez fut le *Clairon*. Le *Diego-Suarez*, édité par Chatard, parut pour la première fois le 11 octobre 1906. La *Cravache antsiranaise* n'eut que quelques numéros. Notons également l'*Indépendant* dirigé par le comte Nicolas. *Le Sémaphore*.

La *Dépêche de Majunga* parut dans cette ville du 1er mai 1899 au 10 septembre 1900, la *Lanterne de Madagascar*, du 15 juin 1905 au 15 juillet 1907. La *Côte Ouest de Madagascar* n'eut qu'une existence éphémère.

Enfin parut à Tuléar pendant quelque temps un Journal autographié que publiait M. Vabois.

Le *Basy-Vava* « Le Bavard », journal indigène hebdomadaire, parut du 7 juillet 1906 au 2 avril 1909. Puis toute une série de journaux malgaches, dont beaucoup avaient des attaches confessionnelles, circulèrent dans la Colonie.

Le Mifoha i Madagascar, du 7 juillet 1906 au 2 avril 1909.

Ny Mifoha, 17 avril 1908.

Ny Lakolery Volamena, 1r avril 1910 au 31 juillet 1914.

Ny Trompetva Volamena, 15 janvier 1915 au 19 septembre 1917.

Ny Masoandro.

Par décision du Gouverneur général furent supprimés :
Le Tsara Fanahy, le 2 avril 1915.

Ny Filankandro, 30 avril.

Ny Loharano, 17 juin.

Ny Mazava, 15 juillet.

L'*Eclair de l'Emyrne*, rédigé en français par des indigènes, n'eut que quelques numéros.

Les journaux français qui paraissent actuellement à Tananarive sont : d'abord le *Journal Officiel*, le plus ancien des journaux édités à Madagascar. Il ne publie plus que des renseignements officiels, décrets, arrêtés, circulaires, mutations, etc.

La *Tribune de Madagascar* qui date de 1907, est bi-hebdomadaire.

L'*Indépendant de Madagascar et Dépendances.*

Le *Madécasse.*

L'*Information.*

Tamatave : *Le Tamatave, Le Colon, Le Journal de Madagascar.*

Majunga : *Le Phare, Les Petites Affiches.*

Diego-Suarez : *Les Affiches de Diego-Suarez.*

Paraissent en outre, à Tananarive quelques bulletins et revues :

Le *Bulletin Economique de Madagascar*, publié par les soins du Gouvernement général et tiré par l'Imprimerie officielle. Il date de 1903 et parait trimestriellement.

Le *Bulletin de l'Académie Malgache*, édité également par l'Imprimerie officielle.

Le *Bulletin des Mines*, édité par la Chambre des Mines.

Le *Bulletin de la Chambre de Commerce, d'Industrie et d'Agriculture de Tananarive.*

La *Revue Agricole et Vétérinaire de Madagascar et Dépendances*, datant de 1915 et paraissant mensuellement.

Enfin, dans un ordre spécial : *Le Journal des Sports.*

Les journaux malgaches, paraissant actuellement sont les suivants :

Le *Vaovao Frantsay Malagasy* ou *Gazetim Panjakana* qui est le journal officiel des malgaches.

Le *Mpanolo-tsaina.*

Le *Mijinja*, journal d'agriculture.

Le *Feon' n'y marina* (La voix de la vérité).

Le *Masoandro.*

Lakolosy-Volamena.

La Presse s'est donc constituée à Madagascar, tant par l'initiative privée que par celle de l'Administration. Elle est régie comme en France par la loi de 1881.

Il n'y a pas, depuis la disparition du *Signal*, de journal

quotidien. La plupart des journaux sont bi-hebdomadaires ou hebdomadaires.

Les Revues n'ont aucun caractère de propagande politique. Elles sont les organes de corps spéciaux : *Académie malgache*, *Bulletin Economique*, *Revue Vétérinaire*, *Bulletin des Mines*. Il n'y a plus de journaux illustrés depuis la disparition du *Caïman*.

Les Revues que nous avons citées plus haut comportent assez souvent une documentation photographique.

— La presse coloniale locale de langue métropolitaine est la plus nombreuse. Elle s'adresse autant aux indigènes qu'aux Européens, car beaucoup de ceux-là, à Madagascar, parlent et écrivent le français. Son action dans le pays peut donc être très importante et aider grandement à l'évolution de la mentalité de nos sujets, comme elle peut la retarder, voire même la compromettre si elle ne comprend pas sa besogne éducatrice.

— Au récent Congrès de la presse coloniale à Marseille M. Moyse, qui vient de mourir, disait : « La guerre de 1914-1918 a permis à nombre de sceptiques de constater le bien fondé de la campagne poursuivie dans la presse, il y a une vingtaine d'années, par le général Mangin — alors capitaine — lorsqu'il lança l'idée générale de faire collaborer nos compatriotes de toutes couleurs à la défense du sol sacré de la Métropole.

» Et, voici que d'aucuns, mus par un louable sentiment de générosité et de gratitude à la suite des innombrables services rendus à la cause du Droit et de la Liberté par nos frères des Colonies, vont jusqu'à demander l'accession, en masse, de tous les indigènes sans exception, au « citoyennat » français, leur donnant ainsi le droit de vote et d'éligibilité. Comme toutes les surenchères, celle-ci offre l'indéniable danger de jeter dans la mêlée politique des hommes dont l'instruction, encore rudimentaire pour la majorité d'entre-eux, n'est complétée par aucune éducation post-scolaire.

» N'apparaît-il pas qu'avant d'augmenter le nombre d'électeurs illettrés et ignares, il semble tout indiqué de les préparer à remplir leurs devoirs de citoyens français?

» Et la presse ne semble-t-elle pas toute désignée pour

aider puissamment l'instituteur, le maître d'école, dans cette tâche souvent ardue?

La presse aux Colonies doit à notre avis, être l'auxiliaire du Gouvernement sans être asservie à l'Administration locale et tout en conservant son droit de libre examen et de juste critique; il importe que le principe d'autorité et la personnalité de ses représentants demeurent toujours saufs aux yeux des indigènes.

Toute action contraire conduit à une diminution du pouvoir et à un amoindrissement du prestige de la Nation tutélaire.

La presse indigène peut être d'un très grand secours dans la mission éducatrice, mais à une condition, c'est que le livre (journal officiel ou publication quelconque) soit rédigé par des Français, traduit dans les idiomes indigènes par des interprètes sûrs et répandu à profusion dans la population. Les journaux à bas prix peuvent seuls renseigner nos sujets sur notre activité, sur les faits du jour, sur nos sciences et leurs applications, sur nos ressources intellectuelles; faire connaître nos idées sur la morale, faire en un mot l'éducation civique des populations dont nous avons assumé la direction. Il faut une pensée directrice puissante pour grouper les bonnes volontés, un organisme complet soutenu par des ressources relativement considérables.

En raison même de son rôle, la presse indigène doit être en relations constantes et courtoises avec les représentants de l'autorité métropolitaine, avec les colons, avec la presse française, de manière à trouver auprès d'eux des directives et des guides sûrs pour exercer son rôle éducateur.

La situation matérielle des journalistes de nos Colonies est assez particulière. La plupart ne font du journalisme qu'accessoirement : ce sont des avocats, des industriels, des commerçants, des colons, même des fonctionnaires; c'est donc bien plus en considération du rôle social de la presse que d'un intérêt pécuniaire que se produisent les vocations de publicistes aux colonies. Ces conditions offrent le rare avantage de laisser au journaliste colonial l'indépendance de son désintéressement. Au point de vue moral, ces publicistes se recrutent parmi les éléments les plus cultivés de la Colonie, européens et indigènes.

Les journalistes de Madagascar se sont groupés en une Association corporative : Le Syndicat de la Presse, dont le Président est M. Joly, directeur du journal la *Tribune de Madagascar*, qui a été l'âme de la récente Foire de Tananarive.

Paris, avril 1924.

Lt-colonel FRANCIS MURY,
délégué des Comores-Madagascar
au Conseil supérieur des Colonies.

La Presse au Maroc

L'importance de la Presse marocaine est telle que, au Cabinet Civil de la Résidence, il existe un bureau de la Presse chargé des rapports entre l'Administration et les journaux Marocains publiés au Maroc ou en France. Monsieur Seguy, l'aimable chef du bureau de la Presse a bien voulu me donner quelque documentation avec la connaissance approfondie qu'il a du journalisme au Maroc : Je me bornerai donc à vous donner simplement les renseignements que j'ai recueillis de part et d'autre ainsi que quelques considérations puisées au cours de plusieurs voyages que j'ai faits au Maroc.

La Presse joue un grand rôle dans la Politique coloniale d'un Pays. Interprète de l'opinion publique, elle oriente cette politique, signale les opérations, les occupations nécessaires, soutient les campagnes diplomatiques. Elle entraîne à l'action utile, s'oppose aux abandons, stimule les Gouvernements, elle pousse aussi les Citoyens intelligents, riches, puissants à s'associer aux entreprises et les amène parfois à débourser des sommes considérables qui sont nécessaires à la mise en valeur d'un Pays.

C'est surtout dans cette deuxième partie de sa mission que la Presse a joué un rôle prépondérant au Maroc : sa situation est toutefois peut-être un peu différente de ce qu'elle est aux Colonies? Le Maroc n'est pas un pays de colonisation, mais un pays de protectorat, son rôle se rapproche plutôt de celui qui est tenu par la Presse en Algérie et en Tunisie.

La Presse métropolitaine a fait beaucoup pour la mise en valeur du Maroc qu'elle a fait connaître en France aux Français. Mais comme peu de Français se décident à émigrer et que, malgré les objurgations de la Presse, ils n'ont pas voulu en grand nombre s'installer dans ces Pays neufs, la Presse française a suppléé à leur défaillance. Elle a tenu pour eux le drapeau de l'influence de la pensée et de la langue française. Grâce à elle on peut dire que malgré de nombreux émigrants espagnols et italiens, l'élément français au Maroc garde une grande majorité.

L'influence française a même acquis un tel développement qu'il s'est fondé au Maroc une Presse locale, indépendante de la Presse métropolitaine. Quelques journaux, comme :

La Vigie Marocaine. — Directeur M. Georges Louis;
Le Petit Marocain. — Directeur M. Mas:
La Presse Marocaine. — Directeur M. Francis Busset;
sont des quotidiens puissants, sérieux, lus par toute la population : leur influence est grande.

Financièrement, ils sont indépendants et secondent de leur mieux l'œuvre accomplie par le Maréchal Lyautey. Il serait peut-être désirable que celui-ci ait, pour réaliser les divers points de son programme, l'appui d'un grand journal fidèle interprète de sa pensée?

En réalité, il n'y a pas au Maroc de Journal officiel ni officieux, ni subventionné, en dehors du Bulletin officiel du Protectorat qui est plutôt un journal Administratif.

Y a-t-il une Presse d'opposition? *La Presse Marocaine.*

La Résidence s'est attachée à laisser aux journaux leur libre opinion; les journalistes peuvent exercer librement leur esprit critique aux dépens de l'Administration à condition de ne pas soulever contre la tutelle française les populations protégées : il faut reconnaître en tous cas le libéralisme du Maréchal. Si des mesures de rigueur ont été prises, d'ailleurs à de rares intervalles, elles l'ont été contre des journalistes individuellement accusés de vouloir créer un esprit d'agitation peu favorable aux intérêts français, et non contre les journaux eux-mêmes. Cet esprit libéral a permis le développement de la Presse Marocaine.

Actuellement en dehors des journaux quotidiens énumérés plus haut il y a d'autres journaux : ceux-ci ont une influence plus modeste : plusieurs d'ailleurs n'ont qu'une forme hebdomadaire.

A Rabat, *Le Nord Marocain*, très lu et dirigé par M. Antoine de Peretti est un quotidien dont l'influence est considérable. Il est quotidien et est soutenu par les

Chambres de Commerce de Rabat, Kenitra, Fez, Meknes et la Chambre d'agriculture.

Il y a encore à Rabat, *L'Echo du Maroc* : directeur M. Mas.

A Casablanca, il y a : *Le Petit Casablancais*, directeur M. Stevenin.

Le Soleil du Maroc, directeur M. Itie.

Casa-Midi.

Le Cri Marocain, directeur M. Carette Bouret.

Le Cri du Maroc, directeur M. Labadie-Lagrave.

A Mogador : *Le Réveil de Mogador*.

A Marrakech : *L'Atlas*, directeur M. du Pac.

Le Sud Marocain, directeur M. Serve.

A Meknes : *Meknes-Fez*, directeur M. Rutily.

A Oudjda : *Les Tablettes Marocaines*, directeur M. Allard.

A Tanger : *La Dépêche Marocaine*.

A Fez : *Le Progrès de Fez*, directeur M. Bouyon.

Il y a également des journaux spéciaux, tels que : *La Colonisation française au Maroc*, *La Gazette des Tribunaux du Maroc*, *La Construction au Maroc*, *La France Maroc*, revue mensuelle; *Hesperis*, qui est la revue de l'Institut des Hautes Études Arabes, *Le Maroc Laïque*, directeur M. Dunet, *Le Maroc Catholique*.

Enfin, il faut signaler que la Presse indigène tient aussi sa place au Maroc : *El Akhbar el Moghrebia* est un journal publié en langue arabe, lu par toute la population indigène, et rédigé dans un esprit excellent et sympathique à la France et à son action. La Résidence qui exerce un droit de contrôle sur les informations et les commentaires qui paraissent dans ces journaux n'a jamais eu à intervenir pour le censurer. Un grand journal indigène paraissant 5 fois par semaine *L'Es Saada*, un bulletin indigène paraissant sous les auspices de la municipalité à Fez, enfin une feuille à Marrakech hebdomadaire. A Paris, *L'Union Marocaine*, *La France Extérieure*, *Les Intérêts Marocains*, *France-Islam*, intéressent les lecteurs au Maroc et leur font entrevoir que le Maroc est une merveilleuse région de tourisme. Car, si l'on va au Maroc et de plus en plus en touriste, c'est à la Presse qu'on le doit.

De même que ces journaux métropolitains ou marocains font la liaison entre le Maroc et la Mère-Patrie, le Syndicat de la Presse marocaine fait la liaison entre les journalistes marocains et les autres. Ce Syndicat qui a été fondé en 1911 par M. Auguste Terrier, secrétaire général du Comité de l'Afrique française et du Comité du Maroc, entre journalistes et écrivains spécialistes des questions marocaines a inscrit dans ses statuts son but et son objet dans les termes suivants :

ARTICLE 2.

« Cette Association estimant qu'il est indispensable de
» garantir aux journalistes français établis au Maroc,
» le libre exercice d'une profession qui ne peut que servir
» la pénétration française dans ce Pays; que cette indé-
» pendance de la Presse est la condition essentielle
» d'informations sincères réclamées par l'opinion pu-
» blique; convaincue d'autre part, de l'urgence d'établir
» entre les journalistes publicistes et écrivains, spécia-
» listes des questions marocaines, des rapports profes-
» sionnels étroits : et désireuse de procurer à ses Membres
» les moyens d'investigation les plus sûrs et les plus
» rapides, se propose :
» 1º — de nouer entre les grands Syndicats de la
» Presse française et la présente Association des relations
» permanentes en vue d'assurer la défence des intérêts
» professionnels de la Presse au Maroc.
» 2º — De créer une solidarité d'action et un échange
» constant de vues entre les journalistes, publicistes et
» écrivains français spécialistes des questions marocaines,
» résidant en France et au Maroc.
» 3º — De rechercher, au bénéfice des Membres du
» Syndicat tous les moyens utiles d'investigation auprès
» des Personnalités du monde commercial, industriel,
» agricole et politique du Maroc et par là de faciliter
» leur tâche d'information. »

Le Syndicat de la Presse Marocaine qui le premier a songé à fortifier la situation matérielle et morale du journaliste au Maroc, à grouper la corporation d jà nombreuse des Publicistes Marocains a mis à sa tête M. Léon Barety, député des Alpes maritimes. M. Léon Barety, président du Groupe parlementaire du Maroc à la Chambre, vice-président du Comité France-Tanger, secrétaire de la Commission des Finances, qui s'est fait remarquer à la Chambre par sa connaissance approfondie des questions coloniales, connaît le rôle très grand que peut jouer la Presse dans un pays comme le Maroc, de civilisation ancienne, et que la culture française doit rajeunir et revivifier. Il a fait le 16 décembre à l'École de Journalisme des Hautes Études Sociales, une conférence très brillante sur le rôle de la Presse coloniale. Sous sa présidence, le Syndicat de la Presse Marocaine est appelé à devenir l'organisme corporatif de tous les journalistes marocains.

Fernand MAREAU,

Avocat à la Cour d'appel de Paris,
Syndic du Syndicat de la Presse Marocaine.

La presse des vieilles colonies françaises d'Amérique

Le sujet ne prête guère ici qu'à une énumération fort résumée; on peut néanmoins marquer la supériorité certaine de la presse guadeloupéenne, sur la presse martiniquaise ou guyanaise.

La presse des Antilles françaises.

Guadeloupe.

Les *Dépêches Télégraphiques*, quotidien, directeur : M. Horace Descamps, paraissant à Pointe-à-Pitre.

Le *Nouvelliste Quotidien*, directeur : M. Adolphe Lara, paraissant à Pointe-à-Pitre. Le plus remarquable de tous les journaux quotidiens des Antilles. Organe politique et économique très important. Rédaction littéraire très soignée.

La *Tribune Libre*, hebdomadaire, directeur : M. Emile Isaac, paraissant à Pointe-à-Pitre.

La *Petite Patrie*, hebdomadaire, directeur politique : M. René Boisneuf, député, paraissant à Pointe-à-Pitre.

Schœlcher, hebdomadaire, directeur politique : M. H. Légitimus, ancien député, paraissant à Pointe-à-Pitre.

L'*Action*, hebdomadaire, directeur : M. Augereau Lara, paraissant à Pointe-à-Pitre.

La *Démocratie Nouvelle*, hebdomadaire, paraissant à Pointe-à-Pitre.

La *Voix du Peuple*, bi-mensuel, paraissant à Pointe-à-Pitre.

Le *Cri de la Guadeloupe*, hebdomadaire, directeur :
M. Adolphe Lara, paraissant à la Pointe-à-Pitre.

Le *Journal Officiel*, hebdomadaire, paraissant à Basse-
Terre.

La *Démocratie Sociale*, hebdomadaire, directeur politique : M. Gratien Candace, député, paraissant à Basse-
Terre.

Martinique.

La *Paix*, bi-hebdomadaire, directeur : M. l'abbé Souby,
paraissant à Fort-de-France. Le plus important (tirage
et portée).

Le *Cri du Pays*, hebdomadaire, directeur politique :
M. Henry Lémery, sénateur, paraissant à Fort-de-France.

L'*Aurore*, bi-hebdomadaire, paraissant à Fort-de-
France. — Bien rédigé et bien informé.

Le *Courrier des Antilles*, tri-hebdomadaire, paraissant
à Fort-de-France. Feuille de minime importance, assez
xénophobe et méfiante pour tout ce qui vient de la
Métropole.

Le *Journal Officiel*, hebdomadaire, paraissant à Fort-
de-France.

Journaux de la Guyane.

1º *L'Union*, journal hebdomadaire, le plus important
de tous (tirage et portée), organe de la fédération républicaine qui est la majorité. Il comprend parmi ses
rédacteurs : Mᵉ Ernest Prévot, notaire, adjoint au maire
de Cayenne, Mᵉ Philippe Saccharin, bâtonnier de l'Ordre
des avocats de Cayenne, M. Berland, ingénieur, ancien
élève de l'École Polytechnique, conseiller général,
Mᵉ Albert Darnal, avocat, adjoint au maire de Cayenne,
M. Félicite Sydney, conseiller général, etc.

2º *Le Progrès*, hebdomadaire, sans nuance déterminée.
Suit les variations politiques de son principal rédacteur,
le maire de Cayenne qui a comme collaborateur, M. Hec-
tor Liber, avocat.

3º *Le Réveil*, organe du parti socialiste indépendant rédigé par de nombreux journalistes, dont M. Berland, ingénieur, ancien élève de l'École Polytechnique.

4º *L'Avenir de la Guyane*, tri-hebdomadaire, organe des intérêts commerciaux de la firme : Les Comptoirs Coloniaux Chiris ; pas de rédacteurs connus, ceux-ci étant choisis de préférence parmi les condamnés du bagne, effectuant leur *doublage*, c'est-à-dire les libérés. Journal d'informations. Politique, en période électorale.

Robert CHAUVELOT,

avocat à la Cour d'appel de Paris,
membre du Conseil supérieur des Colonies.

La presse au Congo Belge

Réponse au questionnaire.

Question 1. — La Presse, aux Colonies. Comment elle s'est créée et constituée. Par quelles conditions successives elle a passé. Son régime actuel.

La Colonie du Congo belge étant une Colonie récente et de plus, une colonie d'exploitation et non pas une colonie de peuplement européen, c'est-à-dire que le nombre d'Européens qui s'y trouvent est relativement limité, il s'en suit que la Presse locale y est de création récente.

Les quelques journaux qui s'y sont créés sont dus à des initiatives privées et personnelles, et ont paru dans les centres tels que d'une part Elisabethville (Katanga) et d'autre part Kinshasa (Stanley Pool) où le nombre d'Européens, et surtout d'Européens non-fonctionnaires est relativement assez élevé.

On peut dire, qu'à cause de la situation géographique du Congo belge, il y a dans la Colonie deux presses bien distinctes et n'ayant même entre elles aucun rapport.

La Presse du Katanga et celle du Congo occidental.

Nous entendons parler de journaux publiés et imprimés dans la Colonie même.

Naturellement, le nombre de journaux est limité. Deux journaux pour le Congo occidental, dont l'un, à attaches officieuses ne tarda pas à disparaître; deux ou trois au Katanga.

Nous ne citerons que pour mémoire un journal dont l'apparition fut assez éphémère et qui fut édité à Coquilhatville (Equateur).

L'administration locale fut loin d'encourager les premières tentatives de presse locale et, au contraire, chercha à diverses reprises et par divers moyens, tous officieux d'ailleurs et jamais directs, à les contrecarrer.

Cette presse d'initiative privée reflétait naturellement les aspirations des personnes privées, non fonctionnaires, aspirations mêlées souvent de critiques, expression de désirs, de réformes, réclamations contre certaines lenteurs ou négligences, qui n'étaient pas pour plaire aux hauts fonctionnaires, auxquels cette publicité donnée à l'opinion publique était plutôt désagréable.

Cependant, c'est une justice à rendre à la presse locale coloniale, que de reconnaître qu'elle dépassa rarement la limite de critiques permises, que celles-ci n'atteignaient jamais la violence des polémiques politiques européennes, qu'elle s'abstint en général, d'immixtion dans les questions d'ordre confessionnel et qu'elle mit toujours au premier plan, le souci du bien de la Colonie et de son développement politique et économique.

Son action fut d'ailleurs loin d'être négligeable et bien des progrès réalisés dans la colonie, bien des réformes utiles et des améliorations sont dues à son activité.

Elle en a provoqué l'examen, les a préconisées et défendues, et son intervention en a, pour le moins, hâté l'application.

Il n'existe pas au Congo belge, de presse indigène.

La Charte Coloniale belge ne reconnaît pas la liberté de la Presse.

A la suite d'incidents assez sérieux, dûs à une propagande pan-nègre, originaire d'Amérique, et à l'introduction dans la Colonie de pamphlets et de journaux émanant de la même source, tous de nature à provoquer l'insubordination, voire la révolte, des Indigènes contre les blancs, à les exciter contre eux et à détruire leur autorité morale indispensable, le Gouvernement local de la colonie du Congo belge prit le 6 mars 1922, une ordonnance en vue d'arrêter d'une manière efficace cette propagande, dangereuse pour la tranquillité de la Colonie.

Selon la loi, cette ordonnance, pour avoir force de loi définitive, a dû être approuvée par le Conseil colonial et transformée en décret. Le Conseil colonial a donc dû se prononcer dans ses séances du 15 et du 29 juillet 1922, et a approuvé le projet de décret qui lui était soumis, avec quelques légères modifications et après que le Ministère eut donné au Conseil l'assurance formelle que le Gouvernement entendait que les pouvoirs accordés au Gouverneur général ne seraient exercés qu'exclusivement dans le but de prévenir les propagandes séditieuses ou autres, qui tendent à soulever les populations indigènes contre l'autorité coloniale et contre les populations blanches.

C'est donc ce décret du 6 juillet 1922 qui règle le régime de la presse au Congo belge.

Le rapport adressé sur la question au Conseil colonial, par M. L. Dupriez, vice-président du Consei expose fort exactement le but poursuivi et résume 'a discussion qui précéda le vote du Conseil, vote qui ne recueillit pas l'unanimité, deux membres, tout en approuvant la répression de la propagande séditieuse, craignant que le texte du décret permette des abus à l'égard de la presse coloniale blanche se permettant de critiquer des actes de l'administration.

Il est utile de publier ici ce rapport qui éclaire nettement la situation et le régime de la presse au Congo belge.

Rapport sur un projet de décret approuvant l'ordonnance-loi du Gouverneur général en date du 6 mars 1922, relative à la Presse.

Le 5 mars 1922, le Gouverneur général prenait une ordonnance-loi relative à la Presse, en vue d'arrêter d'une manière efficace certaine, la propagande venant surtout de l'étranger et tendant à soulever les populations indigènes contre l'autorité coloniale et même contre la population blanche. Le projet de décret soumis au Conseil a pour but de conformer cette ordonnance et de lui donner ainsi force obligatoire permanente.

Un membre, tout en rendant hommage aux intentions de l'auteur de l'ordonnance et reconnaissant la nécessité de réprimer énergiquement la propagande visée, exprima la crainte que le texte de l'ordonnance ne donnât à l'autorité coloniale le moyen d'exercer une véritable censure sur toute la presse coloniale et même sur la presse belge, et ainsi le moyen de prévenir même la critique de ces actes. Il suggérait de substituer aux mesures prises par l'ordonnance, une disposition répressive punissant de peines graves, la propagande spéciale que l'on avait en vue.

Il lui fut répondu, d'une part, qu'il était fort difficile de définir, dans un texte de loi, telle ou telle doctrine ou idée qui serait punissable à l'exclusion de toute autre, et que la répression de toute propagande séditieuse était déjà prévue par l'article 76*ter* du Code pénal; d'autre part, que la Charte coloniale s'était soigneusement abstenue de proclamer la liberté de la Presse dans la Colonie, que les moyens répressifs étaient insuffisants à l'égard des populations indigènes trop crédules et facilement excitables.

Quant au danger de voir l'autorité coloniale abuser des pouvoirs que lui donne l'ordonnance, pour prévenir toute critique de ses actes de la part des blancs fixés dans la Colonie, il est purement théorique.

L'opinion publique belge ne tolérerait pas un instant de pareils abus et le Parlement en demanderait immédiatement compte au Ministre.

Le Président (*) peut donner l'assurance au Conseil que le Gouvernement entend que les *pouvoirs accordés par l'ordonnance-loi ne seraient exercés que dans le but de prévenir des propagandes séditieuses ou autres qui tendent à soulever les populations indigènes contre l'autorité coloniale et contre les populations blanches.*

A l'article 3 et à l'article 4, un membre fit observer qu'il y avait une lacune dans les textes de l'ordonnance qui punissaient seulement la *publication, la mise en vente* et la *distribution* de journaux, écrits, dessins, etc. interdits ou susceptibles de porter atteinte au respect dû à l'Autorité belge; qu'ainsi, celui qui aurait simplement *introduit* les dits journaux, écrits, etc. ne serait point punissable. Le Conseil exprima l'avis qu'il y avait lieu d'ajouter à l'article 3 et à l'article 4 le mot « l'introduction ».

Le projet de décret a été approuvé par neuf voix contre deux dans la séance du 22 juillet 1922.

Le Vice-Président rapporteur,

(Signé) L. DUPRIEZ.

(*) Le Président du Conseil colonial est le Ministre des Colonies.

Texte du décret sur la Presse au Congo belge.

ARTICLE PREMIER. — L'introduction et la circulation au Congo belge des journaux ou écrits périodiques, publiés en dehors de la Colonie, en quelque langue que ce soit, pourra être interdite par ordonnance du Gouverneur général.

ART. 2. — La publication au Congo belge de tout journal ou écrit périodique ne pourra avoir lieu sans autorisation préalable du Gouverneur général.
Cette autorisation sera toujours révocable.

ART. 3. — L'introduction, la publication, la mise en vente ou la distribution de journaux ou écrits périodiques, faite sciemment en violation de l'interdiction prononcée par application des articles premier et deux, sera punie d'une servitude pénale de six mois au maximum et d'une amende de 2,000 francs au maximum ou de l'une de ces peines seulement.

ART. 4. — Seront punies des mêmes peines l'introduction, la mise en vente, la distribution ou l'exposition d'écrits, dessins, gravures, peintures, emblèmes et images susceptibles de porter atteinte au respect dû à l'autorité belge.

6 juillet 1922.

(Signé) ALBERT.

Parmi les publications paraissant au Congo et y imprimées, outre les journaux proprement dits dont nous avons parlé au début de notre réponse au questionnaire, il convient de signaler quelques publications émanant des missions catholiques et protestantes, dont certaines en tout ou partie en langue indigène; mais auxquelles leur caractère plutôt confessionnel, enlève la possibilité de les ranger dans la Presse

* * *

Question II. — Forme de la propagande coloniale par la presse. Le Quotidien. La Revue. L'Illustré.

Il n'existe ni en Belgique, ni dans la Colonie de journal quotidien colonial. Ceux qui existent dans la colonie, sont ou bien hebdomadaires, ou paraissent tous les quinze jours. En Belgique, il existe, en dehors de la grande presse, plusieurs journaux, bulletins ou publications périodiques qui s'occupent de propagande coloniale et de la défense des intérêts coloniaux.

De même que nous n'avons pas donné le titre des journaux et périodiques paraissant dans la Colonie, de crainte d'oubli, nous n'énumérerons pas les titres des journaux purement coloniaux, ou maritimes et coloniaux, ainsi que des bulletins, revues et périodiques divers ayant le même but, qui se publient en Belgique.

Bornons-nous à dire qu'il y en a plusieurs et que la plupart sont très intéressants.

La Presse quotidiene Belge s'est mise depuis peu à publier de temps à autre des rubriques coloniales, ce qui peut-être considéré comme un signe heureux du progrès que fait en Belgique l'idée coloniale.

Quant aux illustrés, un organe colonial illustré spécial vient de voir le jour et un autre, donnant également des illustrations vient de paraître. Un troisième exclusivement illustré est annoncé.

Dans les débuts, des tentatives Belges au Congo, il y eut aussi des illustrés très intéressants, mais qui cessèrent de paraître par la suite et ce n'est que récemment, comme nous venons de le dire, que ce genre de périodiques a réapparu.

Les premières publications belges concernant la Colonie sont contemporaines des premières tentatives belges de colonisation au Congo, et, sortant de la règle que nous nous étions imposée de ne pas citer de titres, nous ne pouvons nous abstenir cependant, quand il s'agit de presse coloniale, de citer le doyen de celle-ci « le Mouvement Géographique », qui a cessé récemment seulement de paraître et qui fut le premier journal colonial belge. Il était publié sous la direction de feu A. J. Wauters, et grande fut son influence sur les progrès de l'idée coloniale en Belgique, idée qu'il défendit avec âpreté qui ne fut pas sans déplaire parfois à certaines hautes personnalités.

Lors de la première campagne pour l'annexion de la Belgique en 1904, plusieurs publications périodiques, illustrées et autres, virent le jour et il en fut de même lors de ce qu'on a appelé la Campagne de Calomnies étrangères dirigées contre le Congo par Morel, Casement et consorts.

Aujourd'hui, la Presse coloniale spéciale, tout en ne perdant pas un caractère quelque peu combatif quand elle estime que les intérêts spéciaux et généraux de la Colonie sont en cause, a cependant changé de caractère et chaque publication s'est en quelque sorte spécialisée dans son genre, tous travaillant cependant au même but, la grandeur et la prospérité de la Colonie.

Il est à remarquer également que si jadis, dans la presse quotidienne, il y avait des journaux anticoloniaux, il n'est plus question aujourd'hui, nulle part, de combattre l'idée coloniale en elle-même, qui semble avoir définitivement acquis droit de cité en Belgique.

Notons encore les missions de presse que deux grands quotidiens bruxellois ont envoyé à leurs frais dans la Colonie, dans le but de la faire mieux connaître à la masse. Heureuse initiative dont on ne peut que féliciter les auteurs.

Question III. — La Presse coloniale locale de langue métropolitaine. Son action. Ses moyens d'action. Peut-elle vivre financièrement indépendante? Doit-elle être l'auxiliaire continuel du gouvernement?

L'action de la presse coloniale locale, de langue métropolitaine (au Congo elle se publie en français) est certainement des plus utile. Elle permet aux colons de faire connaître leurs aspirations et desiderata, et de défendre aussi leurs idées et leurs intérêts et de provoquer ainsi de la part de l'administration et des grands organismes publics (transports par exemple) des réformes progressives et des améliorations. Elle a pour effet, également, d'intéresser aux questions d'intérêt général les européens isolés dans la brousse et qui, sans elle, se trouveraient petit à petit dans une sorte de somnolence et d'apathie vis-à-vis de ces questions.

Cette presse peut-elle vivre financièrement indépendante ou doit elle être l'auxiliaire continuel du gouvernement?

On remarquera que j'ai fait une seule question des deux que contenait le questionnaire en les reliant par le mot « ou ». C'est qu en effet, si la presse coloniale locale doit être l'auxiliaire continuel du Gouvernement, elle devrait logiquement être subsidiée par lui, donc n'être pas financièrement indépendante.

Or, il faut qu'elle soit financièrement indépendante, sinon, elle ne pourrait remplir convenablement le rôle de stimulant qui lui revient et que nous venons d'exposer.

Cependant, ni la vente au numéro ni les abonnements ne pourraient suffire à faire vivre un journal colonial local au Congo belge, pas plus du côté occidental qu'au Katanga.

C'est par les annonces que ces journaux se soutiennent et c'est par la voie de ce subside indirect que les particuliers les aident à subsister.

Question IV. — La Presse coloniale indigène. Son régime : son action sur les sujets ou protégés. Doit-elle être encouragée? Ses rapports avec les représentants de l'autorité métropolitaine, avec les colons, avec ses confrères.

Il n'y a pas encore de presse coloniale indigène au Congo belge pour la bonne raison que le nombre des lettrés de couleur y est encore infime.

Quoiqu'il en soit, il ne nous parait pas contestable qu'elle ne pourra être utile que si elle est rédigée par des Européens, très prudents, très avertis, très expérimentés et ayant énormément de doigté. Laissée aux mains de gens de couleur elle ne pourrait manquer de devenir dangereuse et subversive.

Fort heureusement, le décret sur la Presse coloniale a mis entre les mains de l'autorité, les armes qui lui permettent, si pareille presse naissait, de l'empêcher d'être un élément de propagande de désordre et d'insubordination.

Question V. — La Presse coloniale dans la métropole. Sa documentation. Organes de liaison avec la presse coloniale locale.

Nous avons en grande partie répondu à cette question dans nos réponses aux questions I, II, III, IV.

Ajoutons que la documentation de la presse métropolitaine coloniale lui est apportée principalement par des habitants européens de la Colonie.

Quelques périodiques et revues ont même des collaborateurs coloniaux qui lui envoient régulièrement du Congo, des renseignements, et d'autre part, nous avons dit que deux grands quotidiens ont envoyé des journalistes au Congo aux fins de les documenter. Le collaborateur d'un de ces quotidiens est encore actuellement au Congo, et celui de l'autre a publié, dans une intéressante brochure, les divers articles qu'au cours de son voyage en Afrique, il avait adressés à son journal.

Question VI. — Situation matérielle et morale du journaliste dans les colonies. Des fédérations. Y a-t-il des organisations corporatives?

De tout ce qui précède, découlent les conclusions sur la situation morale et matérielle des rares journalistes au Congo, comme aussi il apparait clairement qu'il ne saurait exister une fédération ni une organisation coopérative de journalistes coloniaux belges.

Décembre 1923.

Dr G. DRYEPONDT,
Membre effectif.

DOCUMENTATION

5 mars, 6 août ,1922. — Ordonnance du Gouverneur général approuvée par décret.

Presse (1) (2). (Bull Off , p. 788).

ARTICLE UNIQUE — L'ordonnance-loi du Gouverneur général, en date du 5 mars 1922, ci-après, relative à la presse, est approuvée dans le texte suivant :

» Le Gouverneur général,

» Vu la loi sur le gouvernement du Congo belge;

» Considérant qu'il importe de prendre immédiatement

(1) Compte-rendu analytique des séances du Conseil colonial, année 1922. Texte du projet et de l'exposé des motifs, p. 715. Discussion : séance du 22 juillet, pp. 687-691. Rapport du Conseil rédigé par M. Dupriez. (Bull. off., 1922, p. 787). Nous en extrayons les passages suivants :

« Le 5 mars 1922, le Gouverneur général prenait une ordonnance-loi relative à la presse, en vue d'arrêter d'une manière efficace certaine propagande venant surtout de l'étranger et tendant à soulever les populations indigènes contre l'autorité coloniale et même contre la population blanche. Le projet de décret soumis au Conseil, a pour but de confirmer cette ordonnance et de lui donner ainsi force obligatoire permanente.

» Un membre, tout en rendant hommage aux intentions de l'auteur de l'ordonnance et reconnaissant la nécessité de réprimer énergiquement la propagande visée, exprima la crainte que le texte de l'ordonnance ne donnât, à l'autorité coloniale, le moyen d'exercer une véritable censure sur toute la presse coloniale et même sur la presse belge et ainsi le moyen de prévenir même la critique de ses actes. Il suggérait de substituer aux mesures prises par l'ordonnance, une simple disposition répressive punissant de peines graves la propagande spéciale que l'on avait en vue.

» Il lui fut répondu, d'une part, qu'il était fort difficile de définir dans un texte de loi telle ou telle doctrine ou idée qui serait punissable, à l'exclusion de toute autre, et que la répression de toute propagande séditieuse était déjà prévue par l'article 76*ter* du Code pénal; d'autre part, que la Charte coloniale s'était soigneusement abstenue de proclamer la liberté de la presse dans la Colonie, que les moyens répressifs étaient insuffisants à l'égard des populations indigènes trop crédules et facilement excitables. Quant au danger de voir l'autorité coloniale abuser des pouvoirs que lui donne l'ordonnance pour prévenir toute critique de ses actes de la part des blancs fixés dans la Colonie, il est purement théorique. L'opinion publique belge ne tolérerait pas un instant de pareils abus et le Parlement en demanderait immédiatement compte au ministre. Le président put donner l'assurance au Conseil que le gouvernement entendait que les pouvoirs accordés par l'ordonnance-loi ne seraient exercés que dans le but de prévenir les propagandes séditieuses ou autres qui tendent à soulever les popula-

» des mesures pour empêcher l'introduction, la circula-
» tion et la détention d'écrits subversifs dans la Colonie;
» Vu l'urgence,

» Ordonne :

» 1. — L'introduction et la circulation au Congo belge
» des journaux ou écrits périodiques publiés en dehors
» de la Colonie en quelque langue que ce soit pourront
» être interdites par ordonnance du Gouverneur général.

» 2. — La publication au Congo belge de tout journal
» ou écrit périodique ne pourra avoir lieu sans autori-
» sation préalable du Gouverneur général.

» Cette autorisation sera toujours révocable.

» 3. — L'introduction, la publication, la mise en vente
» ou la distribution de journaux ou écrits périodiques,
» faites sciemment en violation de l'interdiction prononcée
» par application des articles 1er et 2 seront punies
» d'une servitude pénale de six mois au maximum et
» d'une amende de 2.000 francs au maximum ou de
» l'une de ces peines seulement.

» 4 — Seront punies des mêmes peines l'introduction,
» la mise en vente, la distribution ou l'exposition d'écrits,
» dessins, gravures, peintures, emblèmes ou images sus-
» ceptibles de porter atteinte au respect dû à l'autorité
belge.

» 5. — La présente ordonnance aura force de loi, »

tions indigènes contre l'autorité coloniale et contre les populations
blanches.

» A l'article 3 et à l'article 4, un membre fit observer qu'il y avait
une lacune dans les textes de l'ordonnance, qui punissaient seulement
la publication, la mise en vente et la distribution de journaux, écrits,
dessins, etc., interdits ou susceptibles de porter atteinte au respect
dû à l'autorité belge, qu'ainsi celui qui aurait simplement introduit
les dits journaux, écrits, etc., ne serait point punissable. Le Conseil
exprima l'avis qu'il y avait lieu d'ajouter à l'article 3 et à l'article 4
le mot *l'introduction...* »

Voir aussi la lettre du 30 septembre 1922, du Gouverneur général
aux gouverneurs de province (R. M., p. 156).

(2) L'introduction et la circulation dans la Colonie du journal
intitulé *The Negro World* a été interdite sous peine des sanctions prévues par la présente ordonnance. (Ordonnance du Gouverneur général,
du 22 avril 1922. Bull. adm. et com., p. 257).

Colonies françaises

DOCUMENTATION

LÉGISLATION FRANÇAISE

Liberté de la presse. — La liberté de la presse a été étendue à toutes les colonies par l'article 69 de la loi du 29 juillet 1881. L'application intégrale de la législation métropolitaine se heurte toutefois, dans la plupart des colonies, à cet obstacle de fait qu'il n'existe pas de jury auquel on puisse soumettre les délits de presse. Le jury n'existe en effet, qu'aux Antilles et à la Réunion où il a été introduit par une loi du 27 juillet 1880. Ailleurs c'est le tribunal criminel qui statue sur les délits de presse (D. 14 mars 1882). L'introduction du jury dans toutes les colonies, pour ce cas particulier, est un des desiderata de la presse coloniale. Il faut observer, d'un autre côté, que les lois postérieures du 16 mars 1893, du 28 juillet 1894 et du 22 juillet 1895, qui ont modifié dans un sens restrictif la législation métropolitaine sur la presse, n'ont pas été d'une manière générale étendues aux colonies.

Le Gouvernement général de l'Indo-Chine a toutefois provoqué un décret du 30 décembre 1898 qui apporte à l'application de la loi de 1881 en Indo-Chine un tempérament considérable. L'article premier décide qu'un arrêté du Gouverneur général peut interdire la circulation des journaux et écrits périodiques publiés à l'étranger en quelque langue que ce soit. L'article 2 ajoute : « La publication en Indo-Chine de tout journal ou écrit périodique rédigé en langue annamite, en langue chinoise ou en toute autre langue étrangère ne pourra avoir lieu sans autorisation préalable du Gouverneur-général ». Les tribunaux de police correctionnelle sont seuls compétents pour connaître des poursuites (art. 8). Un régime identique a été édicté pour Madagascar par D. 16 février 1901, pour l'A. O. F. par D. 4 août 1921, et pour l'A. E. F. par D. 30 septembre 1921. Ces mesures de précautions s'expliquent par la nécessité de ne pas laisser l'administration désarmée en présence de certaines excitations d'origine étrangère, tendant à dénaturer aux yeux des indigènes la conduite des autorités françaises.

17.

16-17 mars 1893. — *Loi portant modification des articles 45, 47 et 60 de la loi du 29 juillet 1881 sur la presse* (Journ. off. du 17 mars).

ARTICLE PREMIER.

Les articles 45 et 60 de la loi du 29 juillet 1881, sont modifiés ainsi qu'il suit :

ARTICLE 45.

« Les crimes et délits prévus par la présente loi sont déférés à la Cour d'assises. Sont exceptés et déférés au tribunal de police correctionnelle les délits et infractions prévus par les articles 3, 4, 9, 10, 11, 12, 13, 14, 17, §§ 2 et 4; 28, § 2; 32, 33 § 2, 36, 37, 38, 39 et 40 de la présente loi.

» Sont encore exceptées et renvoyées devant les tribunaux de simple police, les contraventions prévues par les articles 2, 15, 17 §§ 1 et 3; 21 et 33 § 3, de la présente loi.

ARTICLE 60.

« La poursuite devant les tribunaux correctionnels et de simple police, aura lieu conformément aux dispositions du chapitre 2, du titre 1er, du livre 2, c instr. crim. sauf les modifications suivantes :

» 1. — Dans le cas d'offense envers les chefs d'États ou d'outrages envers les agents diplomatiques étrangers, la poursuite aura lieu soit à leur requête, soit d'office, sur leur demande adressée au ministre des Affaires étrangères et par celui-ci au Ministre de la Justice.

» En ce cas, seront applicables les dispositions de l'article 49 sur le droit de saisie et d'arrestation préventive, relatives aux infractions prévues par les articles 23, 24 et 25.

» 2. — ... Le reste de l'article sans modification.

ART. 2. — Le paragraphe 5 de l'article 47 est et demeure abrogé.

12-13 décembre 1893. — *Loi portant modification des articles 24, § 1er, 25 et 49 de la loi du 29 juillet 1881, sur la presse.* (Journ. off. du 13 décembre; Bull. No 27079).

ARTICLE UNIQUE.

Les articles 24, § 1er, 25 et 49 de la loi du 29 juillet 1881 sur la presse sont modifiés ainsi qu'il suit :

ARTICLE 24.

« Ceux qui, par l'un des moyens énoncés en l'article précédent, auront directement provoqué soit au vol, soit aux crimes de meurtre, de pillage et d'incendie, soit à l'un des crimes punis par l'article 435 du Code pénal, soit à l'un des crimes et délits contre la sûreté extérieure de l'État, prévus par les articles 75 et suivants, jusques et y compris l'article 85 du même code, seront punis, dans le cas où cette provocation n'aurait pas été suivie d'effet, d'un an à cinq ans d'emprisonnement et de 100 francs à 3,000 francs d'amende.

» Ceux qui, par les mêmes moyens, auront directement provoqué à l'un des crimes contre la sûreté intérieure de l'État prévus par les articles 86 et suivants, jusques et y compris l'article 101 du Code pénal, seront punis des mêmes peines.

» Seront punis de la même peine ceux qui, par l'un des moyens énoncés en l'article 23, auront fait l'apologie des crimes de meurtre, de pillage ou d'incendie, ou du vol, ou de l'un des crimes prévus par l'article 435 du Code pénal.

ARTICLE 25.

» Toute provocation par l'un des moyens énoncés en l'article 23 adressée à des militaires des armées de terre ou de mer, dans le but de les détourner de leurs devoirs militaires et de l'obéissance qu'ils doivent à leurs chefs dans tout ce qu'ils leur commandent pour l'exécution des lois et règlements militaires, sera punie d'un emprisonnement de un à cinq ans et d'une amende de 100 francs à 3,000 francs.»

Article 49.

« Immédiatement après le réquisitoire, le juge d'instruction pourra, mais seulement en cas d'omission du dépôt prescrit par les articles 3 et 10 ci-dessus, ordonner la saisie de quatre exemplaires de l'écrit, du journal ou du dessin incriminé.

» Toutefois, dans les cas prévus aux articles 24, §§ 1 et 3, et 25 de la présente loi, la saisie des écrits ou imprimés, des placards ou affiches aura lieu conformément aux règles édictées par le Code d'instruction criminelle.

» Si le prévenu est domicilié en France, il ne pourra être préventivement arrêté, sauf dans les cas prévus aux articles 23, 24 §§ 1er et 3, et 25 ci-dessus.

» S'il y a condamnation, l'arrêt pourra, dans les cas prévus aux articles 24, §§ 1 et 3, et 25, prononcer la confiscation des écrits ou imprimés, placards ou affiches saisis, et dans tous les cas ordonner la saisie et la suppression ou la destruction de tous les exemplaires qui seraient mis en vente, distribués ou exposés aux regards du public. Toutefois, la suppression ou la destruction pourra ne s'appliquer qu'à certaines parties des exemplaires saisis. »

28-29 juillet 1894. — *Loi ayant pour objet de réprimer les menées anarchistes.* (Journ. off. du 29 juillet).

Article premier.

Les infractions prévues par les articles 24, §§ 1 et 3, et 25 de la loi du 29 juillet 1881, modifiés par la loi du 12 décembre 1893, sont déférées aux tribunaux de police correctionnelle lorsque ces infractions ont pour but un acte de propagande anarchiste.

Article 2.

Sera déféré aux tribunaux de police correctionnelle et puni d'un emprisonnement de trois mois à deux ans et d'une amende de 100 à 2,000 francs tout individu qui, en dehors des cas visés par l'article précédent, sera convaincu d'avoir, dans un but de propagande anarchiste :

1º Soit par provocation, soit par apologie des faits spécifiés auxdits articles, incité une ou plusieurs personnes à commettre soit un vol, soit les crimes de meurtre, de pillage, d'incendie, soit les crimes punis par l'article 435 du Code pénal;

2º Ou adressé une provocation à des militaires des armées de terre ou de mer, dans le but de les détourner de leurs devoirs militaires et de l'obéissance qu'ils doivent à leurs chefs dans ce qu'ils leur commandent pour l'exécution des lois et règlements militaires et la défense de la Constitution républicaine.

Les pénalités prévues au paragraphe premier seront appliquées dans le cas où la provocation adressée à des militaires des armées de terre ou de mer n'aurait pas le caractère d'un acte de propagande anarchiste; mais, dans ce cas, la pénalité accessoire de la relégation édictée par l'article 3 de la présente loi ne pourra être prononcée.

La condamnation ne pourra être prononcée sur l'unique déclaration d'une personne affirmant avoir été l'objet des incitations ci-dessus spécifiées, si cette déclaration n'est pas corroborée par un ensemble de charges démontrant la culpabilité et expressément visées dans le jugement de condamnation.

ARTICLE 3.

La peine accessoire de la relégation pourra être prononcée contre les individus condamnés en vertu des articles 1 et 2 de la présente loi à une peine supérieure à une année d'emprisonnement et ayant encouru dans une période de moins de dix ans, soit une condamnation à plus de trois mois d'emprisonnement, pour les faits spécifiés auxdits articles, soit une condamnation à la peine des travaux forcés, de la réclusion ou de plus de trois mois d'emprisonnement pour crime ou délit de droit commun.

ARTICLE 4.

Les individus condamnés en vertu de la présente loi seront soumis à l'emprisonnement individuel, sans qu'il puisse résulter de cette mesure une diminution de la durée de la peine.

Les dispositions du présent article seront applicables

pour l'exécution de la peine de la réclusion ou de l'emprisonnement prononcée en vertu des lois du 18 décembre 1893, sur les associations de malfaiteurs et la détention illégitime d'engins explosifs.

ARTICLE 5.

Dans les cas prévus par la présente loi, et dans tous ceux où le fait incriminé a un caractère anarchiste, les cours et tribunaux pourront interdire, en tout ou partie, la reproduction des débats, en tant que cette reproduction pourrait présenter un danger pour l'ordre public.

Toute infraction à cette défense sera poursuivie conformément aux prescriptions des articles 42, 43, 44 et 49 de la loi du 29 juillet 1881, et sera punie d'un emprisonnement de six jours à un mois et d'une amende de 1,000 à 10,000 francs.

Sera poursuivie dans les mêmes conditions et passible des mêmes peines toute publication ou divulgation, dans les cas prévus au paragraphe premier du présent article, de documents ou actes de procédure spécifiés à l'article 38 de la oi du 29 juillet 1881.

ARTICLE 6.

Les dispositions de l'article 463 du Code pénal sont applicables à la présente loi.

---

14 mars 1882. — *Décret concernant les juridictions appelées à connaître des crimes et délits de presse dans les colonies ou n'existent pas de cours d'assises.*

ARTICLE UNIQUE.

Dans les colonies françaises de la Guyane, du Sénégal, de Saint-Pierre et Miquelon, de la Nouvelle-Calédonie et de la Cochinchine, ainsi que dans les établissements français de l'Inde et de l'Océanie, les crimes et délits prévus par la loi du 29 juillet 1881 sur la liberté de la presse, et qui sont déférés en France à la cour d'assises, seront portés devant les tribunaux criminels composés conformément aux ordonnances et aux décrets sur l'organisation judiciaire en vigueur dans ces possessions. Lorsqu'un prévenu ne comparaîtra pas au jour fixé par la citation, il sera jugé par défaut par le tribunal criminel sans assistance ni intervention des assesseurs.

Indo-Chine.

30 décembre 1898. — *Décret relatif au régime de la presse en Indo-Chine.*

ARTICLE PREMIER.

La circulation en Indo-Chine des journaux ou écrits périodiques publiés à l'étranger, en quelque langue que ce soit, pourra être interdite par arrêté du Gouverneur général, pris après avis de la section permanente du Conseil supérieur de l'Indo-Chine.

ARTICLE 2.

La publication en Indo-Chine de tout journal ou écrit périodique rédigé en langue annamite, en langue chinoise, ou en toute autre langue étrangère, ne pourra avoir lieu sans autorisation préalable du Gouverneur général, accordée après avis de la section permanente du Conseil supérieur de l'Indo-Chine.

Cette autorisation sera toujours révocable en suivant les mêmes formes.

ARTICLE 3.

La mise en vente ou la distribution des journaux ou écrits périodiques, publiés à l'étranger, faite sciemment en violation de l'interdiction prononcée par application de l'article 1er sera punie des peines portées à l'article 14 de la loi du 29 juillet 1881.

ARTICLE 4.

La publication en Indo-Chine de tout journal ou écrit périodique rédigé en langue annamite, en langue chinoise ou en toute autre langue étrangère, sans autorisation préalable ou après révocation de cette autorisation, dûment signifiée, entraînera l'application des mêmes peines.

ARTICLE 5.

Toute excitation des indigènes ou des Asiatiques étrangers à la révolte contre l'autorité française, commise par des Européens ou assimilés à l'aide de l'un des moyens énoncés en l'article 23 de la loi du 29 juillet 1881 sera punie des peines portées à l'article 25 de ladite loi.

ARTICLE 6.

La mise en vente, la distribution ou l'exposition par les Européens ou assimilés de dessins, de gravures, peintures, emblèmes ou images susceptibles de porter atteinte au respect dû à l'autorité française en Indo-Chine, seront punies des peines portées à l'article 28 de la loi du 29 juillet 1881.

ARTICLE 7.

La poursuite des délits résultant des articles précédents sera dirigée contre les personnes responsables telles qu'elles sont énumérées à l'article 42 de la loi du 29 juillet 1881 et suivant les distinctions consacrées par ce texte. Les articles 43 et 44 de la même loi, ainsi que les dispositions de l'article 463 du Code pénal, seront également applicables.

ARTICLE 8.

Les tribunaux de police correctionnelle seront seuls compétents pour connaître des poursuites.

ARTICLE 9.

Le Ministre des Colonies est chargé, etc.

Madagascar.

Décret du 16 février 1901 relatif au régime de la presse à Madagascar.

ARTICLE PREMIER.

La circulation à Madagascar des journaux ou écrits périodiques publiés à l'étranger, en quelque langue que ce soit, pourra être interdite par arrêté du Gouverneur général pris après avis du Conseil d'administration de la colonie.

ARTICLE 2.

La publication à Madagascar de tout journal ou écrit périodique rédigé en langue malgache ou en langue étrangère ne pourra avoir lieu sans autorisation préalable du Gouverneur général, accordée après avis du Conseil d'administration de la colonie.

Cette autorisation sera toujours révocable en suivant les mêmes formes.

ARTICLE 3.

La mise en vente ou la distribution des journaux ou écrits périodiques publiés à l'étranger, faite sciemment en violation de l'interdiction prononcée par application de l'article 1er, sera punie des peines portées à l'article 14 de la loi du 29 juillet 1881.

ARTICLE 4.

La publication à Madagascar, de tout journal ou écrit périodique rédigé en langue malgache ou en langue étrangère, sans autorisation préalable ou après révocation de cette autorisation dûment signifiée, entraînera l'application des mêmes peines.

ARTICLE 5.

Toute excitation des indigènes à la révolte contre l'autorité française, commise par des Européens ou assimilés, à l'aide de l'un des moyens énoncés en l'article 23 de la loi du 29 juillet 1881, sera punie des peines portées à l'article 25 de la dite loi.

ARTICLE 6.

La mise en vente, la distribution ou l'exposition, par des Européens ou assimilés, de dessins, de gravures, peintures, emblèmes ou images susceptibles de porter atteinte au respect dû à l'autorité française à Madagascar, seront punies des peines portées à l'article 28 de la loi du 29 juillet 1881.

ARTICLE 7.

La poursuite des délits résultant des articles précédents sera dirigée contre les personnes responsables, telles qu'elles sont énumérées à l'article 42 de la loi du 29 juillet 1881 et suivant les dispositions consacrées par ce texte. Les articles 43 et 44 de la même loi, ainsi que les dispositions de l'article 463 du Code pénal, seront également ment applicables.

ARTICLE 8.

Les tribunaux de police correctionnelle seront seuls compétents pour connaître des poursuites.

ARTICLE 9.

Le Ministre des Colonies est chargé, etc.

———

Afrique Equatoriale Française.

Décret du 30 septembre 1921, relatif au régime de la presse en Afrique équatoriale (J. O. 4 octobre 1921.)

RAPPORT DU MINISTRE DES COLONIES P. I. (MAGINOT).

Monsieur le Président,

L'article 14 de la loi du 29 juillet 1881 sur la liberté de la presse, a reconnu au Conseil des Ministres et au Ministre de l'Intérieur, dans certains cas, le pouvoir d'interdire la circulation en France des journaux et des écrits périodiques publiés à l'étranger.

M. le Gouverneur général de l'Afrique équatoriale française m'a fait valoir l'impossibilité où il se trouverait, lorsque l'ordre public et la sécurité générale de la possession qu'il administre exigeraient des mesures immédiates, d'en appeler au gouvernement, et il m'a demandé de vouloir bien lui faire conférer, dans certaines conditions, les pouvoirs que le Conseil des Ministres et le Ministre de l'Intérieur tiennent de l'article 14 susvisé.

J'ai, en conséquence, l'honneur de soumettre à votre haute sanction le projet de décret ci-joint, dont les dispositions reproduisent celles des décrets des 30 décembre 1898, 16 février 1901 et 4 août 1921 relatifs au régime de la presse étrangère en Indo-Chine, à Madagascar et en Afrique occidentale française.

DÉCRET :

Sur le rapport du Ministre des Colonies,
Vu l'article 18 du sénatus-consulte du 3 mai 1854;
Vu la loi du 29 juillet 1881 sur la liberté de la presse :

ARTICLE PREMIER.

L'introduction et la circulation dans les colonies du groupe de l'Afrique équatoriale française, des journaux ou écrits périodiques publiés à l'étranger, en quelque langue que ce soit, pourra être interdite par arrêté du Gouverneur général pris après avis de la Commission permanente du Conseil de gouvernement.

ARTICLE 2.

La publication en Afrique équatoriale de tout journal ou écrit périodique rédigé en langue indigène ou en langue étrangère ne pourra avoir lieu sans autorisation préalable du Gouverneur général, accordée après avis du Conseil de Gouvernement. Cette autorisation sera toujours révocable en suivant les mêmes formes.

ARTICLE 3.

La mise en vente ou la distribution des journaux ou écrits politiques publiés à l'étranger, faite sciemment en violation de l'interdiction prononcée par application de l'article 1er, sera punie des peines portées à l'article 14 de la loi du 29 juillet 1881.

ARTICLE 4.

La publication en Afrique équatoriale française de tout journal ou écrit périodique rédigé en arabe, dans une des langues indigènes en usage dans les colonies du groupe ou en langue étrangère, sans autorisation dûment signifiée, entraînera l'application des mêmes peines.

ARTICLE 5.

Toute excitation des indigènes à la révolte contre l'autorité française, commise par des Français, Européens ou assimilés aux Européens à l'aide de l'un des moyens énoncés à l'article 23 de la loi du 29 juillet 1881, sera punie des peines portées à l'article 25 de ladite loi.

ARTICLE 6.

La mise en vente, la distribution ou l'exposition par des Français, Européens ou assimilés aux européens, de dessins, de gravures, peintures, emblèmes ou images susceptibles de porter atteinte en Afrique équatoriale française au respect dû à l'autorité française, seront punies des peines portées à l'article 28 de la loi du 29 juillet 1881.

ARTICLE 7.

Le Gouverneur général prendra toutes mesures de surveillance destinées à assurer l'exécution du présent décret.

ARTICLE 8.

La poursuite des délits résultant des articles précédents sera dirigée contre les personnes responsables, telles qu'elles sont énumérées à l'article 42 de la loi du 29 juillet 1881 et suivant les dispositions consacrées par ce texte. Les articles 43 et 44 de la même loi, ainsi que les dispositions de l'article 463 du Code pénal sont également applicables.

ARTICLE 9.

Les tribunaux de police correctionnelle seront seuls compétents pour connaître des poursuites.

ARTICLE 10.

Le Ministre des Colonies est chargé, etc.

Guyane Française.

13 mai 1902. — *Décret portant promulgation à la Guyane française de diverses lois métropolitaines.*

Sont rendus applicables à la Guyane française, en leur forme et teneur, les lois susvisées des 12 janvier 1886, 5 mars 1895, 8 juin 1895, 16 mars 1893, 12 décembre 1893, 19 mars 1899, 4 juillet 1899, 2 avril 1892, 18 décembre 1893, 28 décembre 1894, 5 janvier 1883, 11 juillet 1892, 16 mars 1893, 17 juin 1893, 1er mars 1898, 31 mars 1896, 19 avril 1898.

˙ Décret similaire du 10 octobre 1905 étendant ces lois à l'Indo-Chine.

———

Afrique Occidentale Française.

Décret du 4 août 1921, relatif au régime de la presse en Afrique occidentale (J. O. 6 août 1921.)

Rapport du Ministre des Colonies (Sarraut).

Monsieur le Président,

L'article 14 de la loi du 29 juillet 1881 sur la liberté de la presse a reconnu au Conseil des Ministres et au Ministre de l'Intérieur, dans certains cas, le pouvoir d'interdire la circulation, en France, des journaux et des écrits périodiques publiés à l'étranger.

Cette loi a été promulguée en Afrique occidentale française, mais son article 14 y est inapplicable, en raison de l'impossibilité où se trouve l'administration locale d'en appeler au Conseil des Ministres en temps utile lorsqu'elle juge que la mise en vente d'une publication étrangère présente des dangers. — On peut donc dire qu'en fait, dans l'état actuel de notre législation, la circulation en Afrique occidentale française des journaux étrangers et des journaux publiés dans la colonie de langue étrangère n'est pas réglementée. — Les décrets des 30 décembre 1898 et 16 février 1901 ont institué le régime de la presse étrangère en Indo-Chine et à Madagascar. Il n'avait pas paru, jusqu'à présent, opportun de prévoir des dispositions analogues en Afrique occidentale française où, jusqu'à ces derniers temps, les tentatives de propagande contraires à l'autorité française par la voie des journaux ou des écrits périodiques auraient été sans effet faute de lecteurs. — Il n'en est plus de même aujourd'hui. L'ordre public et la sécurité de nos possessions africaines exigent donc que l'autorité ait éventuellement à sa disposition les moyens de prévenir les troubles que pourraient provoquer la publication et la circulation d'écrits rédigés en langue étrangère. Il est très désirable que le progrès intellectuel dont bénéficient actuellement les populations de l'Afrique occidentale ne soit pas détourné de ses voies naturelles et accaparé par les agents d'une propagande anti-sociale et anti-française contre laquelle la législation existante serait inefficace. — J'ai, en conséquence, l'honneur de soumettre à votre haute sanction le projet de décret ci-joint, dont les dispositions reproduisent celles des décrets des 30 décembre 1898 et 16 février 1901 relatifs au régime de la presse en Indo-Chine et à Madagascar.

DÉCRET :

Sur le rapport du Ministre des Colonies,
Vu l'article 18 du sénatus-consulte du 3 mai 1854;
Vu la loi du 29 juillet 1881 sur la liberté de la presse;

ARTICLE PREMIER.

L'introduction et la circulation dans les colonies du groupe de l'Afrique occidentale française des journaux ou écrits périodiques publiés à l'étranger, en quelque langue que ce soit, pourra être interdite par arrêté du Gouverneur général pris après avis de la Commission permanante du Conseil de gouvernement.

ARTICLE 2.

La publication en Afrique occidentale de tout journal ou écrit périodique rédigé en langue indigène ou en langue étrangère ne pourra avoir lieu sans autorisation préalable du Gouverneur général, accordée après avis du Conseil supérieur de gouvernement. — Cette autorisation sera toujours révocable en suivant les mêmes formes.

ARTICLE 3.

La mise en vente ou la distribution des journaux ou écrits périodiques publiés à l étranger, faite sciemment en violation de l interdiction prononcée par application de l'article premier sera punie des peines portées à l'article 14 de la loi du 29 juillet 1881.

ARTICLE 4.

La publication en Afrique occidentale française de tout journal ou écrit périodique rédigé en arabe, dans une des langues indigènes en usage dans les colonies du groupe ou en langue étrangère, sans autorisation préalable ou après révocation de cette autorisation dûment signifiée, entraînera l'application des mêmes peines.

ARTICLE 5.

Toute excitation des indigènes à la révolte contre l'autorité française, commise par des Français, Européens ou assimilés aux Européens à l'aide de l'un des moyens énoncés à l'article 23 de la loi du 29 juillet 1881, sera punie des peines portées à l'article 25 de ladite loi.

ARTICLE 6.

La mise en vente, la distribution ou l'exposition par des Français, Européens ou assimilés aux Européens, de dessins, de gravures. peintures, emblèmes ou images susceptibles de porter atteinte en Afrique occidentale française au respect dû à l'autorité française, seront punies des peines portées à l'article 28 de la loi du 10 juillet 1881.

ARTICLE 7.

Le Gouverneur général prendra toutes mesures de surveillance destinées à assurer l'exécution du présent décret.

ARTICLE 8.

La poursuite des délits résultant des articles précédents sera dirigée contre les personnes responsables, telles qu'elles sont énumérées à l'article 42 de la loi du 29 juillet 1881 et suivant les dispositions consacrées par ce texte. Les articles 43 et 44 de la même loi, ainsi que les dispositions de l'article 463 du Code pénal, sont également applicables.

ARTICLE 9.

Les tribunaux de police correctionnelle seront seuls compétents pour connaître des poursuites.

ARTICLE 10.

Le Ministre des Colonies est chargé, etc.

———

Nº 118. — RAPPORT AU PRÉSIDENT DE LA RÉPUBLIQUE FRANÇAISE, *suivi d'un décret ayant pour objet de rendre applicables en Afrique occidentale française les lois des 12 décembre 1893 et 28 juillet 1894 modifiant et complétant la loi du 29 juillet 1881 sur la liberté de la presse.* (12 avril 1923.)

(Ministère des Colonies. — Direction des Affaires politiques, 1er Bureau.)

Monsieur le Président,

Le Gouverneur général de l'Afrique occidentale française vient d'appeler mon attention sur la nécessité de combler une lacune de la législation en vigueur dans cette colonie, en ce qui concerne la répression des actes de provocation s'adressant aux militaires, dans le but de les détourner de leurs devoirs et de l'obéissance qu'ils doivent à leurs chefs pour l'exécution des lois et règlements et la défense de la Constitution républicaine.

Le seul texte actuellement en vigueur, en ce qui touche les infractions de cette dernière catégorie, est l'article 25 de la loi du 29 juillet 1881 sur la liberté de la presse déclarée applicable aux colonies par son article 69. Cet article prévoit la répression de tout acte de provocation publique adressée aux militaires par le moyen de discours, d'écrits vendus ou distribués, d'affiches, etc., et les sanctionne par des peines de un à six mois de prison et de 15 à 500 francs d'amende.

Or, la loi du 29 juillet 1881 a été modifiée et complétée,

tant sur ce point particulier que sur d'autres points importants, par les lois des 12 décembre 1893 et 28 juillet 1894 qui n'ont pas été déclarées applicables de plein droit aux colonies comme l'avait été la loi de 1881 et qui n'ont pas, non plus, été étendues à l'Afrique occidentale française par décret spécial.

Le but de la loi du 12 décembre 1893 a été, notamment de renforcer les pénalités établies par l'article 25 de la loi de 1881 pour la répression de la provocation publique à des militaires, et de porter leur maximum à cinq ans de prison et trois mille francs d'amende.

Quant à la loi du 28 juillet 1894, elle comporte deux dispositions très importantes :

La première (art. 1er) a eu pour objet de placer dans la compétence des tribunaux correctionnels, de façon à simplifier l'ensemble de la procédure, le jugement des actes de provocation publique susvisés lorsqu'ils font partie d'un système de propagande anarchiste.

L'objet de la seconde disposition (art. 2) a été d'atteindre pénalement et de sanctionner le fait de provocation adressée à des militaires, alors même que cette provocation ne serait pas publique.

L'application de ces deux lois serait indispensable pour permettre, le cas échéant, de combattre efficacement les actes de propagande anarchiste qui viendraient à être commis sur le territoire de l'Afrique occidentale française.

En conséquence, j'ai préparé, d'accord avec M. le Garde des Sceaux, Ministre de la Justice, et j'ai l'honneur de soumettre à Votre haute sanction le projet de décret ci-joint qui consacre l'extension de ces dispositions législatives aux colonies relevant du gouvernement général de l'Afrique occidentale française.

Je vous prie d'agréer, Monsieur le Président, l'hommage de mon profond respect.

Le Ministre des Colonies,
Signé : A. SARRAUT.

Décret ayant pour objet de rendre applicables en Afrique occidentale française les lois des 12 décembre 1893 et 28 juillet 1894 modifiant et complétant la loi du 29 juillet 1881 sur la liberté de la presse.

(12 avril 1923.)

LE PRÉSIDENT DE LA RÉPUBLIQUE FRANÇAISE,

Sur le rapport du Ministre des Colonies,

Vu l'article 4 du décret du 1er décembre 1858;

Vu l'article 18 du sénatus-consulte du 3 mai 1854;

Vu la loi du 29 juillet 1881 sur la liberté de la presse;

Vu la loi du 12 décembre 1893, modifiant les articles 24, paragraphe 1er, 25 et 49 de la loi du 29 juillet 1881;

Vu la loi du 28 juillet 1894, tendant à réprimer les menées anarchistes,

DÉCRÈTE :

ARTICLE PREMIER.

Les lois des 12 décembre 1893 et 28 juillet 1894 modifiant et complétant la loi du 29 juillet 1881 sur la liberté de la presse sont rendues applicables sur le territoire de l'Afrique occidentale française.

ARTICLE 2.

Le Ministre des Colonies et le Garde des Sceaux, Ministre de la Justice, sont chargés, chacun en ce qui le concerne, de l'exécution du présent décret, qui sera publié au Journal officiel de la République française, au Journal officiel de l'Afrique occidentale française et inséré au Bulletin des lois et au Bulletin officiel du Ministère des Colonies.

Fait à Paris, le 12 avril 1923.
Signé : A. MILLERAND.

Par le Président de la République :

Le Ministre des Colonies,
Signé : A. SARRAUT.

Le Garde des Sceaux,
Ministre de la Justice,
Signé : Maurice COLRAT.

———

Nouvelle Calédonie.

N° 433. — Rapport au Président de la République Française, *suivi d'un décret relatif au régime de la presse en Nouvelle-Calédonie.*

(29 décembre 1922.)

(Ministère des Colonies. — Direction des Affaires politiques. — 1ᵉʳ Bureau.)

Monsieur le Président,

La loi du 29 juillet 1881 sur la liberté de la presse, que le législateur a rendue applicable aux colonies, n'a pas été suivie des dispositions spéciales qu'il eût été nécessaire de prendre pour la mettre en harmonie avec les modalités spéciales aux pays d'outre-mer.

L'article 14, en particulier, a reconnu au Conseil des Ministres et au Ministre de l'Intérieur, dans certains cas, le pouvoir d'interdire la circulation en France des journaux et des écrits périodiques publiés à l'étranger.

Le Gouverneur de la Nouvelle-Calédonie a fait valoir l'impossibilité où il se trouverait, lorsque l'ordre public et la sécurité générale de la possession qu'il administre exigeraient des mesures immédiates, d'en appeler au Gouvernement; pour obvier à cette difficulté ce haut fonctionnaire a demandé à être doté, dans certaines conditions, des pouvoirs que le Conseil des Ministres et le Ministre de l'Intérieur tiennent de l'article 14 susvisé.

J'ai, en conséquence, l'honneur de soumettre à votre haute sanction le projet de décret ci-joint, dont les dispositions reproduisent celles des décrets des 30 décembre 1898, 16 février 1901, 4 août et 30 septembre 1921, relatifs au régime de la presse étrangère en Indo-Chine, à Madagascar, en Afrique occidentale et Equatoriale françaises.

Je vous prie d'agréer, Monsieur le Président, l'hommage de mon profond respect.

Le Ministre des Colonies,
Signé : A. Sarraut.

Décret relatif au régime de la presse en Nouvelle-Calédonie.
(29 décembre 1922.)

Le Président de la République Française,

Sur le rapport du Ministre des Colonies,
Vu l'article 18 du sénatus-consulte du 3 mai 1854;
Vu le décret du 12 décembre 1874 sur le gouvernement de la Nouvelle-Calédonie et dépendances;
Vu la loi du 29 juillet 1881, sur la liberté de la presse,

Décrète :

Article premier.

L'introduction et la circulation en Nouvelle-Calédonie et Dépendances des journaux ou écrits périodiques publiés à l'étranger, en quelque langue que ce soit, pourront être interdites par arrêté du Gouverneur en Conseil privé.

Article 2.

La publication en Nouvelle-Calédonie et Dépendances de tout journal ou écrit périodique rédigé en langue indigène ou en langue étrangère ne pourra avoir lieu sans autorisation préalable du Gouverneur, accordée après avis du Conseil privé. Cette autorisation sera toujours révocable en suivant les mêmes formes.

Article 3.

La mise en vente ou la distribution des journaux ou écrits périodiques publiés à l'étranger, faite sciemment en violation de l'interdiction prononcée par application de l'article 1er, sera punie des peines portées à l'article 14 de la loi du 29 juillet 1881.

Article 4.

La publication en Nouvelle-Calédonie et Dépendances de tout journal ou écrit périodique écrit dans une des langues indigènes en usage dans la colonie ou en langue étrangère, sans autorisation préalable ou après révocation de cette autorisation dûment signifiée, entraînera l'application des mêmes peines.

ARTICLE 5.

Toute excitation des indigènes à la révolte contre l'autorité française commise par des Français, Européens ou assimilés aux Européens, à l'aide de l'un des moyens énoncés à l'article 23 de la loi du 29 juillet 1881, sera punie des peines portées à l'article 25 de ladite loi.

ARTICLE 6.

La mise en vente, la distribution ou l'exposition par des Français, Européens ou assimilés aux Européens, de dessins, gravures, peintures, emblèmes ou images susceptibles de porter atteinte en Nouvelle-Calédonie et Dépendances au respect dû à l'autorité française, seront punies des peines portées à l'article 28 de la loi du 29 juillet 1881.

ARTICLE 7.

Le Gouverneur prendra toutes mesures de surveillance destinées à assurer l'exécution du présent décret.

ARTICLE 8.

La poursuite des délits résultant des articles précédents sera dirigée contre les personnes responsables, telles qu'elles sont énuméréres à l'article 42 de la loi du 29 juillet 1881 et suivant les dispositions consacrées par ce texte. Les articles 43 et 44 de la même loi, ainsi que les dispositions de l'article 463 du Code pénal, sont également applicables.

ARTICLE 9.

Les tribunaux de police correctionnelle seront seuls compétents pour connaître des poursuites.

ARTICLE 10.

Le Ministre des Colonies est chargé de l'exécution du présent décret qui sera publié au Journal officiel de la République, au Journal officiel de la Nouvelle-Calédonie et Dépendances et inséré au Bulletin des lois et au Bulletin officiel du Ministère des Colonies.

Fait à Paris, le 29 décembre 1922.
Signé : A. MILLERAND.
Par le Président de la République :
Le Ministre des Colonies,
Signé : A. SARRAUT.

Togo

N° 432. — RAPPORT AU PRÉSIDENT DE LA RÉPUBLIQUE FRANÇAISE, *suivi d'un décret relatif au régime de la presse dans les territoires du Togo dont l'administration sous mandat est confiée à la France.*
(29 décembre 1922.)

(Ministère des Colonies. — Direction des Affaires politiques. — 1er Bureau.)

Monsieur le Président,

Le décret du 4 août 1921 a institué en Afrique occidentale française le régime de la presse étrangère pour que, dans cette possession, l'autorité ait éventuellement à sa disposition les moyens de prévenir les troubles que pourraient faire naître la publication et la circulation d'écrits rédigés en langue étrangère.

Le Conseil de la Société des Nations ayant confirmé le mandat de la France sur le Togo, le 20 juillet 1922, il m'a paru nécessaire de doter dès maintenant ce territoire d'une réglementation analogue à celle qui existe actuellement dans notre colonie de l'Afrique occidentale française en matière de presse.

J'ai, en conséquence, l'honneur de soumettre à Votre haute sanction le projet de décret ci-joint qui a pour objet de rendre applicable au Togo, la loi du 29 juillet 1881 sur la liberté de la presse, et qui s'inspire, en outre, des dispositions contenues dans le texte précité du 4 août 1921.

Je vous prie d'agréer, Monsieur le Président, l'hommage de mon profond respect.

Le Ministre des Colonies,
Signé : A. SARRAUT.

Décret relatif au régime de la presse dans les territoires du Togo dont l'administration sous mandat est confiée à la France.

(29 décembre 1922.)

LE PRÉSIDENT DE LA RÉPUBLIQUE FRANÇAISE,

Sur le rapport du Ministre des Colonies,

Vu le décret du 5 août 1920, qui a créé le Conseil d'administration des territoires du Togo soumis à l'autorité de la France;

Vu le décret du 8 août 1920, qui a créé un tribunal de première instance à Lomé;

Vu le décret du 23 mars 1921, qui a déterminé le régime administratif du Togo et précisé les pouvoirs du Commissaire de la République Française;

Vu le mandat du Togo confirmé à la France par le Conseil de la Société des Nations en exécution des articles 22 et 119 du traité de Versailles, du 28 juin 1919.

Vu la loi du 29 juillet 1881, sur la liberté de la presse.

DÉCRÈTE :

ARTICLE PREMIER.

La loi du 29 juillet 1881 sur la liberté de la presse est, sous les modifications suivantes, rendue applicable aux territoires du Togo dont l'administration sous mandat est confiée à la France.

ARTICLE 2.

L'introduction et la circulation dans ces territoires des journaux ou écrits périodiques et des écrits non périodiques, publiés à l'étranger en quelque langue que ce soit, pourront être interdites par arrêtés du Commissaire de la République pris après avis du Conseil d'administration.

ARTICLE 3.

La publication au Togo de tout journal ou écrit périodique en langue indigène ou en langue étrangère ne pourra avoir lieu sans autorisation du Commisaire de la République accordée après avis du Conseil d'administration.

Cette autorisation pourra toujours être révocable par arrêté pris dans la même forme.

ARTICLE 4.

La mise en vente ou la distribution des journaux ou écrits périodiques publiés à l'étranger, faite sciemment en violation de l'interdiction prononcée par application de l'article 2 ci-dessus, sera punie des peines prévues à l'article 14 de la loi du 29 juillet 1881.

Les mêmes pénalités seront encourues par tout individu trouvé porteur ou détenteur d'écrits périodiques ou non périodiques publiés à l'étranger en quelque langue que ce soit et introduits dans les territoires du Togo, sans l'autorisation du Commissaire de la République délivrée dans la forme prévue à l'article 3 ci-dessus.

ARTICLE 5.

La publication au Togo de tout journal ou écrit périodique rédigé en arabe, dans une des langues indigènes en usage dans les territoires du Togo ou en langue étrangère sans autorisation préalable ou après révocation de cette autorisation dûment signifiée, entraînera l'application des mêmes peines.

Les dispositions du présent article s'appliquent également à la simple détention des écrits non périodiques du même genre.

ARTICLE 6.

Toute excitation des indigènes à la révolte contre l'autorité française commise à l'aide de l'un des moyens énoncés à l'article 23 de la loi du 29 juillet 1881, sera punie des peines portées à l'article 25 de ladite loi.

ARTICLE 7.

La mise en vente et la distribution, l'exposition et la détention de dessins, gravures, peintures, emblèmes ou images susceptibles de porter atteinte au respect dû à l'autorité française, seront punies des peines portées à l'article 28 de la loi du 29 juillet 1881.

ARTICLE 8.

Dans tous les cas prévus aux articles précédents, les écrits périodiques ou non périodiques frappés d'interdiction, avant ou après introduciton, et les dessins, gravures, peintures, emblèmes ou images visés à l'article précédent seront saisis par l'autorité administrative préalablement à toutes poursuites. Leur destruction sera ordonnée par l'autorité judiciaire.

ARTICLE 9.

Le Commissaire de la République prendra toutes mesures de surveillance destinées à assurer l'exécution du présent décret.

ARTICLE 10.

La poursuite des délits résultant des articles précédents sera dirigée contre les personnes responsables, telles qu'elles sont énumérées à l'article 42 de la loi du 29 juillet 1881 et suivant les dispositions consacrées par ce texte. Les articles 43 et 44 de la même loi, ainsi que les dispositions de l'article 463 du Code pénal sont également applicables.

ARTICLE 11.

Les tribunaux correctionnels seront seuls compétents, quelle que soit la qualité des délinquants, pour connaître des poursuites.

ARTICLE 12.

Le Ministre des Colonies est chargé de l'exécution du présent décret, qui sera publié aux journaux officiels de la République française et des territoires du Togo dont l'administration sous mandat est assurée par la France, et inséré au Bulletin des lois, et au Bulletin officiel du Ministère des Colonies.

Fait à Paris, le 29 décembre 1922.

Signé : A. MILLERAND.

Par le Président de la République :

Le Ministre des Colonies,
Signé : A. SARRAUT.

La Presse aux colonies Néerlandaises. (1)

I. — Vers le milieu du XVIIe siècle, à l'époque des Compagnies, il existait déjà aux Indes néerlandaises une imprimerie et par conséquent aussi le commencement d'une presse. Les tirages de la presse se bornaient cependant alors à des publications des Compagnies : ordonnances, affiches, conventions avec des princes indigènes, etc. Plus tard, on imprima des dictionnaires. En 1744, parut le premier journal, les *Bataviasche Nouvellen*, qui furent publiées jusqu'en 1746. De 1776 à 1809 parut le *Vendu Nieuws*. En 1810 et 1811, Daendels fit paraître un journal officiel, le *Bataviasche Courant*. Celui-ci fut remplacé en 1812 par la *Java Government Gazette*, après la conquête des Indes par les Anglais, en 1811. Après le rétablissement de l'autorité néerlandaise, le *Bataviasche Courant* revit le jour. Depuis 1828 le journal officiel s'appelle le *Javasche Courant*. Comme journaux particuliers parurent en 1827 le *Bataviasch Advertentieblad*, en 1829 le *Ned. Ind. Handelsblad*, qui n'eurent cependant qu'une existence éphémère. Le plus important des journaux existant encore aujourd'hui était le *Soerabaja Courant* (1831).

En Samarang parut à partir de 1845 le *Samarangsch Advertentieblad*, publié depuis 1852 sous le titre de *Locomotief*. A Batavia parut en 1851 le *Bataviasch Advertentieblad*, remplacé en 1852 par le *Java-Bode*, et en 1857 le *Bataviasch Handelsblad* vit le jour. Vinrent ensuite les journaux suivants très répandus : *De Nieuwe Vorstenlanden* (1872), *Het Bataviasch Nieuwsblad, Deli Courant* (1885), *Sumatra Bode* (1894), *Het Nieuws van den Dag voor Nederlandsch Indië* (1896), *De Preanger Bode* (1896), *De Sumatra Post* (1899), *De Padanger* (1900), *Nieuwsblad voor Atjeh en Onderhoorigheden* (1901),

____

(1) Traduit du Néerlandais,

Mataram (1904), *Soerabajasch Nieuwsblad* (1909), *Soera-bajasch Handelsblad*.

Ce qui précède se rapporte exclusivement à la presse européenne aux Indes. La presse indigène ne date réellement que du commencement du mouvement nationaliste, qui peut être fixé en 1908, l'année de la formation de la première association nationale indigène, *Boedi oetomo*. Depuis lors la presse indigène s'est développée avec une rapidité tellement prodigieuse, que le nombre de journaux et de périodiques en langues indigènes (dont il sera parlé plus loin sub. IV) dépasse aujourd'hui celui des Européens. A côté d'environ 30 journaux quotidiens et 90 périodiques mensuels et hebdomadaires, appartenant à la presse européenne, paraissent aujourd'hui en langues indigènes, 135 journaux et périodiques mensuels et hebdomadaires et en outre une quarantaine de publications de la presse chinoise et malaise-chinoise. C'est surtout pendant les deux dernières années que la presse prit un grand développement, 50 p. c.

Une réglementation de la surveillance de la presse aux Indes néerlandaises date seulement de 1856. Auparavant la nécessité de cette réglementation ne se faisait pas sentir : les presses à imprimer étaient rares dans le pays et il était facile de surveiller efficacement, même sans prescriptions légales, tout ce qui était publié.

Un changement était cependant à prévoir après 1848. Aussi fut insérée dans la loi organique de 1854 une disposition portant que la surveillance de la presse par le Gouvernement ferait l'objet d'un règlement général qui s'inspirerait des principes suivants: la publication par la presse de toute opinion ou doctrine et l'admission de documents imprimés ailleurs qu'aux Indes néerlandaises ne pourraient rencontrer d'autres restrictions que celles exigées pour le maintien de l'ordre public; les documents imprimés aux Pays-Bas seraient admis sans restrictions, sous la responsabilité cependant de leurs auteurs ou éditeurs d'après les règles à établir par une ordonnance générale. Celle-ci fut prise en 1856; elle contient le règlement sur la presse et on peut dire qu'elle appliquait d'une manière peu libérale les principes susmentionnés; depuis lors, elle a été modifiée dans un sens plus large. Chacun reste responsable de ce qu'il écrit, imprime, publie, vend ou répand. Le Code pénal édicte des peines contre les délits de presse.

II. — La propagande coloniale ne se fait dans la presse de la mère-patrie que pour faire mieux connaître les colonies. A cette tâche s'appliquent les grands journaux en insérant périodiquement des avis et nouvelles, puisés dans les journaux hindous et en traitant des affaires importantes des colonies.

Les périodiques spécialement dévoués aux intérêts des colonies, sont principalement aux Pays-Bas: *Het Koloniaal Tijdschrift*, *De Indische Gids*, *Bijdragen tot de Taal-, Land- en Volkenkunde van Nederlandsch Indië*, *De Indische Mercuur* et *De West-Indische Gids*. Périodiques illustrés : *Weekblad Indië* et *Nederlandsch Indië*, *Oud en Nieuw*.

III. — Aux Indes Néerlandaises paraissent un grand nombre de journaux et de périodiques rédigés en hollandais (confer. la liste dans l'article *Tijdschriften en Periodieken* dans l'encyclopédie des I. N., tome IV, 2c édition 1921).

Parmi les principaux journaux, il convient de citer : *Java-Bode, Locomotief, Sumatra Post, Bataviasch Nieuwsblad, Soerabajasch Handelsblad*.

Le *Java Bode* a été longtemps le journal dans lequel le Gouvernement faisait paraître pour le grand public des communications et renseignements concernant les mesures gouvernementales. Opposés au *Java-Bode* conservateur, il y a *Locomotief* et *Sumatra-Post*.

Le *Soerabajasch Handelsblad* est l'organe de la grande agriculture européenne, spécialement de l'industrie sucrière.

Parmi les autres publications hollandaises, il y a quelques journaux professionnels, d'autres organes de partis politiques et de petites feuilles locales. C'est surtout à cette petite presse que s'applique le jugement suivant d'un journaliste hindou :

« La presse hindoue a depuis toujours une mauvaise

réputation, à cause de la valeur moyenne de ses polémiques. Sa violence et son aplomb qui n'étaient souvent que rudesse et grossièreté s'exerçaient d'ailleurs moins à débattre des questions ou des querelles de principe qu'à assouvir des rancunes ou à satisfaire des intérêts personnels.

» L'estime dont elle jouissait et l'influence qu'on lui accordait, généralement très minimes, correspondaient avec ses articles et sa prose. Pour le surplus, sa caractéristique (comme d'ailleurs toutes choses!) avait ses causes naturelles et nécessaires.

» Un pays comme les Indes, qui se trouvait dans une tout autre situation que la Hollande, par exemple, au point de vue économique et politique, ne pouvait avoir une presse semblable, en nature et en valeur, à la presse hollandaise. Le fait que les puissances et les groupes qui gouvernent réellement les Indes politiquement et économiquement résidaient hors du pays, que les décisions de principe étaient prises là-bas et non ici, et que la lutte au sujet de ces principes devait être aussi décidée là-bas n'était pas de nature à donner au journalisme hindou une stabilité dans les principes. Il y avait encore la position étrange du Gouvernement hindou, une autocratie bureaucratique au dedans, presque toute-puissante dans ses relations avec ceux qui vivent ici, mais impuissante par sa dépendance du dehors, de la Hollande, pour arrêter elle-même les principes de son administration.

» La presse n'avait donc pas de responsabilité au point de vue politique vis-à-vis de ses administrés, elle n'était pas même responsable moralement dans les affaires importantes. Si à défaut d'un régime parlementaire et d'une formation de partis politiques qui en est la conséquence, en d'autres termes d'une vie politique, la presse n'avait pas la possibilité d'exercer une influence plus ou moins directe et réelle par l'intermédiaire d'électeurs, de partis et de représentation, ou par d'autres moyens, le manque d'une vie politique autonome dans le pays l'influençait encore d'une autre façon.

» Il est certain qu'une vie politique très développée dont la plus grande partie des journaux et périodiques d'un pays parviennent à se servir, constitue un avantage appréciable pour la valeur de cette presse et encourage l'opinion d'après les principes et les clichés arrêtés dans les programmes des partis. Il est donc moins facile à un journaliste de se former une opinion personnelle, de suivre des principes propres à lui, ce qui d'ailleurs, en beaucoup de cas, ne lui est pas permis.

» Par contre, les différents programmes politiques comprennent presque tous, chacun à sa manière, certains idéals, au moins des idées et des principes.

» Pour l'homme ordinaire, ainsi que pour le journaliste de valeur moyenne, c'est une tâche trop difficile de se former lui-même des principes politiques. Il peut s'estimer heureux quand ces principes lui sont suggérés complètement. Il les met à profit au lieu de les négliger quand il est admis dans une collectivité qui le fait participer à ses principes et idées. Sans cela, il n'a pas, il ne se forme pas de principes, mais juge purement et simplement d'après des impressions, votes, etc.

» C'est ainsi que la presse hindoue de jadis n'était pas dans une situation lui permettant de s'attacher à une question de principe à l'égard de l'administration. La critique avait le caractère de protestations justifiées ou non, contre tel ou tel acte du Gouvernement, ou plutôt de tel ou tel fonctionnaire. Consciente de son impuissance relative et de la supériorité réelle du fonctionnarisme, cette critique pouvait facilement dégénérer en observations, protestations à propos de tout; elle ne s'en tenait pas aux principes, mais se contentait de murmurer et de dénigrer.

» Un facteur nouveau important a vu le jour par la création, il y a environ dix ans, de mouvements et d'associations parmi les intellectuels indigènes et dans d'autres groupes importants de la population, mouvements qui visaient directement ou indirectement la politique. Ce facteur n'était pas seulement indigène, il lui était de par sa nature possible, sous l'influence directe de la presse, de forcer ces groupes à se former des opinions et des convictions de principe.

» Le commencement d'un système représentatif qu'incarnait le *Volksraad* devait promouvoir fortement ce mouvement. »

Les grands journaux peuvent être financièrement indépendants. Sauf les restrictions posées par la loi pénale, la presse est libre dans les colonies hollandaises, dans ses manifestations. On ne peut dire d'elle qu'elle « doit être l'auxiliaire continuel du Gouvernement », pas plus que la presse ne i'est vis-à-vis du Gouvernement dans la mère-patrie. Le Gouvernement et la presse sont indépendants l'un de l'autre, quoique les *partis* politiques aient leurs propres organes.

Parmi les périodiques qui paraissent aux Indes et qui n'appartiennent pas aux périodiques professionnels ou politiques, sont à mentionner ici la feuille hebdomadaire *De Indische Post, Koloniale Studiën* (périodique de l'Association pour l'étude de questions coloniales-sociales) et *Het Tijdschrift voor Indië, Taal-, Land- en Volkenkunde.* Pour les autres voir l'article cité ci-dessus dans l'encyclopédie pour les Indes néerlandaises.

IV. — Voir l'article *La Presse indigène aux Indes néerlandaises* de A. Cabaton dans la *Revue du monde musulman* de 1912, tome XXI.

Plus tard (voir sub I) la presse indigène et chinoise-indigène s'est développée considérablement.

Il y a actuellement environ 175 journaux paraissant journellement, hebdomadairement et mensuellement en langues indigène et chinoise, parmi lesquels il y en a 25 environ qui sont beaucoup lus. La plupart sont très nationalistes, quelques-uns même ont une tendance communiste. C'est surtout le cas des organes d'unions professionnelles et de partis politiques dans lesquels l'élément indigène prédomine.

Les principaux journaux indigènes sont : *Boedi Oetomo* et *Darmo Kondo,* tous deux organes de l'Association modérée javanaise nationaliste *Boedi Oetomo,* le *Kaoem Moeda,* organe de la Fédération politique économique, le *Siviar Hindia,* organe de la grande association populaire *Sarikat Islam* et le *Neratja* neutre. Ensuite, il y a le journal radical sumatrien *Noesa Hindia* et le libéral *Pewarta Deli.*

Les périodiques les plus lus sont : le *Bintang Hindia* (libéral), le journal féministe *Doenia Isteri,* le radical islamique *Medan Moslimin*, le radical-national *Pang-goegah*, l'organe du parti communiste *Soeara Rajat*, la feuille de la Fédération des maisons de prêt sur gages *Soeara Boewin Poetra*, les journaux mahométans *Pewar-ton Islam* et *Soeara Moehammadyah*, le journal arabe *Al Madrasah* et des chinois et malais-chinois : *Sin Po*, *Yit Po*, *Keng Po*, *Djawa Tengah*, *Perniagaän*, *Pewarta Soeratoja* et *Warna Warta*, dont la plupart ont une teinte chinoise-nationaliste. Ils traitent tous des questions politiques intérieures et extérieures et (comme le *Sin Po*) des questions d'enseignement.

L'influence de ces journaux s'étend beaucoup plus loin qu'à leurs abonnés, attendu que leur contenu est transporté verbalement et répand souvent des opinions révolutionnaires parmi la grande masse de la population manquant d'esprit critique. En général, les rédacteurs ne sont pas de première force.

D'autre part, « il ne peut être question, pour l'autorité, d'encourager la presse indigène. » La population est libre — dans les limites de la loi et du maintien de l'ordre — de publier des journaux et des périodiques et d'y exprimer ses opinions et ses desiderata. C'est une faculté dont elle use largement. D'après la conception hollandaise, il n'entre pas dans les intentions de l'autorité de modifier ce régime. Il est vrai qu'à côté de ce travail de particuliers, l'autorité s'efforce de procurer à la population une bonne et saine lecture.

Comme œuvre d'éducation populaire, il faut signaler l'institution, en 1910, d'une commission qui travaille avec beaucoup de succès à répandre dans le peuple le goût d'une saine lecture, récréative en même temps qu'instructive; grâce à son activité ont été créées des bibliothèques populaires largement fréquentées.

D'autre part, cette commission publie depuis quelque temps une revue mensuelle très bien rédigée, le *Sri Paestaka*, et depuis peu un journal hebdomadaire.

Pour le surplus, la presse indigène n'a pas de rapports avec les représentants des autorités européennes, ni avec les colons européens, pour autant que ceux-ci n'apportent pas leur appui à l'action nationaliste.

Au sujet des rapports entre les représentants de la presse indigène, je ne possède pas de renseignements.

V. — (Voir II.) Le seul organe de liaison entre la presse néerlandaise et la presse hindoue est l'agence Aneta, dont le rôle peut être comparé à celui de l'agence anglaise Reuter ou de l'agence française Havas.

VI. — Pas de renseignements.

VII. — Pour les Indes occidentales, voir l'article de S. Kalff : *Surinaamsche Journalistiek* dans le *West-Indische Gids* de janvier 1924.

Prof. D. G. STIBBE,
Membre associé.

TABLE DES MATIÈRES

Pages

La climatologie inter-tropicale dans les colonies portugaises,
par M. le Dr da Silva Telles   7

    Chapitre I. — Considérations générales   9

        »   II. — Climats des colonies portugaises   45

La politique coloniale italienne par rapport aux us et coutumes
indigènes, par M. Gennaro Mondaini   113

    Chapitre I. — Le droit indigène dans les colonies ita-
               liennes actuelles (Érythrée, Somalie, Tri-
               politaine, Cyrénaïque) avant la domina-
               tion italienne   113

        »   II. — Le respect de la coutume locale, pierre
               angulaire de la politique indigène de
               l'Italie. — Caractère personnel de la loi
               pour les matières déterminées en Éry-
               thrée, en Somalie et en Libye   124

        »   III. — L'élément indigène dans les organes juri-
               dictionnels des différentes colonies ita-
               liennes.   129

        »   IV. — Conservation du statut réel et plus parti-
               culièrement du droit foncier indigène
               dans les différentes colonies italiennes .   136

        »   V. — L'évolution spontanée du droit indigène et
               l'œuvre réservée à la jurisprudence. . .   140

        »   VI. — Utilisation de l'élément indigène dans l'ad-
               ministration coloniale italienne   145

        »   VII. — Les parlements libyens dans l'évolution
               politique et juridique de la société indi-
               gène de l'Afrique septentrionale italienne   152

Le régime de la presse aux Colonies. — Rapporteur général :
M. le Marquis de Pouvourville.   163

La presse coloniale en France, par M. Camille Fidel.   172

    Chapitre I. — La propagande coloniale par la presse . .   172

        »   II. — Journaux coloniaux   173

        »   III. — Revues coloniales   174

        »   IV. — Agences coloniales et organes de documen-
               tation   178

Pages.

Chapitre V. — Organes de liaison 179
» VI. — La grande presse et les questions coloniales. 180
» VII. — La grande presse et la presse coloniale . . 181
La presse coloniale métropolitaine et son syndicat, par M. Paul
J. Sébillot 184
La presse indigène locale de langue française en Indo-Chine,
par M. le Marquis de Pouvourville 188
La presse dans l'Afrique du Nord, par M. P. Laffite 203
La presse en Indochine, par M. de Lansalut 212
La presse locale en Afrique française et à La Réunion, par
M. H. Beaurain 225
La presse à Madagascar, par M. Lieutenant-colonel Francis
Mury 227
La presse au Maroc, par M. Fernand Mareau 234
La presse des vieilles colonies françaises d'Amérique, par
M. Robert Chauvelot, ... 239
La presse au Congo belge. — Réponses au *questionnaire*, par
M. le Dr G. Dryepondt 242
Documentation : Congo belge 251
Documentation : Colonies françaises 253
La presse aux colonies néerlandaises, par M. Prof. D. G. Stibbe. 278

11ᵉ Série. — Le Régime forestier aux Colonies.

Tome   I. — Inde britannique : Note préliminaire par **M. Camille Janssen**, membre effectif. — Pundjab. — Madras. — District de Hazara. — Province d'Ajmer et Mairwâra. — Béloutchistan. — Birmanie. — Colonies britanniques : Straits Settlements. — Etats fédérés malais. — Union Sud-Africaine. — Barotsiland, Rhodésie Nord-Ouest. — Swaziland. — Sierra-Leone.

Tome II. — Colonies britanniques *(suite)* : Gold Coast Colony. — Nigérie méridionale. — Nigérie du Nord. — Protectorat de l'Uganda. — Protectorat de l'Est-Africain britannique. — Protectorat du Nyassaland. — Guyane britannique. — Fidji. — Colonies néerlandaises : Le régime forestier dans les Colonies néerlandaises par **M. J.-C. van Eerde**, membre associé. — Indes orientales néerlandaises. — Surinam.

Tome III. — Colonies allemandes : Le régime forestier dans les Colonies allemandes par **M. Moritz Schanz**, membre associé. — Est-Africain allemand. — Kameroun. — Togo. — Sud-Ouest Africain. — Kioutschou. — Iles Mariannes. — Colonies italiennes : Le régime forestier dans les Colonies italiennes par **M. Carlo Rossetti**, membre associé. — Somalie italienne. — Colonies américaines : Les forêts dans les Iles Philippines par **M. A.-W. Greely**, membre effectif. — Congo belge, note par **M. Camille Janssen**, membre effectif. — Colonies françaises : Le régime forestier dans les Colonies françaises par **M. Émile Baillaud**, membre associé. — Indo-Chine. — Cochinchine. — Cambodge. — Madagascar. — Martinique. — Guadeloupe. — Etablissements français de l'Océanie. — Côte d'Ivoire. — Afrique-Equatoriale française. — Afrique-Occidentale française. — Sénégal. — Guyane française.